中国-东盟法律研究中心 ── 国家级涉外法治研究基地

── 重庆市新型智库

── 最高人民法院民四庭东盟国家法律研究基地

>> 西南政法大学"新文科"建设系列教材之本科教育规划区域国别法学与涉外法治专业教材

>> 人类文明新形态下"中国式涉外法治现代化"学术与教育研究系列

>> 教育部2023年度人文社会科学研究规划基金项目"中国式现代化的涉外法治内涵体系研究"研究成果

>> 重庆市人文社科重点研究基地"海洋与自然资源法研究团队"项目 "东南亚国家经贸投资规制与实践研究"（21SKJD023）研究成果

>> 重庆市2021年度高等教育教学改革研究项目"法学本科课程思政与专业知识协同培养研究"（213096）研究成果

中国－东盟法律研究中心文库

东南亚及南亚国家经贸投资规制与实务

宋云博　主编

厦门大学出版社
XIAMEN UNIVERSITY PRESS
国家一级出版社
全国百佳图书出版单位

图书在版编目（CIP）数据

东南亚及南亚国家经贸投资规制与实务 / 宋云
博主编. -- 厦门：厦门大学出版社，2023.10
（中国-东盟法律研究中心文库）
ISBN 978-7-5615-8769-0

Ⅰ. ①东… Ⅱ. ①宋… Ⅲ. ①国际贸易-国际投资-
研究-中国、东南亚、南亚 Ⅳ. ①F752.73

中国版本图书馆CIP数据核字(2022)第184429号

出 版 人　郑文礼
责任编辑　郑晓曦　李　宁
封面设计　蒋卓群
美术编辑　张雨秋
技术编辑　许克华

出版发行　厦门大学出版社
社　　　址　厦门市软件园二期望海路 39 号
邮政编码　361008
总　　　机　0592-2181111　0592-2181406(传真)
营销中心　0592-2184458　0592-2181365
网　　　址　http://www.xmupress.com
邮　　　箱　xmup@xmupress.com
印　　　刷　厦门市竞成印刷有限公司

开本　720 mm×1 020 mm　1/16
印张　21.25
插页　2
字数　382 千字
版次　2023 年 10 月第 1 版
印次　2023 年 10 月第 1 次印刷
定价　68.00 元

本书如有印装质量问题请直接寄承印厂调换

厦门大学出版社
微信二维码

厦门大学出版社
微博二维码

总序一

中国与东盟的关系是中国实施周边外交战略的重要内容。在 2003 年 10 月第七次中国—东盟领导人会议上,时任中国国务院总理温家宝与东盟领导人签署了《面向和平与繁荣的战略伙伴关系联合宣言》,至此中国正式加入《东南亚友好合作条约》。2013 年 10 月,在印尼国会发表的演讲中,国家主席习近平首次提出"携手建设更为紧密的中国—东盟命运共同体"的倡议,标志着将中国与东盟国家合作推动至更高的阶段,预示着再创中国和东盟合作黄金十年的辉煌前景。

2013 年恰逢中国与东盟建立战略伙伴关系 10 周年。回首过去展望未来,正如国务院总理李克强在第十届中国—东盟博览会开幕式所指出的,中国与东盟携手开创了合作的"黄金十年",必将创造新的"钻石十年"。为此李总理提出开创未来宏伟蓝图的五点倡议:打造自贸区升级版,推动互联互通,加强金融合作,开展海上合作,增进人文交流。这进一步表明,中国未来仍将坚定不移地把东盟国家作为周边外交的优先方向,坚定不移地深化同东盟的战略伙伴关系,坚定不移地与东盟携手,共同维护本地区的和平与稳定。"中国—东盟法律研究中心文库"正是在这样的政策指引与时代背景下出版问世的。

作为文库编辑单位的中国法学会中国—东盟法律研究中心,是由中国法学会在 2010 年第四届"中国—东盟法律合作与发展高层论坛"期间创设,依托西南政法大学建设的专门从事中国与东盟法律法学界交流合作的重要平台。"中国—东盟法律研究中心文库"是中心规划课题成果,聚集中心研究员的最新研究成果,围绕本区域的法律变革、合作与发展的问题,整合中国与东盟法律法学界的专家学者,以突出现实问题为导向、服务国家战略为根本,开展对中国与东盟法律的系统性、基础性和前瞻性的研究。文库已成为展示研究中国与东盟法律制度的最新成果平台,也将为政府、社会组织、商业团体和其他机构提供基础性资料参考与前沿性理论分析。

　　"中国—东盟法律研究中心文库"的出版,为中国—东盟法律研究中心的实体化建设及其目标的实现书写了浓墨重彩的新篇章。我期盼并相信"中国—东盟法律研究中心文库"能够助推中国—东盟法律研究中心在开展中国与东盟法律法学交流中发挥领军作用,为促进本地区的法律交流与合作繁荣,为中国实施周边外交战略提供重要的智力支持。

全国人大法律委员会副主任

中国法学会副会长　　　　　　张鸣起

中国—东盟法律研究中心理事长

2014 年 6 月

总序二

自 2013 年 10 月，习近平主席提出"携手建设更为紧密的中国—东盟命运共同体"倡议以来，中国与东盟及各成员国的合作发展进入一个崭新的历史时期，由中国—东盟法律研究中心规划的"中国—东盟法律研究中心文库"，正是在主动呼应这一时代背景和现实需要的条件下出版的。

中国—东盟法律研究中心是中国法学会依托西南政法大学于 2010 年成立的智库型研究机构。2012 年，中国法学会又将"中国—东盟高端法律人才培养基地"落户西南政法大学，依托西南政法大学开展对东盟法律人才的学历和非学历教育培养活动。中国—东盟法律研究中心始终以"问题导向、紧贴地气、协同创新、引领前沿"为理念指引，以国家战略需求为指针，以国内国际协同创新机制为重要平台，以期成为国家推进周边安全与外交战略和"一带一路"建设的重要智库机构。

2013 年，中国—东盟法律研究中心被评定为重庆市人文社科重点研究基地，2016 年被评定为中国法学会首批重点法治研究基地。中心自成立以来，着力从科学研究、人才培养、社会服务三个方面开展工作，整合中国与东盟法学界法律界资源，打造中国和东盟国家学术界和实务界专家合作交流的重大平台，逐渐形成鲜明的"东盟军团"特色。中心围绕东盟区域的法律变革、合作与发展问题，以突出解决现实问题为导向、以服务国家和区域战略为根本，广泛开展对中国与东盟法律的系统性、基础性和前瞻性研究。"中国—东盟法律研究中心文库"是中心规划课题成果，集中体现了中心研究员的最新研究成果，亦是教育部国别和区域研究中心——东盟研究中心的成果。

作为中国—东盟法律研究中心和中国法学会首批重点法治研究基地的重要依托，西南政法大学是新中国最早建立的高等政法学府之一，被称为中国法学教育的"黄埔军校"。在新时期，西南政法大学正全面开展"双一流"建设工作，中国—东盟法律研究中心的建设将突出特色、中国立场和国际视野，提升研究水平和平台集聚功能，为促进区域法律交流与合作繁荣，服务国家"一带一路"建设提供重要的智力支持。

中国—东盟法律研究中心秘书长

西南政法大学国际法学院院长、教授　　　张晓君

2016 年 3 月

前　言

一、本书的旨归意义

面对世界百年未有之大变局,中国越来越走进世界舞台的中央,也亟待相应的区域国别全球知识加以支撑。为助力解决当下中国学界与教育界对区域国别法律规则及政策制度等知识学习教育与中国作为负责任大国的地位严重不匹配的迫切难题,亟须根据新时代发展需求和中国国际地位大幅提升的现状,探索更新有关区域国别知识体系,助力进一步改革完善全球治理模式,构建人类命运共同体和创造人类涉外法治文明新形态,区域国别法学正应时代之需而生。区域国别法学作为区域国别学和法学的交叉学科,其核心要义在于通过对对象国或者区域的以法学为代表的人文社会科学乃至自然科学的研究,培养区域通、国别通、领域通的跨学科、交叉学科的国际法治与涉外法治专业人才。区域国别法学既是法学门类下的二级学科,又是区域国别学和法学相交叉的复合型学科,以跨学科的分析视野进行综合性、整体性和连续性的研究。区域国别法学的教育与研究内容自然涵盖区域与国别的法律体系、执法机制、司法实践以及法律历史文化等内涵要义。

习近平法治思想和党的二十大报告均明确指出,要"学会运用国内和国际两套规则","统筹推进国内法治和涉外法治"。2023 年 2 月,中共中央办公厅、国务院办公厅专门印发《关于加强新时代法学教育和法学理论研究的意见》进一步部署落实中央指示精神,多处多次强调:要"建好用好'国家级涉外法治研究基地'","优化法学学科体系,完善法学学科专业体系,构建自主设置与引导设置相结合的学科专业建设新机制",推进国际法学建设,加强区际法学等学科建设,进一步"完善涉外法学相关学科专业设置","支持具有法学一级学科博士学位授权点的高等学校按程序自主设置国际法学相关二级学科,加快培养具有国际视野,精通国际法、国别法的涉外法治紧缺人才"。为此,因应国际秩序深刻变革调整的新时代需求,深入贯彻落实党中央和国家推进涉外法治建设战略部署,深入教育与研究包括东南亚及南亚国家在内的"区域国别法学"与涉外法治理论及实践的意义极为重大。

本书坚持以习近平新时代中国特色社会主义思想和习近平法治思想、习近平外交思想为指导,努力探索深化区域国别法学与涉外法治的教育研究,助力国家统筹推进国内法治与涉外法治的战略思想。作为国家社科基金重点项目"人类命运共同体"理论下的国际投资法规则变革(18AFX028)、2023年度教育部人文社会科学研究规划基金项目"中国式现代化的涉外法治内涵体系研究"、重庆市人文社科重点研究基地"海洋与自然资源法研究团队"项目"东南亚国家经贸投资规制与实践研究"(21SKJD023)和重庆市2021年度高等教育教学改革研究项目"法学本科课程思政与专业知识协同培养研究"(213096)等项目教育与研究的综合性成果,本书旨在探究东南亚及南亚国家经贸投资及其规制建设发展的基本情势、安全挑战和新机遇,探索分析东南亚及南亚国家经贸投资所面临的政治挑战、经济风险、社会风险、文化风险和经营风险等安全法治保障问题,探索融合"课程思政"引领教育研究东南亚及南亚国家经贸投资及其规制的新规则、新机制和新理论,探究初步构建东南亚及南亚国家经贸投资争端解决机制等和平发展保障机制等。

本书力争从东南亚及南亚国家经贸投资法律规则机制及相关判例案例实践的了解、识别、运用、创新及其系统建构等法律理论与实务层面去探讨东南亚及南亚国家经贸投资及其安全风险防控,具有较为重大的理论意义和实践意义。随着"一带一路"倡议纵深推进和西部陆海新通道、中国—东盟命运共同体及其自贸区(CAFTA)、RCEP、DEPA、泛亚铁路等建设发展,就需要中国与东南亚及南亚国家共同协作,寻找利益平衡点,探索符合中国和东南亚及南亚国家经贸投资发展利益的区域性乃至全球性的国际经贸投资规制。此外,本书指出,目前中国与东南亚及南亚国家经贸投资之间的经济合作不断加深,各种矛盾和冲突也开始显现,如果没有公正合理的争端解决机制,在经济水平、政治结构和文化背景都不同的国家之间达成长效的经贸投资合作往往是非常困难的。东南亚及南亚国家经贸投资争端案件也不可避免地涉及经贸投资协议、知识产权、环境保护和不动产领域,这对国际经济争端解决机制提出了新要求。中国作为"一带一路"共建国家的主要倡导者,有必要积极探索新的解决方案,即构建"一带一路"背景下的东南亚及南亚国家经贸投资促进保护与争端解决机制。本书作为西南政法大学"新文科"建设系列教材之本科教育规划区域国别法学与涉外法治专业教材,亦为从东南亚及南亚国家经贸投资理论知识出发最终回归实践、服务实践的编写初衷。

二、本书的内容概要

第一章为"东南亚及南亚国家经贸投资概述",主要介绍东南亚及南亚国家整体经贸投资情况,为接下来详细探讨各个国家的经贸投资规则与实务做铺垫。本章先是介绍东南亚及南亚国家经贸发展基本情况,接着分析东南亚及南亚国家经贸投资整体环境,最后探讨当前中国对东南亚及南亚国家的经贸投资基本现状及其安全风险防控机制等。

第二章为"新加坡经贸投资规则与实践",主要介绍东南亚国家新加坡的经贸投资规则。本章先是介绍新加坡经贸投资发展基本情况,再重点分析新加坡经贸投资规则,最后探析中国企业在新加坡投资时可能面临的风险。

第三章为"印度尼西亚经贸投资规则与实践",主要介绍东南亚国家印度尼西亚的经贸投资规则。本章先是介绍印度尼西亚经贸投资发展基本情况,再重点分析印度尼西亚经贸投资规则,最后探析中国企业在印度尼西亚投资时可能面临的风险。

第四章为"马来西亚经贸投资规则与实践",主要介绍东南亚国家马来西亚的经贸投资规则。本章先是介绍马来西亚经贸投资发展基本情况,再重点分析马来西亚经贸投资规则,最后探析中国企业在马来西亚投资时可能面临的风险。

第五章为"老挝经贸投资规则与实践"。随着中老两国经济快速发展,双方经贸合作成绩显著,中资企业对老挝投资稳步增长,老挝市场投资领域不断扩大,投资方式呈现多样化。通过学习本章内容,有助于读者了解掌握老挝经贸投资规制与实务等情况。

第六章为"柬埔寨经贸投资规则与实践"。柬埔寨政府对外资持欢迎和鼓励态度,为鼓励外商投资出台了一系列政策措施,不断改善投资环境。中柬双方在经贸投资、互联互通、能源资源等重点领域合作潜力巨大。通过学习本章内容,有助于读者了解掌握柬埔寨经贸投资规制与实务等情况。

第七章为"泰国经贸投资规则与实践"。泰国社会总体较为稳定,政策透明度较高,经济发展水平位于东盟国家前列,商品在东盟国家享受零关税待遇,对周边国家具有较强辐射能力,经商环境开放包容。中泰两国经贸合作已进入历史最好时期,中泰之间的投资合作已逐步形成多层次、多渠道、全方位的合作格局。通过学习本章内容,有助于读者了解掌握泰国经贸投资规制与实务等情况。

第八章为"越南经贸投资规则与实践"。越南坚持革新开放,以发展经济为重心,加快融入国际社会和世界市场。在 2006 年加入 WTO 后,越南给予外资企业国民待遇,政府大力清理国内法律法规,力求与国际接轨,为加大吸引外资力度;多次修订《投资法》等法律制度,国内市场进一步开放,营商环境不断改善。通过学习本章内容,有助于读者了解掌握越南经贸投资规制与实务等情况。

第九章为"缅甸经贸投资规则与实践"。缅甸的竞争优势主要体现在:丰富的自然资源和文化遗产;地理位置优越,市场潜力大;劳动力资源丰富且成本相对较低;目前仍享有欧盟、美国等发达国家给予的普惠制待遇(GSP);基础设施等传统产业以及电子商务、移动支付等新业态均有较大发展空间;吸引外资的意愿和对外开放力度不断增强。

第十章为"菲律宾经贸投资规则与实践"。菲律宾最大优势是拥有数量众多、廉价、受过教育、懂英语的劳动力,但社会治安不稳定、基础设施有待改善、法制改革进展缓慢,严重制约了其经济运行的效率。通过学习本章内容,有助于读者了解掌握菲律宾经贸投资规制与实务等情况。

第十一章为"印度经贸投资规则与实践"。印度的竞争优势主要包括:国内政治相对稳定;经济增长前景良好;人口超过 14 亿,市场潜力巨大;地理位置优越,辐射中东、东非、南亚、东南亚市场。通过学习本章内容,有助于读者了解掌握印度经贸投资规制与实务等情况。

第十二章为"巴基斯坦经贸投资规则与实践",主要介绍南亚国家巴基斯坦的经贸投资规则。先是介绍巴基斯坦经贸投资发展基本情况,再重点分析巴基斯坦经贸投资规则,最后探析中国企业在巴基斯坦投资时可能面临的风险。通过学习本章内容,有助于读者了解掌握巴基斯坦经贸投资规制与实务等相关情况。

第十三章为"孟加拉国经贸投资规则与实践"。孟加拉国的优势主要体现在:政府重视、政策优惠、经济增长较快、市场潜力较大、劳动力资源充足且价格低廉等方面。通过学习本章内容,有助于读者了解掌握孟加拉国经贸投资规制与实务等情况。

第十四章为"斯里兰卡经贸投资规则与实践"。斯里兰卡具备一定的中长期经济增长潜力,凭借其优越地理位置条件、在南亚范围内领先的基础设施条件及人力资源优势,成为南亚的桥头堡和连接中东、南亚、东南亚等地的区域航运、贸易、物流、金融中心。斯里兰卡政府正积极通过改善营商环境吸引外资,推动支柱性出口产业发展,不断增强经济竞争力。

第十五章为"中国对东南亚及南亚国家的经贸投资前景分析",进一步对中国对东南亚及南亚国家的经贸投资前景进行系统分析,在"一带一路"共建下管窥中国对东南亚及南亚国家的投资发展治理;再分析东南亚及南亚国家经贸投资规则发展的新趋势;最后从国家、社会以及投资者个人等角度剖析中国应如何应对东南亚及南亚国家经贸投资规则的新变化。

三、本书的组织分工

本书在组织人员编写过程中,得到了诸多前辈专家的关照指正,得到了上级领导的关怀支持,得到了前人研究成果的支撑佐证,也得到了诸多实务专家和理论学者的教正,更是获得了厦门大学出版社的领导和专业编辑们的鼎力支持,谨在此一并深表感激之情!本书编写主要由长期执教一线的专家学者和法律实务专家们完成,包括岳树梅、宋渝玲、裴普、陈功、陈广猛、杨旭、张剑波、徐忆斌、邓剑、钟英通、陈喆、马知罕、曾瑞、钟佳、王贵枫、孟于群、宋继英、李煜婕、黄栋梁、程炀、傅向宇、张华韬、李冬梅、罗媛媛、魏瑾媛、宁祖创、朱文彦、刘馨等,也包括朱根盛、孙超、孙然、杜凯、林火红、邓思远、陈粤武、尹文昊、唐晨晟、徐明娟、彭愔皓、任泽阳、谢晓桐、罗肖嘉、朱婧瑜、黄晶、汪圣杰、唐渝华、陆洋、于凯明、杨洁琦、赵伶俐、邱依琳、贺莉、罗烨、王彦淞、高于迦、顾珺涵、冯一鼎、王文瑶、张梦瑶、聂星宇、方而立、石萌、姜陈菲儿、UK LING(缅甸)、SIMMALAVONG PHONNIKONE(老挝)、SADULLAEV KHAMI-DULLA(哈萨克斯坦)、Hla Myet Chell(缅甸)、Teh Tai Yong(马来西亚)、徐婉芯(马来西亚)、Trantu(陈秀,越南)、Khusnul Khatimah(印度尼西亚)、Chan Dararasmey(柬埔寨)、Imran Tahir(巴基斯坦)、Muhammad Yaseem(巴基斯坦)等在内的专业人员负责搜集整理有关资料和执笔撰写、校对、修改和完善而成。

本书材料整理审校与编写工作的主要分工情况如下:

宋云博、陈广猛、张华韬、朱文彦、汪圣杰、陆洋等:负责统筹组织协调本书的编写与出版工作,同时主要负责编写本书的第二章、第七章和第十五章及参考文献、前言等内容。

岳树梅、钟英通、陈喆、钟佳、于凯明、王文瑶、聂星宇等:主要负责编写本书的第一章和第十四章等内容。

杨旭、黄栋梁、孟于群、宁祖创、杨洁琦、张梦瑶、方而立等:主要负责编写本书的第三章、第十一章等内容。

陈功、马知罕、李煜婕、刘馨、赵伶俐、罗烨、顾珺涵等:主要负责编写本书的第四章、第十三章等内容。

宋渝玲、曾瑞、王贵枫、李冬梅、邱依琳、贺莉、石萌等:主要负责编写本书的第六章、第十章等内容。

张剑波、傅向宇、宋继英、魏瑾媛、唐渝华、高于迦、姜陈菲儿等:主要负责编写本书的第八章、第九章等内容。

徐忆斌、裴普、邓剑、程炀、罗媛媛、朱婧瑜、王彦淞、冯一鼎等:主要负责编写本书的第五章、第十二章等内容。

四、本书尚待改进之处

本书系"一带一路"区域国别法学与涉外法治领域教育与研究的抛砖引玉之作,粗浅拙著存在不少错漏之处。一方面,虽然本书力求系统分析"一带一路"共建下的东南亚及南亚国家经贸投资促进保护与争端解决所面临的风险和挑战,从政治、经济、社会、文化和经营等五个方面入手,但是由于时间精力、语言翻译等方面的不足,难免挂一漏万、思虑不周,无法全面涵盖"一带一路"共建下的东南亚及南亚国家经贸投资促进保护与争端解决过程中所面临的困难情形和风险挑战。另一方面,尽管本书从实践出发,结合相关理论,就"一带一路"共建下的东南亚及南亚国家经贸投资促进保护与争端解决规范机制提出了一些看法。但有些观点主张仅是一个初步的探究和构想,还需要进一步丰富完善。

真诚期待本书关于"一带一路"共建下的东南亚及南亚国家经贸投资促进保护、风险防控与争端解决问题的引介和探究,能够在区域国别法治教育研究和涉外法治实务领域起到抛砖引玉的作用,能够给莘莘学子和广大读者朋友们带来些许思考和启发。同时,也尚期学界和实务界的专家学者们不吝赐教。囿于时间精力及学术水平有限和有关资料、数据信息的掌握程度不够等原因,本书的编写工作难免存在不足、疏漏甚至错误之处。如您在阅读过程中发现有任何不妥之处,敬请您及时来电来函予以批正,我们定当虚心接受并力推后续修订完善。

最后,谨向所有关心支持本书编写出版工作的广大专家同仁和朋友们致以感激之情!

本书编写组

2023 年 10 月

目　　录

第一章

东南亚及南亚国家经贸投资概述

　　东南亚位于亚洲东南部,东濒太平洋,南临印度洋,处于亚洲与大洋洲、太平洋与印度洋的"十字路口",共有 11 个国家:文莱、柬埔寨、东帝汶、印度尼西亚、老挝、马来西亚、缅甸、菲律宾、新加坡、泰国以及越南。11 个国家中仅东帝汶不是东南亚国家联盟(以下简称"东盟")成员,其余 10 个国家均为东盟成员。东盟十国国土总面积约 449 万平方公里,人口逾 6.62 亿。[①] 2022 年东盟国内生产总值(gross domestic product,GDP)总量约 3.63 万亿美元,人均GDP 约 5419 美元。[②]

　　南亚位于亚洲南部的喜马拉雅山脉中、西段以南及印度洋之间,东濒孟加拉湾,西濒阿拉伯海,共有 8 个国家:阿富汗、孟加拉国、不丹、印度、马尔代夫、尼泊尔、巴基斯坦以及斯里兰卡。2022 年南亚总人口约 19.2 亿,GDP 总量约4.36 万亿美元,人均 GDP 约 2272.5 美元。[③]

---

　　① 中华人民共和国外交部官网,http://www.fmprc.gov.cn,最后访问日期:2023 年4 月 20 日。

　　② 东盟数据门户官网,http://www.aseanstats.org,最后访问日期:2023 年 7 月28 日。

　　③ 世界银行数据,http://www.data.worldbank.org.cn,最后访问日期:2023 年 7 月28 日。

第一节　东南亚及南亚国家经贸发展基本情况

一、东盟国家经济发展水平

(一)东盟整体经济发展水平

东盟的前身是由马来西亚、菲律宾和泰国于 1961 年 7 月 31 日在泰国曼谷成立的东南亚国家联盟。1967 年 8 月 8 日,印度尼西亚、泰国、新加坡、菲律宾四国外长和马来西亚副总理在泰国曼谷发表《东南亚国家联盟成立宣言》,即《曼谷宣言》,正式宣告东盟成立。20 世纪 80 年代至 90 年代,文莱、越南、老挝、缅甸和柬埔寨 5 个国家先后加入,东盟由最初成立时的 5 个成员国扩大到 10 个成员国。

自成立以来,东盟不断发展壮大,经济实力不断增强,在推动一体化和提升整体实力方面稳步前行,逐渐成为一个具有相当影响力的区域性组织。近年来,东盟经济保持稳定增长。东盟 GDP 总量占世界 GDP 总量的比重从 2017 年的 3.45% 上升到 2019 年的 3.61%,而后又下降至 2021 年的 3.46%。2021 年东盟 GDP 总量达 3.37 万亿美元,人均 GDP 约 5081 美元,经济增长率达3.4%。[①]

中国与东盟长期以来一直保持着友好合作关系。双方不断推进共建"一带一路"倡议与东盟国家发展战略的深入对接,加快中国-东盟命运共同体建设,同时努力促进中国-东盟自贸区深入发展,打造高水平的中国-东盟经贸合作。

(二)东盟十国经济发展水平

文莱位于加里曼丹岛西北部,北濒中国南海,国土面积约 5765 平方公

---

① 世界银行数据,http://www.data.worldbank.org.cn,最后访问日期:2023 年 7 月 28 日。

里,海岸线长约 162 公里。^① 由表 1-1 可知,2021 年文莱人口约 44.9 万,
GDP 约 166.82 亿美元,人均 GDP 约 37152.5 美元。^② 由表 1-2 可知,2019
年文莱全球竞争力在 141 个经济体中排第 56 名,较 2018 年的第 62 名上升
6 名;得分62.8分,较 2018 年高 1.3 分。文莱经济结构单一,以原油和天然
气为主要经济支柱,油气产业贡献了国内生产总值的 58%、财政收入来源
的 90% 和外贸出口的 90% 以上。除了油气产业,文莱的产业还包括旅游、
贸易和金融等服务业以及建筑业。文莱的制造业发展水平较低。为实现经
济可持续发展、减少对油气资源的过度依赖,文莱着手实施经济多元化战
略,在发展油气产业、增加油气产业价值链的同时,大力发展出口加工业、旅
游业、金融业和信息服务业等产业。

表 1-1　2022 年东盟十国人口及宏观经济情况

国家	人口/万	GDP/亿美元	人均 GDP/美元
文莱	44.9	166.82	37152.5
柬埔寨	1676.8	299.57	1786.6
印度尼西亚	27550.1	13191.00	4788.0
老挝	752.9	157.24	2088.4
马来西亚	3393.8	4063.06	11971.9
缅甸	5417.9	593.64	1059.7
菲律宾	11555.9	4042.84	3498.5
新加坡	563.7	4667.89	82807.7
泰国	7169.7	4953.41	6908.8
越南	9818.7	4088.02	4163.5

注:世界银行公布的数据整理得出。

① 中华人民共和国外交部官网,http://www.fmprc.gov.cn,最后访问日期:2023 年
4 月 28 日。
② 东盟数据门户官网,http://www.aseanstats.org,最后访问日期:2023 年 7 月
28 日。

表 1-2　2019 年东盟十国全球竞争力排名

国家	排名	较 2018 年排名	得分	较 2018 年得分
文莱	56	+6	62.8	+1.3
柬埔寨	106	+4	52.1	+1.9
印度尼西亚	50	−5	64.6	−0.3
老挝	113	−1	50.1	+0.8
马来西亚	27	−2	74.6	+0.2
缅甸	/	/	/	/
菲律宾	64	−8	61.9	−0.3
新加坡	1	+1	84.8	+1.3
泰国	40	−2	68.1	+0.6
越南	67	+10	61.5	+3.5

注：根据世界经济论坛发布的《2019 年全球竞争力报告》整理得出。

柬埔寨位于亚洲中南半岛南部，东部和东南部与越南接壤，北部与老挝交界，西部和西北部与泰国毗邻，西南濒临暹罗湾，国土面积约 18.1 万平方公里，海岸线长约 460 公里。① 由表 1-1 可知，2022 年柬埔寨人口约 1676.8 万，GDP 约 299.57 亿美元，人均 GDP 约 1786.6 美元。由表 1-2 可知，2019 年柬埔寨全球竞争力在 141 个经济体中排第 106 名，较 2018 年的第 110 名上升 4 名；得分 52.1 分，较 2018 年高 1.9 分。柬埔寨作为一个传统农业大国，工业基础较弱，对外资依赖程度较高。柬埔寨政府执行以增长、就业、公平、效率为核心的国家发展战略，营造稳定的政治经济环境，同时积极参与区域合作，实行对外开放和自由市场经济政策，加大吸引投资特别是私人投资参与国家建设的力度。

印度尼西亚位于亚洲东南部，地跨南北两个半球，横卧太平洋和印度洋两大洋、亚洲和大洋洲两大洲，扼守马六甲海峡等重要国际航道，陆地面积约 191.36 万平方公里，海洋面积约 317 万平方公里。同时，印度尼西亚也是世界

① 中华人民共和国外交部官网，http://www.fmprc.gov.cn，最后访问日期：2023 年 4 月 10 日。

上最大的群岛国家,有 17508 个岛屿。① 2022 年,印度尼西亚人口约 27550.1
万,GDP 约 13191 亿美元,人均 GDP 约 4788 美元。由表 1-2 可知,2019 年印
度尼西亚全球竞争力在 141 个经济体中排第 50 名,较 2018 年的第 45 名下降
5 名;得分 64.6 分,较 2018 年低 0.3 分。2022 年,印度尼西亚经济依然保持着
平稳增长的速度,同比增长 5.31%。但印度尼西亚产业结构相对落后,工业、
服务业、农业占 GDP 比重分别为 43.3%、43.1%、13.0%。② 同时,印度尼西亚
工业能力不足,目前工业发展主要集中于轻工业、食品加工业以及矿产品的开
采、冶炼等领域,在带动社会经济其他行业领域方面作用有限。

老挝是中南半岛北部唯一的内陆国家,北邻中国,南接柬埔寨,东接越南,
西北达缅甸,西南毗邻泰国,国土面积约 23.68 万平方公里。③ 由表 1-1 可知,
2022 年老挝人口约 752.9 万,GDP 约 157.24 亿美元,人均 GDP 约 2088.4 美
元。④ 由表 1-2 可知,2019 年老挝全球竞争力在 141 个经济体中排第 113 名,
较 2018 年的第 112 名下降 1 名;得分 50.1 分,较 2018 年高 0.8 分。老挝经济
以农业为主,工业基础薄弱。1997 年后,老挝经济受到亚洲金融危机的严重
影响。为了维持社会安定和经济稳定,老挝开始采取一系列措施以加强宏观
调控、整顿金融秩序、扩大农业生产。目前,老挝经济正逐渐由以生产导向为
基础转向以服务导向为基础。老挝的服务业如酒店、教育、金融等行业发展势
态良好。

马来西亚地处东南亚中心位置,位于印度洋和太平洋之间,扼守马六甲海
峡,国土面积约 33 万平方公里。⑤ 由表 1-1 可知,2022 年马来西亚人口约
3393.8 万,GDP 约 4063.06 亿美元,人均 GDP 约 11971.9 美元。⑥ 由表 1-2 可

---

① 中华人民共和国外交部官网,http://www.fmprc.gov.cn,最后访问日期:2023 年
4 月 10 日。

② 印度尼西亚银行经济与金融统计,https://www.bi.go.id/en,最后访问日期:2023
年 7 月 29 日。

③ 中华人民共和国外交部官网,http://www.fmprc.gov.cn,最后访问日期:2023 年
4 月 10 日。

④ 东盟数据门户官网,http://www.aseanstats.org,最后访问日期:2023 年 7 月
29 日。

⑤ 中华人民共和国外交部官网,http://www.fmprc.gov.cn,最后访问日期:2023 年
4 月 10 日。

⑥ 中华人民共和国外交部官网,http://www.fmprc.gov.cn,最后访问日期:2023 年
7 月 29 日。

知,2019 年马来西亚全球竞争力在 141 个经济体中排第 27 名,较 2018 年的第 25 名下降 2 名;得分 74.6 分,较 2018 年高 0.2 分。2015 年,马来西亚发布第 11 个五年计划,主题为"以人为本的成长",从提高生产力、扩大中产阶级人口和发展绿色科技等六个方面着手,以增加国民收入和提升人民生活水平。马来西亚的产业结构以服务业和制造业为主,同时马来西亚是世界上最大的棕榈油生产国。2022 年,马来西亚农业、采矿业、制造业、建筑业和服务业占GDP 的比重分别是 8.9％、9.9％、23.4％、3.4％和 53.4％。①

缅甸位于中南半岛西部,东面和东南接老挝与泰国,西北与印度和孟加拉国为邻,北部和东北部与中国交界,南临安达曼海,西南濒孟加拉湾,国土面积约67.66 万平方公里,海岸线长约 3200 公里。② 由表 1-1 可知,2022 年缅甸人口约5417.9 万,GDP 约 593.64 亿美元,人均 GDP 约 1095.7 美元。③ 根据《2021 年缅甸年鉴》,农业、工业、服务业占 GDP 比重分别为 20.9％、38.6％、40.5％。农业是缅甸国民经济的基础,缅甸的乡村人口约占总人口的 70％,其中大多数从事农业和畜牧业。2020 年,缅甸受新冠肺炎疫情影响,GDP 增长率为－12.9％。2021 年、2022 年,缅甸 GDP 增长率分别为 5.5％、3.8％。④

菲律宾位于亚洲东南部,北隔巴士海峡,与中国台湾地区遥遥相对,西濒中国南海,东临太平洋,国土总面积约 29.97 万平方公里,海岸线长约 1.85 万公里。⑤ 由表 1-1 可知,2022 年菲律宾人口约 11555.9 万,GDP 约 4042.84 亿美元,人均 GDP 约 3498.5 美元。⑥ 由表 1-2 可知,2019 年菲律宾全球竞争力在 141 个经济体中排第 64 名,较 2018 年的第 56 名下降 8 名;得分 61.9 分,较2018 年低 0.3 分。2022 年,在菲律宾 GDP 构成中,农业占 9.5％,工业占29.3％,服务业占 61.2％。菲律宾作为全球主要劳务输出国之一,有大量人口

---

① 马来西亚统计局官网,http://www.statistics.gov.my,最后访问日期:2023 年 7 月30 日。

② 中华人民共和国外交部官网,http://www.fmprc.gov.cn,最后访问日期:2023 年 4月 10 日。

③ 东盟数据门户官网,http://www.aseanstats.org,最后访问日期:2023 年 7 月 29 日。

④ 东盟数据门户官网,http://www.aseanstats.org,最后访问日期:2023 年 7 月 29 日。

⑤ 中华人民共和国外交部官网,http://www.fmprc.gov.cn,最后访问日期:2023 年4 月 10 日。

⑥ 东盟数据门户官网,http://www.aseanstats.org,最后访问日期:2023 年 7 月29 日。

在海外工作。菲律宾经济发展迅速,自 2012 年以来 GDP 增速已经连续 8 年超过 6％。2020 年,菲律宾受新冠肺炎疫情影响,GDP 增长率为－8.0％,人均 GDP 增长率为－9.3％。2021 年、2022 年,菲律宾 GDP 增长率分别为 8.1％、13.5％。[①]

新加坡位于马来半岛南端、马六甲海峡出入口,北隔柔佛海峡与马来西亚相邻,南隔新加坡海峡与印度尼西亚相望,处于“海上的十字路口”,地理位置优越,国土面积约 733.2 平方公里,海岸线长约 193 公里。[②] 2022 年新加坡人口约 563.7 万,GDP 约 4667.89 亿美元,人均 GDP 约 82807.7 美元。[③] 由表 1-2 可知,2019 年新加坡全球竞争力在 141 个经济体中位居第 1 名,较 2018 年的第 2 名上升 1 名;得分 84.8 分,较 2018 年高 1.3 分。新加坡是发达国家,“亚洲四小龙”之一,其经济模式被称为“国家资本主义”。新加坡在取得国家独立后,充分利用“海上十字路口”的区位优势,发展航运、转口贸易、造船及炼油等行业,之后更是成功实现了从“转口贸易”到“转口金融”的转型。2022 年,新加坡的批发零售业、金融保险业和运输仓储业占 GDP 比重分别为 19.9％、13.5％、10.4％。2019 年 11 月 12 日,中国社会科学院财经战略研究院与联合国人居署联合发布《全球城市竞争力报告 2019—2020》,新加坡在“2019 年全球可持续竞争力榜单”中高居榜首,在“2019 年全球城市经济竞争力榜单”中位列第三名。2022 年新加坡 GDP 增长率为 3.6％。[④]

泰国地处中南半岛中南部,东南临太平洋泰国湾,西南濒印度洋安达曼海,西和西北与缅甸接壤,东北以湄公河为天然国界与老挝毗邻,东南与柬埔寨交界,南接马来西亚,国土面积约 51.3 万平方公里,海岸线总长约 2637 公里。[⑤] 由表 1-1 可知,2022 年泰国人口约 7169.7 万,GDP 约 4953.41 亿美元,

---

① 菲律宾统计局官网,http://www.pas.gov.vn,最后访问日期:2023 年 8 月 2 日。
② 中华人民共和国外交部官网,http://www.fmprc.gov.cn,最后访问日期:2023 年 4 月 10 日。
③ 中华人民共和国外交部官网,http://www.fmprc.gov.cn,最后访问日期:2023 年 4 月 10 日。
④ 新加坡统计局官网,http://www.singstat.gov.sg,最后访问日期:2023 年 8 月 2 日。
⑤ 中华人民共和国外交部官网,http://www.fmprc.gov.cn,最后访问日期:2023 年 4 月 10 日。

人均 GDP 约 6908.8 美元。① 由表 1-2 可知,2019 年泰国在 141 个经济体中排第 40 名,较 2018 年的第 38 名下降 2 名;得分 68.1 分,较 2018 年高 0.6 分。2022 年,泰国农业、制造业及其他工业产业、服务业占 GDP 比重分别为 8.8%、35.0%、56.2%。② 农业是泰国的支柱性产业,泰国农产品长期以来一直是泰国重要的出口商品之一。泰国橡胶的生产和出口均居世界第一,同时泰国也是第一大木薯和大米出口国。旅游业在泰国服务业中占较大比重,泰国拥有大小 500 多个景点,旅游资源相当丰富。受全球金融危机的影响,泰国经济呈现出波动式增长的趋势,2014 年 GDP 增长率仅为 0.98%,2015—2018 年,GDP 增长率稳定在 3%~5% 之间;2019 年,GDP 增长率为 2.21%,较前几年高增长有所回落。受新冠肺炎疫情影响,2020 年泰国 GDP 增长率为 −6.07%,2021 年 GDP 增长率为 1.49%。③

越南位于中南半岛东部,三面环海,北与中国广西、云南接壤,西与老挝、柬埔寨交界,国土面积约 33.0 万平方公里,海岸线长约 3260 公里。④ 由表 1-1 可知,2022 年越南人口约 9818.7 万,GDP 约 4088.02 亿美元,人均 GDP 约 4163.5 美元。⑤ 由表 1-2 可知,2019 年越南在 141 个经济体中排第 67 名,较 2018 年的第 77 名上升 10 名;得分 61.5 分,较 2018 年高 3.5 分。越南属于发展中国家,1986 年 12 月越共"六大"开始推行革新开放,自计划经济向市场经济转型。2022 年,越南农林水产业增长 6.09%,工业建筑业增长 14.53%,服务业增长 12.54%,对 GDP 增长的贡献率分别为 6.27%、44.68% 和 42.39%,占 GDP 比重分别为 11.88%、38.26% 和 41.33%。⑥ 进入 21 世纪以来,越南经济飞速发展,成为全球经济发展速度最快的国家之一,2021 年 GDP 增长率为 5.41%。⑦ 目前,越南经济主要有以下特点:第一,出口外向型经济特征明显;

---

① 东盟数据门户官网,http://www.aseanstats.org,最后访问日期:2023 年 7 月 29 日。

② 泰国国家统计局官网,http://www.nso.go.th,最后访问日期:2023 年 8 月 2 日。

③ 泰国国家统计局官网,http://www.nso.go.th,最后访问日期:2023 年 8 月 2 日。

④ 中华人民共和国外交部官网,http://www.fmprc.gov.cn,最后访问日期:2023 年 4 月 2 日。

⑤ 东盟数据门户官网,http://www.aseanstats.org,最后访问日期:2023 年 7 月 29 日。

⑥ 越南统计总局官网,http://www.gso.gov.vn,最后访问日期:2023 年 8 月 2 日。

⑦ 越南统计总局官网,http://www.gso.gov.vn,最后访问日期:2023 年 8 月 2 日。

第二,外资成为经济增长的重要动力;第三,产业结构逐步优化;第四,国内消费市场稳定增长。

二、南亚国家经济发展水平

(一)南亚整体经济发展水平

南亚位于亚洲南部的喜马拉雅山脉中、西段以南及印度洋之间,东濒孟加拉湾,西滨阿拉伯海。南亚地区共有 8 个国家,分别为阿富汗、孟加拉国、不丹、印度、马尔代夫、尼泊尔、巴基斯坦以及斯里兰卡。

近几年,南亚经济保持着强劲增长的态势,逐渐成为全球经济增速最快的地区之一。世界银行公布的统计数据显示,2022 年南亚总人口约 19.2 亿,GDP 总量约 4.36 万亿美元,人均 GDP 约 2272.5 美元。[1] 同时,南亚国家的产业结构也正在持续优化,部分国家的工业增长速度远高于服务业和农业的增长速度。虽然目前南亚国家产业布局仍不够合理,但该地区的产业增长潜力较大,农业与工业的增长也将促进该地区进一步发展。[2]

高速增长的经济、总体较低的通胀率以及宽松的货币政策使得南亚经济发展整体呈良好趋势。但是,在南亚经济大趋势向好的背景下,该地区仍存在一些投资隐患,如政局和政策的不确定性依然普遍存在于南亚地区。[3] 针对这些投资隐患,投资者应当给予充分关注,同时在投资前应综合分析具体国家的投资环境。

(二)南亚主要国家经济发展水平

印度位于亚洲南部,东北同中国、尼泊尔、不丹接壤,东与缅甸为邻,东南与斯里兰卡隔海相望,西北与巴基斯坦交界,东临孟加拉湾,西濒阿拉伯海,国

---

①　世界银行数据,http://www.data.worldbank.org.cn,最后访问日期:2023 年 8 月 3 日。

②　王春丽:《"一带一路"重要节点:南亚区域市场的投资环境与拓展对策》,载《东南学术》2018 年第 1 期。

③　Markus Kitzmuller、Martin Rama:《全球经济增长放缓背景下南亚投资领域现状及发展方向——基于〈南亚投资现状检验〉报告》,邓雨婷编译,载《广东经济》2020 年第 2 期。

土面积约 298 万平方公里,海岸线长约 5560 公里。^① 由表 1-3 可知,2022 年印度人口约 141717.0 万,GDP 约 33850.90 亿美元,人均 GDP 约 2388.6 美元。^② 由表 1-4 可知,2019 年印度全球竞争力在 141 个经济体中排第 68 名,较 2018 年的第 58 名下降 10 名;得分 61.4 分,较 2018 年低 0.7 分。印度从 1947 年独立到 20 世纪 80 年代,经济增长率长期维持在低水平状态,年平均增长率仅有 3.5%。1991 年,印度开始实行经济改革,逐步转向自由市场,经济总体上得到了快速增长。自 21 世纪以来,印度凭借着巨大的国内市场规模、人口红利和开放政策,经济进一步发展,逐渐成为世界上主要的新兴经济体之一。2021 年,印度农业,工业和服务业占 GDP 比重分别为 16.77%、25.87%、57.36%。^③ 2018 年,国际金融环境收紧、原油价格大幅波动、贸易保护主义抬头以及外需放缓等因素对印度经济发展造成了一定的不利影响,但由于其国内不断深化改革以及周边政治经济环境较好,印度经济依然能平稳发展。^④

表 1-3 2022 年南亚主要国家人口及宏观经济情况

国家	人口/万	GDP/亿美元	人均 GDP/美元
印度	141717.0	33850.90	2388.6
巴基斯坦	23582.5	3765.33	1596.7
孟加拉国	17118.6	4602.01	2688.3
斯里兰卡	2218.1	744.04	3354.4

注:根据世界银行公布的数据整理得出。

---

① 中华人民共和国外交部官网,http://www.fmprc.gov.cn,最后访问日期:2023 年 1 月 15 日。

② 世界银行数据,http://www.data.worldbank.org.cn,最后访问日期:2023 年 8 月 3 日。

③ 印度统计和计划实施部官网,http://www.mospi.gov.in,最后访问日期:2023 年 4 月 22 日。

④ 陈利君、熊保安:《2018 年南亚地区经济发展形势综述》,载《南亚东南亚研究》2019 年第 1 期。

表 1-4　2019 年南亚主要国家全球竞争力排名

国家	排名	较 2018 年排名	得分	较 2018 年得分
印度	68	−10	61.4	−0.7
巴基斯坦	110	−3	51.4	+0.3
孟加拉国	105	−2	52.1	持平
斯里兰卡	84	+1	57.1	+1.1

注:根据世界经济论坛发布的《2019 年全球竞争力报告》整理得出。

巴基斯坦位于南亚次大陆西北部,南濒阿拉伯海,东接印度,东北邻中国,西北与阿富汗交界,西邻伊朗,国土面积约 79.6 万平方公里,海岸线长约 980 公里。[①] 由表 1-3 可知,2022 年巴基斯坦人口约 23582.5 万,GDP 约 3765.33 亿美元,人均 GDP 约 1596.7 美元。由表 1-4 可知,2019 年巴基斯坦全球竞争力在 141 个经济体中排第 110 名,较 2018 年的第 107 名下降 3 名;得分 51.4 分,较 2018 年高 0.3 分。过去十几年,由于受内外种种不稳定因素的影响,巴基斯坦的经济增长遇到了阻碍。受 2008 年全球金融危机的影响,2008 年至 2011 年巴基斯坦的 GDP 年增长率低于 3%。直到 2013 年谢里夫政府上台后,在中巴经济走廊及结构性改革的带动下,巴基斯坦经济逐渐趋于稳定,并维持较快增长态势。2013—2018 年,巴基斯坦 GDP 增长率保持在 4%~6% 的高水平,但 2019 年经济增长速度下降幅度较大,GDP 增长率仅为 2.50%。受新冠肺炎疫情影响,2020 年巴基斯坦 GDP 出现负增长,GDP 增长率为 −1.27%。2021 年,巴基斯坦 GDP 增长率为 6.48%。[②]

孟加拉国位于南亚次大陆东北部的恒河、布拉马普特拉河和雅鲁藏布江冲积而成的三角洲上,东、西、北三面与印度毗邻,东南部与缅甸接壤,南部濒临孟加拉湾,国土面积约 14.76 万平方公里,海岸线长约 550 公里。[③] 由表 1-3

① 中华人民共和国外交部官网,http://www.fmprc.gov.cn,最后访问日期:2023 年 7 月 20 日。

② 世界银行数据,http://www.data.worldbank.org.cn,最后访问日期:2023 年 7 月 28 日。

③ 中华人民共和国外交部官网,http://www.fmprc.gov.cn,最后访问日期:2023 年 7 月 21 日。

可知,2022 年孟加拉国人口约 17118.6 万,GDP 约 4602.01 亿美元,人均 GDP 约 2688.3 美元。① 由表 1-4 可知,2019 年孟加拉国全球竞争力在 141 个经济体中排第 105 名,较 2018 年的第 103 名下降 2 名;得分 52.1 分,与 2018 年得分持平。作为曾经的最不发达国家之一,孟加拉国政府通过实施一系列经济改革措施,加快本国工业化和城市化进程。自 2005 年以来,孟加拉国经济增长率一直保持在 6% 以上,经济总量也不断增加。② 2019 年,孟加拉国 GDP 增长率更是再创新高,达到 7.89%。2020 年,孟加拉国消费占 GDP 比重达 74.78%,资本形成占 GDP 比重达 32.05%,农业、工业、服务业占 GDP 比重分别为 11.22%、33.92%、51.04%。目前,孟加拉国已成为南亚乃至全球最具经济发展活力的国家之一,经济发展形势被大多数国家看好。2021 年、2022 年,孟加拉国 GDP 增长率分别为 6.9%、7.10%。③

斯里兰卡位于印度洋中心,在南亚次大陆南端,北隔保克海峡与印度相望,南部靠近赤道,紧邻亚欧国际主航线,拥有连接东西方的优越地理条件。国土面积约 6.56 万平方公里,海岸线长约 1240 公里。④ 由表 1-3 可知,2022 年斯里兰卡人口约 2218.1 万,GDP 约 744.04 亿美元,人均 GDP 约 3354.4 美元。⑤ 由表 1-4 可知,2019 年斯里兰卡全球竞争力在 141 个经济体中排第 84 名,较 2018 年的第 85 名上升 1 名;得分 57.1 分,较 2018 年高 1.1 分。斯里兰卡曾是一个以种植园经济为主的农业国家,香料、海产品和椰子制品等是其农业收入的重要来源,也是出口创汇的主要构成部分。斯里兰卡工业基础相对薄弱,大多数工业原材料和半成品依赖国外进口,服务业占经济总量比重较大,主要包括零售、酒店、餐饮、旅游业、金融服务和房地产等。2020 年,斯里

---

① 世界银行数据,http://www.data.worldbank.org.cn,最后访问日期:2023 年 8 月 3 日。

② 陈利君、熊保安:《2018 年南亚地区经济发展形势综述》,载《南亚东南亚研究》2019 年第 1 期。

③ 世界银行数据,http://www.data.worldbank.org.cn,最后访问日期:2023 年 8 月 3 日。

④ 中华人民共和国外交部官网,http://www.fmprc.gov.cn,最后访问日期:2023 年 7 月 21 日。

⑤ 世界银行数据,http://www.data.worldbank.org.cn,最后访问日期:2023 年 8 月 3 日。

兰卡消费占 GDP 比重为 79.9%,投资占 GDP 比重为 27.7%。[①] 2022 年,斯里兰卡农业、工业、服务业占 GDP 比重分别为 8.75%、30.27%、56.11%。[②]

在地区层面,东盟自成立以来不断发展壮大,经济实力不断增强,逐渐成为一个具有相当影响力的区域性组织。虽然近些年来南亚经济保持着强劲增长的态势,但由于受政局动乱、政策易变等因素的影响,投资南亚仍存在一些风险。

在国家层面,东盟十国经济发展水平存在较大差异。新加坡是唯一的发达国家,其经济发展水平在东盟国家中整体最高,2022 年人均 GDP 达 82807.7 美元,而同为东盟国家的缅甸,2022 年人均 GDP 仅为 1095.7 美元。[③] 印度是南亚地区国土面积最大、人口最多的国家,其经济发展水平处于南亚国家前列,2022 年印度 GDP 总量高达 33850.9 亿美元,但由于人口众多,人均 GDP 仅为 2257 美元。[④]

第二节　东南亚及南亚国家经贸投资整体环境

一、东南亚国家经贸投资整体环境

(一)政治环境

政治环境是影响投资者投资风险的重要因素之一,一般而言,东道国政治环境越好,投资者的投资风险也就越小,就越容易吸引更多的外商直接投

---

① 《商务部对外投资合作国别(地区)指南——斯里兰卡(2022 年版)》。

② 斯里兰卡统计局官网,http://www.statistics.gov.lk,最后访问日期:2023 年 4 月 20 日。

③ 世界银行数据,http://www.data.worldbank.org.cn,最后访问日期:2023 年 8 月 3 日。

④ 世界银行数据,http://www.data.worldbank.org.cn,最后访问日期:2023 年 8 月 3 日。

资。[①] 表 1-5 描述了 2019 年东南亚主要国家的政治环境,从政策稳定性、司法独立、腐败发生率、预算透明度、警察可靠度、恐怖主义威胁和争端解决效率 7 个方面进行了介绍。

表 1-5　2019 年东南亚主要国家政治环境

指　标		国　　家								
		文莱	柬埔寨	印度尼西亚	老挝	马来西亚	菲律宾	新加坡	泰国	越南
政策稳定性	得分	56.9	44.3	60.3	46.7	72.2	41.5	89.1	47.3	50.3
	排名	50	91	38	79	14	98	2	75	67
司法独立	得分	48.8	28.6	52.2	50.1	68.7	32.2	77.4	49.7	40.9
	排名	70	116	56	61	29	110	14	64	85
腐败发生率	得分	63	20	38	29	47	36	85	36	33
	排名	29	134	77	111	55	85	3	85	101
预算透明度	得分	28.1	20	64	17.5	46	67	78	56	15
	排名	/	82	23	/	52	19	/	36	84
警察可靠度	得分	64.7	37.3	56.2	53.7	73.8	33.4	91.9	43.7	53
	排名	50	120	68	76	33	126	2	105	79
恐怖主义威胁	得分	100	100	96.8	99.7	99.3	26.7	100	69.9	100
	排名	1	26	110	81	87	137	1	134	1
争端解决效率	得分	49.9	33.8	51.1	52.2	69	33.5	86.6	53.5	43
	排名	60	106	55	51	15	109	1	44	76

注:根据世界经济论坛公布的数据整理得出。所有指标的得分为 0~100 分,其中腐败发生率和恐怖主义威胁 0 分表示非常高或很严重,100 分表示极小或没有;其他指标 0 分表示非常差,100 分表示非常好。

新加坡的政治环境整体表现最佳,政局最为稳定,除在司法独立方面表现一般外,其余各方面都表现突出,恐怖主义威胁极小且争端解决效率位列全球之首,政策稳定性和警察可靠度位于世界第二。文莱、印度尼西亚和马来西亚

的政治环境整体表现良好,三国政策均较为稳定,司法也较为独立,其中马来西亚表现最好。柬埔寨、老挝、菲律宾、泰国和越南的政治环境整体表现欠佳,其中菲律宾恐怖主义威胁最为严重。近年来,菲律宾深受恐怖主义侵害,多个武装组织在该国境内从事恐怖主义活动。为加大打击恐怖主义犯罪活动的力度,菲律宾政府采取了一系列举措,例如,2020 年 7 月 3 日菲律宾总统杜特尔特签署了《2020 年反恐怖主义法》。

(二)经济环境

在投资环境分析中,经济环境涉及的因素最多、范围最广,是投资环境分析中最主要的部分之一。对于投资者而言,投资别国的目的之一就在于开拓消费市场,获取最大化利益,这种行为带有明显的市场寻求动机。全面评估东盟十国的经济环境,有助于中国企业因地制宜,更好更快地"走出去"。

在分析东盟国家的经济环境时,应当从经济规模、经济发展水平和经济稳定性三个方面加以考量。第一,在经济规模方面,2019 年东盟经济稳步增长,GDP 总量约 3.17 万亿美元;2020 年受新冠肺炎疫情影响,东盟 GDP 总量约 3 万亿美元,同比下降 5.4%;2021 年东盟 GDP 总量达 3.35 万亿美元。[①] 第二,在经济发展水平方面,2022 年东盟人均 GDP 为 5024.2 美元,其中 3 个国家人均 GDP 超过 1 万美元,分别是新加坡(82807.7 美元)、文莱(37152.5 美元)和马来西亚(11971.9 美元)。第三,在经济稳定性方面,世界银行统计数据显示,2022 年东盟十国中,文莱失业率高达 7.2%,远高于世界平均水平,其他九国失业率则低于世界平均水平,其中缅甸失业率为 1.5%,泰国失业率仅为 0.9%。除了失业率,通货膨胀率也是影响经济稳定性的重要因素。东盟十国由于处于不同的经济发展阶段,货币供应各不相同,所以在通货膨胀率上也存在较大的差异。2021 年,老挝的通货膨胀率高达 23%,而缅甸、新加坡和泰国的通货膨胀率为 8.8%、6.1%、6.1%。[②]

---

① 东盟数据门户官网,http://www.aseanstats.org,最后访问日期:2023 年 7 月 29 日。

② 世界银行数据,http://www.data.worldbank.org.cn,最后访问日期:2023 年 8 月 4 日。

(三)营商环境

营商环境包括影响企业活动的政治要素、经济要素、法律要素和社会要素等多方面。一个国家或地区营商环境的优劣直接影响着外商投资的多寡和开展经营活动的企业数量。世界银行在制作营商环境报告时,主要从 5 个阶段即创业阶段、获得场地、获得融资、日常运营和在安全的商业环境中运营,11 个指标即开办企业、劳动力市场监管、办理施工许可证、获得电力、登记财产、获得信贷、保护少数投资者、跨境贸易、纳税、执行合同和办理破产,衡量一个经济体的营商环境。需要注意的是,劳动力市场监管指标并不包括在营商环境便利度分数计算和排名中。

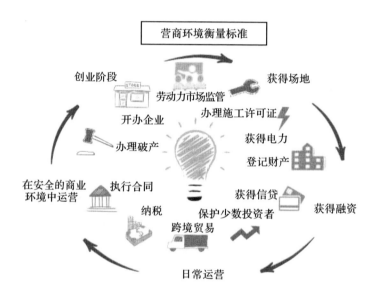

图 1-1 世界银行《2019 年营商环境报告》营商环境衡量标准

为了降低投资风险,我国企业在对东盟国家进行投资时应该充分考虑该国营商环境。从表 1-6 可知,2020 年东盟十国营商环境整体表现良好,排在 100 名以内的有 7 个国家,其中新加坡表现最为突出,位列全球第 2 名,仅次于新西兰。与 2019 年营商环境排名相比,新加坡、印度尼西亚和老挝排名持平;马来西亚、泰国、菲律宾和缅甸排名上升,其中菲律宾排名上升 29 名,幅度最大;文莱、越南和柬埔寨排名下降。

表 1-6　东盟十国全球营商环境排名

国家	2020 年排名	2019 年排名	排名变化
新加坡	2	2	—
马来西亚	12	15	＋3
泰国	21	27	＋6
文莱	66	55	－11
越南	70	69	－1
印度尼西亚	73	73	—
菲律宾	95	124	＋29
柬埔寨	144	138	－6
老挝	154	154	—
缅甸	165	171	＋6

注:根据世界银行发布的《2020 年营商环境报告》和《2019 年营商环境报告》整理得出。

(四)法律环境

作为一国政府对企业进行管理的主要手段之一,法律法规发挥着重要作用。为充分引进外资以发展本国经济,东盟各国在有关外商投资的法律法规制定和实施方面做出了许多努力。东盟国家相继制定关于外商投资的海关、关税、外汇以及投资行业等方面的法律法规,并出台一系列吸引外资的优惠政策,为投资者营造了良好的法律环境,如《文莱投资法》延长对部分鼓励投资产业的税收优惠期,《柬埔寨投资法》规定了政府给予外资与内资基本同等的待遇,《老挝投资促进法》主要通过协议联合经营、混合企业、外国独资企业三种投资方式对外资提供优惠。[1]

但由于东盟各国国情不同,所处的经济发展阶段不同,东盟各国法制环境存在差异。近年来,虽然东盟各国关于外商投资的法律体系不断完善,对

---

[1]　熊苇、王晶晶、朱光辉:《"一带一路"倡议下东盟十国投资环境分析》,载《对外经贸》2020 年第 5 期。

外商的投资方式、投资行业以及股权比例等都做出了明确规定,但除了新加坡外的东盟其他国家在投资立法、投资执法与投资司法方面仍存在诸多问题。

(五)社会文化

社会文化差异会对企业资本的流动、员工的管理以及社会组织的交流等方面产生直接影响。如果社会文化差异过大,投资者在东道国将难以获得政府、消费者以及普通民众的支持,投资难度将增加。[①]

中国与东盟国家在社会文化背景方面存在较大差异,企业在东盟国家进行投资时可能会面临宗教文化差异、语言差异以及风俗习惯差异等方面的问题。[②] 例如,在宗教文化方面,柬埔寨、老挝、缅甸和泰国属于佛教国家;马来西亚和文莱都将伊斯兰教定为国教;菲律宾全国有90%的人是基督教徒。因此,我国企业在对东盟国家投资时,应该充分考虑东盟国家在宗教文化、语言、风俗习惯等方面的特点,尊重他国文化习惯和风俗民情,尽量规避社会文化差异所引起的投资风险。

(六)基础设施

基础设施主要用于保障国家或地区社会经济活动能够正常运行,一国基础设施的好坏对投资者经营活动的开展有重要影响。对于投资者而言,通达的交通运输设施可以降低商品的流通成本,便利的通信联络设施可以加快商业信息的传递与交流,正常的水电供应是日常生产经营的基础。[③]

虽然近几年东盟国家均采取措施促进基础设施的建设,但各国基础设施建设水平依然存在较大差距。新加坡的基础设施建设水平处于东盟国家首位,文莱、马来西亚和泰国三国的基础设施建设较为完备,其他东盟国家的基础建设水平则较差,低于世界平均水平。在交通运输设施方面,据世界银行和商务部统计数据显示,新加坡公路网密度和铁路网密度位列全球第

[①] 李凝、胡日东:《文化差异对中国企业 OFDI 区位选择的影响:东道国华人网络的调节效应》,载《华侨大学学报》2014 年第 3 期。

[②] 谢琳灿:《我国对东南亚投资的现状与风险防控》,载《宏观经济管理》2016 年第 1 期。

[③] 郑慧礼、徐洁香:《"一带一路"倡议下东盟十国投资环境探析》,载《湖北经济学院学报》2019 年第 9 期。

二,但是东盟其他国家的公路网密度和铁路网密度都较低,柬埔寨、印度尼西亚、老挝以及菲律宾等国的铁路基础设施状况都较为落后。[①] 在通信联络设施方面,新加坡十分重视网络建设,以每百人拥有安全的互联网服务器数为例,新加坡在东盟国家中排名第一,马来西亚排名第二,文莱排名第三,柬埔寨、老挝和缅甸三国排名靠后。柬埔寨和印度尼西亚也都在采取积极措施促进本国通信系统的发展。在水电供应方面,新加坡、马来西亚和泰国均达到了百分之百供电的水平,但老挝、缅甸和柬埔寨的电力缺口较大,其中柬埔寨的通电率最低。

二、南亚国家经贸投资整体环境

(一)政治环境

表 1-7 描述了 2018 年南亚国家的政治环境。根据该表,南亚国家政治环境整体表现较差,存在较大政治风险。从国别来看,南亚国家间的政治环境也存在较大差距。其中,不丹的政治环境最佳,在政府稳定性、政府效率和腐败控制力三项指标中都位列第一;而阿富汗由于受战争、恐怖主义等的影响,政治环境最差,三项指标都排名最后。根据政治环境优劣程度,可以将南亚八国大致分为三个等级:第一等级为不丹,政治风险最低;第二等级为印度、马尔代夫以及斯里兰卡,政治风险中等;第三等级为阿富汗、孟加拉国、尼泊尔以及巴基斯坦,政治风险较高。我国企业在对南亚进行投资时,要密切关注东道国政府稳定性、政府效率和腐败控制力等方面的信息,同时也要了解东道国执政党对中国的态度,以最大限度降低企业投资时所面临的政治风险。

表 1-7　2021 年南亚国家政治环境

国家指标	政府稳定性	政府效率	腐败控制力
阿富汗	1.4	5.8	12.5
孟加拉国	16.0	28.8	18.3
不丹	84.4	75.5	90.4

[①] 熊苇、王晶晶、朱光辉:《"一带一路"倡议下东盟十国投资环境分析》,载《对外经贸》2020 年第 5 期。

续表

国家指标	政府稳定性	政府效率	腐败控制力
印度	24.5	62.5	46.6
马尔代夫	60.4	65.9	41.8
尼泊尔	38.2	17.8	33.2
巴基斯坦	6.6	37.5	23.6
斯里兰卡	34.9	50.5	44.2

注:根据世界银行公布的数据整理得出。所有指标的得分为0~100分,0分表示非常差,100分表示非常好。

(二)经济环境

近年来,虽然贸易保护主义抬头,全球经济环境复杂多变,但南亚地区整体经济发展态势良好,依然保持着强劲增长的趋势。2015年至2018年,受各国经济改革、内部需求增加等因素影响,南亚地区经济稳步增长,GDP年增长率始终保持在6%~8%的高水平。2019年和2020年,受新冠肺炎疫情的影响,南亚地区GDP增长率分别为3.9%、-4.7%;2021年GDP重回增长,增长率达8.3%;2022年增长率为6.5%。[①] 从国别来看,孟加拉国、印度以及巴基斯坦等国经济增长速度较快,而阿富汗、马尔代夫以及斯里兰卡等国相对较缓慢,但由于这些国家经济总体量较小,对南亚整体经济增速影响有限,南亚整体经济依然能保持较高增长水平。由于南亚地区的局势波动,影响南亚经济的政策波动和改革挑战将长期存在,这使得南亚经济发展仍存在诸多潜在风险。例如,巴基斯坦投资具有波动性,国内储蓄和投资能力较弱,难以维持经济高速增长的水平。[②]

(三)营商环境

由表1-8可知,2020年南亚国家营商环境整体表现一般,排在100名以内的有4个国家,其中印度排名最高,位列第63名。与2019年营商环境排名相

---

① 世界银行数据,http://www.data.worldbank.org.cn,最后访问日期:2023年7月25日。

② 王春丽:《"一带一路"重要节点:南亚区域市场的投资环境与拓展对策》,载《东南学术》2018年第1期。

比,印度、尼泊尔、斯里兰卡、巴基斯坦以及孟加拉国 5 个国家排名上升,其中巴基斯坦排名上升 28 名,幅度最大;不丹、马尔代夫以及阿富汗 3 个国家排名略有下降。据世界银行公布的《2019 年营商环境报告》显示,南亚经济体的得分平均增长了 2.73 分。这主要是因为南亚地区改革经济体实施的平均改革数量最多——南亚地区 8 个经济体中有 5 个经济体实施了共计 19 项改革。例如,印度近年来致力于改善本国营商环境,采取了一系列改革措施,包括2014 年以来推出的"印度制造"的概念、废钞令,实施新破产法等。①

表 1-8　南亚国家全球营商环境排名

国家	2020 年排名	2019 年排名	排名变化
印度	63	77	+14
不丹	89	81	−8
尼泊尔	94	110	+16
斯里兰卡	99	100	+1
巴基斯坦	108	136	+28
马尔代夫	147	139	−8
孟加拉国	168	176	+8
阿富汗	173	167	−6

注:根据世界银行发布的《2020 年营商环境报告》和《2019 年营商环境报告》整理得出。

(四)法律环境

南亚许多国家对于法律的界定十分宽泛,法律种类复杂,立法冲突难以避免。而各种立法之间存在的许多冲突和矛盾,导致法律的稳定性不足。同时,由于社会发展水平的不同,南亚国家的法律环境也存在差异。例如,印度自1991 年开始实行自由市场改革,注重对外商投资的引进和利用,外商投资法律体系逐渐完善,主要的外商投资法律包括《外国投资促进法》《经济特区法》等;巴基斯坦的外商投资法律体系建设虽取得了一定成效,但也有不容忽视的

---

① 陈利君、熊保安:《2018 年南亚地区经济发展形势综述》,载《南亚东南亚研究》2019 年第 1 期。

缺陷,即外商投资相关配套法律法规、政策措施相对滞后,如有关劳工保护的法律相对缺位,致使劳资双方冲突问题难以找到真正的解决办法,不利于投资者的正常经营;[1]尼泊尔行政体系效率低下,吸引外资的法律法规尚不完善,现有法律法规也未能有效落实,外资企业和本国企业的待遇区别不大;阿富汗法律法规尚不健全,办事时间长,办事成本高。因此,对于在南亚开展投资活动的中国企业而言,必须密切关注东道国外资准入条件、公司设立条件、劳工保护条件和税收等重要法律问题。

(五)社会文化

南亚国家民族众多,各国均为多民族国家,如印度有印度斯坦族、泰卢固族、孟加拉族以及泰米尔族等100多个民族,尼泊尔有尼瓦尔族、古隆族、拉伊族以及林布族等30多个民族,阿富汗有普什图族、塔吉克族、哈扎拉族以及乌孜别克族等20多个民族。此外,南亚国家宗教种类较多,如印度有印度教、伊斯兰教、基督教、锡克教以及佛教等宗教,孟加拉国有伊斯兰教、印度教、佛教以及基督教等宗教。同时,在多宗教国家,各宗教信徒人数占比也存在差异。例如,信仰印度教的人数占印度总人口的80.5%,但在孟加拉国仅占总人口的8.5%;信仰伊斯兰教的人数占孟加拉国总人口的90.5%,而在印度仅占总人口的13.4%。[2]在南亚地区,伊斯兰教的信徒最多,伊斯兰教也是巴基斯坦、阿富汗、孟加拉国以及马尔代夫的国教。我国企业在南亚地区进行投资时要注意民族和宗教问题,要充分尊重当地习俗。

(六)基础设施

基础设施是一切企业生产和居民生活所需的共同物质基础,主要包括交通、通信、水电供应等领域。世界银行的研究显示,对基础设施的投入每增加10%,国民经济总量则相应增加1%。目前,基础设施建设受到几乎所有发展中国家与地区尤其是广大南亚地区国家的重视。南亚国家普遍为中低收入发展中国家,公路、铁路、航空、港口、供水供电等城市建设方面的缺口都较大。与世界平均水平相比,虽然南亚地区城市化水平并不高,但其工业化水平过于

---

[1] 王磊:《新疆周边国家外商投资法律环境探析》,载《新疆大学学报》2008年第6期。

[2] 《商务部对外投资合作国别(地区)指南——孟加拉国(2022年版)》。

落后,导致基础设施建设与人民快速增长的生产生活需求之间产生了较大的供需缺口。其中,印度是南亚地区经济发展水平最高、人口数量最多、基础设施建设市场需求最大的国家,而它也成为整个南亚地区基础设施建设现状的缩影。

东南亚与南亚地区在经贸投资环境方面的差异,主要体现在以下几个方面:第一,政治环境方面。东南亚整体表现良好,而南亚整体表现较差,存在较大政治风险。第二,经济环境方面。[1] 东盟自成立以来,经济实力不断增强,在推动一体化和提升整体经济实力方面稳步前行。受各国经济改革、内部需求增加等因素影响,南亚经济稳步增长。第三,营商环境方面,2020年东盟十国营商环境整体表现良好,排在100名以内的有7个国家,而南亚国家营商环境整体表现一般,排在100名以内的仅4个国家。第四,法律环境方面。东盟各国在涉及外商投资的法律法规制定和实施方面做出了许多努力,而南亚许多国家对于法律的界定十分宽泛,法律种类复杂,存在立法冲突。第五,社会文化方面。中国与东盟国家在社会文化背景方面存在较大差异,企业在东盟国家进行投资时可能会面临宗教文化差异、语言差异以及风俗习惯差异等方面的问题;南亚国家民族众多,宗教种类也较多,存在类似问题。第六,基础设施方面。近几年东盟国家均采取措施促进基础设施建设,基础设施建设水平得到提高;南亚国家普遍为中低收入发展中国家,公路、铁路、航空、港口、供水供电等城市建设方面的缺口都较大。

第三节　当前中国对东南亚及南亚国家经贸投资基本现状

一、中国对东盟国家的投资现状[2]

(一)投资概况

2021年,中国对东盟的直接投资流量197.3亿美元,同比增长22.8%,占

---

[1]　东盟数据门户官网,http://www.aseanstats.org,最后访问日期:2023年7月29日。

[2]　该条目下数据均来源于《2021年度中国对外直接投资统计公报》。

当年对外直接投资流量总额的 11%,占对亚洲直接投资流量总额的 15.4%;年末对东盟的直接投资存量为 1402.8 亿美元,占对外直接投资存量总额的 5%,占对亚洲直接投资存量总额的 7.9%。截至 2021 年末,中国在东盟设立直接投资企业超过 6200 家,雇用外方员工超 58 万人。

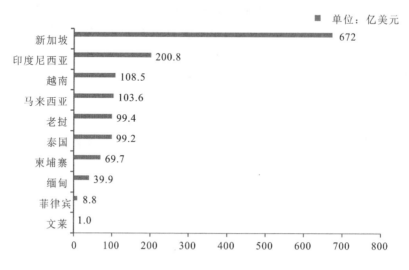

图 1-2 2021 年末中国对东盟十国直接投资存量情况

在投资流量行业构成方面,投资最多的行业是制造业,流量约 86.2 亿美元,同比增长 36%,占对东盟直接投资流量的 43.7%,投资主要流向印度尼西亚、越南、泰国和新加坡;其次是批发和零售业,流量约 31.7 亿美元,同比增长 98.5%,占对东盟直接投资流量的 16.1%,投资主要流向新加坡;租赁和商务服务业位列第三,流量约 21.5 亿美元,同比增长 25.9%,占对东盟直接投资流量的 10.9%,投资主要流向新加坡。在投资流向的主要国家方面,新加坡位居首位,流量达 84.1 亿美元,同比增长 41.9%,占对东盟直接投资流量的 42.6%,主要投向批发和零售业、租赁和商务服务业、制造业、电力、热力、燃气及水的生产和供应业等;其次为印度尼西亚,流量达 43.7 亿美元,同比增长 98.9%,占对东盟直接投资流量的 22.2%,主要投向制造业、租赁和商务服务业、电力、热力、燃气及水的生产和供应业等;越南位列第三,流量达 22.1 亿美元,同比增长 17.7%,占对东盟直接投资流量的 11.2%,主要投向制造业、电力、热力、燃气及水的生产和供应业等。

在直接投资存量行业构成方面,投向制造业约 417.6 亿美元,占对东盟直接投资存量的 29.8%，主要分布在印度尼西亚、新加坡、越南、泰国和马来西亚等；投向租赁和商务服务业约 224.4 亿美元，占对东盟直接投资存量的 16%，主要分布在新加坡、印度尼西亚等；投向批发和零售业约 205.6 亿美元，占对东盟直接投资存量的 14.6%，主要分布在新加坡、马来西亚、泰国等。在投资存量的主要国家方面，新加坡居首位，投资存量达 672 亿美元，占对东盟直接投资存量的 47.9%，主要投向租赁和商务服务业、批发和零售业、制造业、金融业等；其次为印度尼西亚，投资存量约 200.8 亿美元，占对东盟直接投资存量的 14.3%，主要投向制造业，电力、热力、燃气及水的生产和供应业，建筑业等；越南位列第三，投资存量为 108.5 亿美元，占对东盟直接投资存量的 7.7%，主要投向制造业，电力、热力、燃气及水的生产和供应业，建筑业，租赁和商务服务业等。

表 1-9　2021 年中国对东盟直接投资的主要行业

行业	流量/万美元	比重/%	存量/万美元	比重/%
制造业	862011	43.7	4176476	29.8
租赁和商务服务业	214541	10.9	2244120	16.0
批发和零售业	317309	16.1	2056082	14.6
电力、热力、燃气及水的生产和供应业	145256	7.4	1417815	10.1
建筑业	58495	3.0	1007559	7.2
金融业	65005	3.3	763049	5.4
交通运输/仓储和邮政业	102699	5.2	644470	4.6
农/林/牧/渔业	29869	1.5	527911	3.8
采矿业	54083	2.7	406829	2.9
信息传输/软件和信息技术服务业	40202	2.0	249743	1.8
房地产业	−10039	−0.5	157835	1.1
居民服务/修理和其他服务业	60270	3.1	134310	0.9
科学研究和技术服务业	22681	1.1	131144	0.9
住宿和餐饮业	9397	0.5	37682	0.3
水利/环境和公共设施管理业	10528	0.5	36889	0.3
其他行业	−9151	−0.5	36182	0.3
合　计	1973158	100.0	14028094	100.0

注：根据《2021 年度中国对外直接投资统计公报》公布的数据整理得出。

(二)投资特点

1.投资领域不断扩大

早期中国对东盟国家的投资多集中在贸易、运输、建筑承包等行业。但是,自20世纪90年代中期以来,中国逐步加大了对东盟国家制造业与服务业的投资。目前中国对东盟国家的投资几乎遍及各个行业,如制造业、租赁和商务服务业、批发和零售业、采矿业、建筑业、金融业以及房地产业等行业。

2.投资分布不平衡

新加坡是东盟国家中接受中国直接投资最多的国家。中国对印度尼西亚直接投资存量仅200.8亿美元,约占新加坡直接投资存量的1/4,排第2名。此外,中国对菲律宾和文莱的直接投资存量分别为8.8亿美元和1亿美元,两国直接投资存量与其他八国之间存在较大差距。

3.投资方式与投资类型多样化

中国企业在东盟国家的投资方式,从最初的绿地投资发展到跨国并购、技术投资和BOT(build-operate-transfer,建设-经营-转让)等多种形式。投资类型主要包括加工贸易型、资源开发型、市场开拓型、承包劳务型、服务贸易型等多种类型。

4.国有企业投资居于主导地位,民营企业投资成长迅速

国有企业资金实力雄厚、技术较为先进,在中国对东盟的投资中扮演重要角色。但近几年,中国民营企业对东盟的投资也表现得越来越活跃,投资额不断增长,可见民营企业已逐渐成为推动中国对东盟投资的另一股力量。目前中国民营企业对东盟国家投资的行业相当广泛,主要涉及制造业、采矿业以及高新技术产业等行业,投资规模不断扩大。

(三)存在的主要问题

1.中国对东盟直接投资规模仍有待扩大

在投资规模上,2021年中国对东盟的直接投资流量为197.3亿美元,同比增长22.8%,占中国对外直接投资流量总额的11%,占对亚洲直接投资流量总额的15.4%;2021年中国对东盟直接投资存量为1402.8亿美元,占中国对外直接投资存量总额的5%,占对亚洲直接投资存量总额的7.9%。虽然中国对东盟的直接投资存量在增加,但对东盟投资规模仍有较大的提升空间。

2.中国对东盟各国直接投资分布不均衡

在投资国别上,中国在东盟各国的直接投资分布不均匀。2021年,中国对东盟各国投资流量主要流向新加坡、印度尼西亚和越南,合计占中国对东盟投资总流量的76%。此外,中国对东盟各国投资的增长趋势也存在很大的差异。其中,中国对印度尼西亚的投资流量增长率最高,达98.9%;其次是新加坡,达41.9%;第三位是越南,增长率超过17%。而中国对缅甸投资流量增长率仅-92.6%。

3.中国对东盟直接投资行业分布上存在问题

在直接投资行业上,中国对东盟直接投资的行业主要是劳动密集型行业,产业布局不够合理。此外,在东盟进行投资的中国制造业企业整体规模都较小,无法形成规模效应。在服务业方面,中国对东盟的服务业总体投资规模水平较低,而且中国在东盟投资的服务业主要集中在交通运输业、批发零售业等传统服务业,在新兴服务业的投资少,在金融业和房地产业投资规模较小。总之,中国在东盟直接投资的行业过于集中,没有形成完整的产业链。

4.中国与东盟各国之间的市场竞争加剧

东盟拥有丰富且低廉的劳动力资源,这一方面吸引了大量的发达国家制造业企业在东盟进行投资,建立生产基地;另一方面,随着中国劳动力成本的增加,中国的部分制造业企业也选择在东盟投资办厂。这些有利因素促进了东盟国家制造业的快速发展,但也造成中国与东盟国家在产业结构上具有相似性,进而使得二者的市场竞争性越来越强。[1] 当然,对于这种竞争关系,应当理性分析,因为只要维持一种良性竞争关系,竞争双方就能实现共赢,对竞争双方大有裨益。

二、中国对南亚国家的投资现状

(一)投资概况

2021年,中国对南亚直接投资总存量约148.19亿美元,占对外直接投资存量总额的0.53%,占对亚洲直接投资存量总额的0.84%。在投资存量的主

---

① 周京天:《中国对东盟直接投资效率及影响因素研究》,天津师范大学2020年硕士学位论文。

要国家方面,由图 1-3 可知,中国对巴基斯坦直接投资存量位居首位,达 74.85
亿美元,占对南亚直接投资存量的 50.5%;其次,中国对印度直接投资达 35.19
亿美元,占对南亚直接投资存量的 23.7%。印度和巴基斯坦是中国对南亚投
资的主要国家,二者的直接投资存量共占南亚直接投资存量的 74.3%。

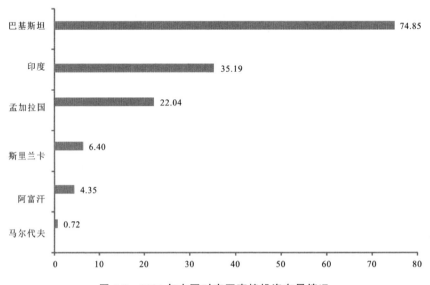

■ 单位:亿美元

图 1-3 2021 年中国对南亚直接投资存量情况

注:数据来源于《2021 年度中国对外直接投资统计公报》。

(二)投资特点

1.投资流量上升,总量占比下降

2021 年,中国对南亚地区的直接投资流量约 14.84 亿美元,同比下降
14.45%,占中国对亚洲直接投资流量的 1.16%,占中国对外直接投资流量的
0.83%。由此可见,中国对南亚地区的直接投资流量在其对世界直接投资流
量中的占比较少,并且相较于 2020 年,中国对南亚直接投资流量占其对亚洲
直接投资流量总额的 1.54%,占中国对外直接投资流量总额的 1.13%,中国对
南亚投资总量占比呈现出略微下降的趋势。

2.国别分布较为集中

由图 1-3 可知,2021 年中国对南亚地区的直接投资主要分布在印度和巴
基斯坦两个国家,这两国的直接投资存量远超南亚直接投资存量的一半。但

是,中国对南亚其他国家的投资则相对较少,特别是对马尔代夫的直接投资存量仅为 0.72 亿美元。这种国别分布情况是多方面因素导致的。中国在对南亚进行直接投资时,可以寻找每个国家的比较优势进行分散投资以降低风险。

3.投资行业集中

中国对南亚的投资行业较为集中,主要是轻工业、服务业等行业,这与南亚国家的特点有关:南亚国家大多基础设施落后,电力利用率更是不高,但其自然资源和劳动力资源丰富,并且有着得天独厚的地理位置优势。例如,巴基斯坦是"一带一路"重要沿线国家,但其基础设施较为落后,因此中国对其直接投资主要在基础设施建设上;尼泊尔水电资源丰富,因此中国对其主要投资为水电站建设;而阿富汗虽然拥有丰富的自然资源,但是由于政局的不稳定性,中国对其直接投资的主要形式为贸易类公司和提供咨询服务的办事处。[①]

(三)存在的主要问题

1.中国对南亚直接投资规模有待提高

进入 21 世纪,我国加快"走出去"步伐,积极开展对外投资活动,卓有成效。尽管对外投资活动越来越活跃,对外投资规模不断扩大,中国对南亚的投资规模却仍处于较低水平。长期以来,南亚吸收我国对外投资存量处于较低水平,近年未超过 1.5%,投资上涨需求巨大。我国对南亚的投资规模与发达国家对南亚投资规模相比还存在一定差距,投资的规模有一定的上升空间。

2.中国对南亚投资国别差距明显

从投资国别分布看,我国对南亚各国投资极不均衡,投资比例差异较大。我国对南亚的投资主要流向了印度和巴基斯坦这两个国家,对印度和巴基斯坦的投资流量及存量都远大于其他南亚国家。除了印度和巴基斯坦外,其他南亚国家在吸收我国对外投资方面仍处于较低水平,南亚国家吸收我国对外投资表现出极大的国别差异。这说明我国在投资南亚的过程中有一定的国别不均衡性。此外,近年来,我国加大了对包括南亚国家在内的"一带一路"沿线国家的投资,但与我国对外投资总量发展相比,我国对南亚投资具有不稳定性。

3.投资产业结构总体层次较低

从行业分布看,中国对南亚直接投资的行业涵盖率低于中国对外投资整

---

① 刘丹丹:《中国对南亚直接投资中的政治风险影响研究》,云南大学 2019 年硕士学位论文。

体水平,也低于中国对"一带一路"沿线国家的投资水平。从产业分布看,中国对南亚直接投资的产业结构层次较低。当前在南亚投资的中资企业中,大部分企业主要从事低附加值的第二产业,而对金融服务业、信息产业等高附加值产业的投资较少。这些不合理性的存在使我国对南亚直接投资的结构有一定的脆弱性,加大了我国对南亚投资的风险,也在一定程度上削弱了我国企业对南亚直接投资的积极性。[①] 对此,应当及时调整我国对南亚直接投资的产业结构,加大对高附加值产业的投资,实现合理的投资布局,以增强抵御投资风险的整体能力。

中国对东盟的投资特点主要表现为投资领域不断扩大、投资分布不平衡、投资方式与投资类型多样化以及国有企业投资居于主导地位等,目前存在的主要问题为投资规模有待扩大、投资分布不均衡、投资行业分布不合理以及中国与东盟各国间的市场竞争加剧等。中国对南亚的投资特点主要表现为投资流量上升、国别分布较为集中以及投资行业集中等,目前存在的主要问题为投资规模有待提高、国别投资差距明显以及投资产业结构总体层次较低等。

---

① 宋丽妮:《中国对南亚直接投资的国别区位选择及影响因素研究》,海南大学 2019年硕士学位论文。

第二章

新加坡经贸投资规则

2022 年新加坡人口约 563.7 万,GDP 约 4667.89 亿美元,人均 GDP 约 82807.7 美元。在全球竞争力方面,2019 年新加坡超越 2018 年榜首美国,位居首位,成为全球最具竞争力的经济体;在营商环境方面,2020 年新加坡排名第二,仅次于新西兰;在投资情况方面,截至 2021 年年末,中国对新加坡的直接投资存量为 672 亿美元。[①] 本章先是介绍新加坡经贸投资发展基本情况,再重点分析新加坡经贸投资规则,最后探析中国企业在新加坡投资时可能面临的风险。

第一节　新加坡经贸投资发展基本情况

一、新加坡宏观经济

(一)新加坡早期经济发展状况

20 世纪 60 年代以来,包括新加坡在内的"亚洲四小龙"在世界经济舞台

---

① 《2021 年度中国对外直接投资统计公报》。

上异军突起,经济飞速发展,它们在全球经济特别是东亚经济中的地位越来越重要。其中,新加坡因优越的地理位置、独特的经济发展模式以及巨大经济成就而受到世界关注。[①] 新加坡政府充分利用自身优势和外在机遇,大力发展本国经济。

早期,新加坡以单一的转口贸易经济为主,后来则发展为多元化经济。新加坡一方面有效利用外国的资金和技术,另一方面又大力支持本国企业的发展。为了营造良好的营商环境,新加坡开始出台相关法律法规,健全市场经济体制。受政治文化的影响,新加坡的市场经济体制呈现出一种与西方发达国家不同的特征,即政府强有力的宏观指导调控与市场高度开放相结合。这种经济发展模式的最大特征是在自由市场与宏观干预之间寻求构建现代市场经济体制的最佳平衡点,也就是政府在实施自由企业政策的同时,又对涉及国计民生的重要领域进行一定的国家干预。[②]

新加坡市场经济的自由化主要体现在企业自由、金融自由和贸易自由等方面。第一,关于企业自由方面,新加坡政府鼓励扶持私人资本自由建立企业。新加坡对企业所征收的税种主要集中在所得税、消费税和财产税等。同时,新加坡对私人资本不实行国有化。20世纪80年代中期,新加坡开始推行国有企业私有化政策,以增强国有企业的竞争力,提高国有资本的投资效率。在引进外资方面,新加坡放宽对外资准入的限制,不规定投资比例,不限制投资方式。第二,关于金融自由方面,早在1965年,美国宣布计划在亚洲设立离岸金融市场以缓和国际收支逆差,新加坡政府及时抓住机会,出台相应政策,吸引外资金融机构进入本国金融市场。后来,新加坡又逐渐放宽了对外资持有银行股份的限制,这使得许多外资金融机构争相进入。新加坡的离岸金融市场、货币市场和外汇市场等迅速发展,各种金融工具不断创新并得到广泛使用,新加坡日益发展成为亚太地区乃至全球的重要金融中心之一。第三,关于贸易自由方面,新加坡的零关税政策极大地促进了贸易自由,使得其日益发展成为全球最重要的贸易中心之一。新加坡作为一个自由贸易港,除酒类、烟草产品、石油产品和汽车四种货物外,其他所有货物都可以零关税进入本国。自由贸易港政策促进了新加坡的进出口贸易特

---

① 万卫东:《新加坡经济结构转型的特点及对中国的启示》,载《华中农业大学学报》2010年第5期。

② 许颖:《东南亚各国的经济发展模式研究》,载《商场现代化》2015年第21期。

别是转口贸易的发展。

虽然新加坡市场经济自由程度较高,但其市场经济仍然会受到政府一定程度的干预。新加坡努力在市场自由和政府干预之间寻求平衡点,以发展和完善市场机制,确保市场经济的稳定运行。新加坡政府干预经济的措施主要有以下几种:第一,制定中长期经济发展计划;第二,发展国有企业;第三,采取相应的财政政策;第四,采取相应的货币政策;第五,采取相应的法律措施;第六,采取促进经济发展的其他措施。新加坡政府的积极干预在有力促进经济发展的同时,尽量减少对自由市场体制的不利影响,以实现经济的高速增长。[①]

(二)新加坡当前经济发展状况

2008 年全球金融危机爆发后,新加坡经济依然实现持续增长,宏观经济形势总体稳定。由表 2-1 可知,由于近几年受全球贸易衰退、本国制造业萎缩等因素影响,新加坡经济增速有所放缓,2020 年 GDP 增长率仅为-3.90%,成为近十年来最低增幅。分行业看,2020 年,服务业和农业全年同比均下降了 4.3%,工业包括建筑业在内同比下降了 0.2%,相对较为缓和,而制造业同比增长了 7.5%。[②] 从贸易数据看,受石油产品贸易额下降的影响,2020 年,新加坡货物贸易额为 9691.1 亿新元,同比下降 5.2%。其中,出口额为 5156.4 亿新元,同比下降 3.2%;进口额为 4534.7 亿新元,同比下降 7.4%;贸易顺差621.8 亿新元。2020 年,新加坡通胀率为-0.2%,低于 2019 年的 0.6%。新加坡人力部发布的就业数据显示,2020 年,新加坡全年总体失业率 2.8%,略高于 2019 年的 2.3%。[③]

---

① 李皖南:《新加坡构建现代市场经济体制的经验及启示》,载《广西民族大学学报》2011 年第 3 期。

② 世界银行数据,http://www.data.worldbank.org.cn,最后访问日期:2023 年 7 月25 日。

③ 《2019 年新加坡经济概况》,载中华人民共和国驻新加坡共和国大使馆经济商务参赞处网,http://sg.mofcom.gov.cn/article/jmgd/202003/20200302948019.shtml,最后访问日期:2020 年 7 月 5 日。

表 2-1　2018—2022 年新加坡宏观经济情况

年份	GDP/亿美元	GDP 增长率/%	人均 GDP/美元
2018	3768.7	3.58	66836.5
2019	3768.4	1.33	66070.5
2020	3483.9	−3.90	61274.0
2021	4238.0	8.88	77710.1
2022	4667.9	3.65	82807.7

注:根据世界经济论坛发布的《2019 年全球竞争力报告》,新加坡在 2019 年全球竞争力排名中以 85 的综合得分成功超越 2018 年榜首美国,位居首位,成为全球最具竞争力的经济体。新加坡在基础设施、健康以及劳动力市场方面排第 1 名,在机构、产品市场以及金融体系方面排第 2 名,并且在宏观经济稳定性方面得分 100 分,排第 38 名,表现优异。

(三)新加坡产业发展状况

新加坡在其数十年的产业发展历程中,已经经历了 5 次经济发展模式和结构的转型,而每一次转型都成功实现了新加坡经济的飞跃,[1]并最终在传统产业基础上发展升级为现代产业。新加坡产业发展 5 次转型升级分别为:第一次转型,20 世纪 60 年代发展劳动密集型产业,这一时期以初级加工为特征,扩大就业;第二次转型,20 世纪 70 年代发展经济密集型产业,淘汰粗加工传统产业,推动产业全面转型升级;第三次转型,20 世纪 80 年代发展资本密集型产业,突出国际化的大资本引进,走产业化集群发展之路;第四次转型,20 世纪 90 年代发展技术密集型产业,更加注重人力资本;第五次转型,21 世纪发展知识密集型产业,向信息化方向转型,以信息产业为中心的知识密集型工业迅速发展。[2] 在历经 5 轮经济转型升级后,新加坡目前正处于第 6 轮的"未来经济升级"阶段。在该轮经济转型过程中,新加坡政府提出产业创新生态系统,旨在凭借成熟的互联网金融、健全的知识产权制度

---

① 万卫东:《新加坡经济结构转型的特点及对中国的启示》,载《华中农业大学学报》2010 年第 5 期。

② 董学耕:《开放、法治、勤奋铸就城市国家辉煌——新加坡产业发展路径对海南的启示》,载《新东方》2018 年第 6 期。

以及新兴的人工智能体系引领科技创新。[①]

新加坡重点特色产业众多,其中有传统的电子工业,有凭借优越地理位置发展起来的石化工业、批发零售业、运输仓储业等,也有重点培育的生物医药等新兴产业。此外,新加坡旅游业也十分发达。但近几年受疫情影响,旅游业较为低迷,据统计,2021 年,新加坡旅游业收入仅有 19 亿新元,同比下降 60%,酒店平均入住率仅 56.2%。2021 年到访游客 33 万人次,仅为 2019 年到访游客的 1.7%。其中,中国入境约 8.8 万人,占比约 27%;印度游客约 5.4 万人,占比约 16%;印度尼西亚游客约 3.3 万人,占比约 10%。[②]

二、新加坡营商环境

根据世界银行发布的《2020 年营商环境报告》,新加坡在 2020 年全球营商环境排名中综合得分 86.2 分,仅次于新西兰,排第 2 名,和第 1 名新西兰之间的得分差距从 1.35 分缩小至 0.6 分,得分稍有进步。同时,这也是新加坡连续四年在世界银行发布的营商环境报告中排在第 2 名的位置。从具体指标来看,新加坡在开办企业、办理施工许可证、保护少数投资者、纳税以及执行合同五项指标上都排名前十,表现突出。

接下来主要分析新加坡表现较好的五项指标:第一,在开办企业方面,新加坡得分 98.2 分,排第 4 名,较 2019 年下降 2 名。开办企业平均要办理的手续仅为 2 个,所需时间也仅为 1.5 天。第二,在办理施工许可证方面,新加坡得分 87.9 分,排第 5 名,较 2019 年上升 3 名。办理施工许可证平均要办理的手续为 9 个,较去年相比减少 1 个;所需时间为 35.5 天,较去年相比缩短了 5.5 天。第三,在保护少数投资者方面,新加坡得分 86 分,排第 3 名,较 2019 年上升 4 名。披露程度指数 10 分(满分 10 分),董事责任程度指数 9 分(满分 10 分),股东诉讼便利度指数 9 分(满分 10 分),股东权利指数 5 分(满分 6 分),所有权和管理控制指数 5 分(满分 7 分),公司透明度指数 5 分(满分 7 分)。第四,在纳税方面,新加坡得分 91.6 分,排第 7 名,较 2019 年上升 1 名。每年纳税主体平均缴税的次数为 5 次,花费 64 小时,均

---

① 周杰:《新加坡产业创新生态系统构建的经验及对我国的启示》,载《对外经贸实务》2020 年第 7 期。

② 《商务部对外投资合作国别(地区)指南——斯里兰卡(2022 年版)》。

与去年持平。第五,在执行合同方面,新加坡得分 84.5 分,排第 1 名,与
2019 年持平。执行合同的天数平均为 164 天,司法程序质量指数 15.5 分
(满分 18 分),也均与去年持平。

根据世界银行的统计数据显示,从 2018 年 5 月 2 日至 2019 年 5 月 1 日,
有 115 个经济体在营商环境的 10 个衡量指标方面实施了共 294 项商业改革
措施。其中,新加坡采取的商业改革措施主要在办理施工许可证方面:新加坡
通过加强风险检测方式,改善公众获取土地信息的途径以及简化获得施工许
可证的程序,使办理施工许可证变得更容易。

三、新加坡对外经贸关系

(一)新加坡对外贸易情况

新加坡一直积极参与并推动全球贸易自由化进程,于 1973 年加入《关
税和贸易总协定》,是 1995 年 1 月 1 日世界贸易组织创建时的正式成员。
同时,新加坡也是亚太经合组织、亚欧会议、东盟等区域合作组织的成员,是
世界上签订多边或双边自由贸易协定最多的国家之一。新加坡实行自由贸
易政策。截至 2021 年,新加坡签订的自贸协定涵盖了 21 个国家(地区),其
中双边自贸协定涉及中国、美国、日本、韩国等 32 个贸易伙伴,另外,新加坡
与欧亚经济联盟和太平洋联盟等组织的自贸协定正在积极商谈中。[①]

2022 年,新加坡货物贸易额 13654.0 亿新元同比增长 17.7%。其中,出口
额 7099.7 亿新元,同比增长 15.6%;进口额 6554.4 亿新元,同比增长 20.1%;
贸易顺差 543.3 亿新元。

在国别和地区方面,2022 年,新加坡对中国内地、中国香港地区、马来西
亚和美国的出口额分别为 881.9 亿美元、796.6 亿美元、711.3 亿美元和 818.5
亿新元,较上年增减幅分别为 -3.0%、-1.2%、26.7% 和 20.2%,分别占新加
坡出口总额的 12.42%、11.23%、10.10% 和 8.70%;[②]自中国大陆、美国、马来
西亚和中国台湾地区的进口额分别为 868.3 亿新元、893.9 亿新元、819.0 亿新

---

① 《商务部对外投资合作国别(地区)指南——新加坡(2022 年版)》。

② 新加坡统计局官网,http://www.singstat.gov.sg,最后访问日期:2023 年 4 月
20 日。

元和 793.4 亿新元,较上年增减幅分别为 18.4%、34.6%、13.5% 和 15.6%,分别占新加坡进口总额的 13.2%、13.6%、12.5% 和 12.1%。2020 年,新加坡前五大贸易顺差来源地依次是中国香港地区、印度尼西亚、越南、荷兰和澳大利亚,顺差额分别为 755.1 亿新元、263.0 亿新元、161.6 亿新元、113.5 亿新元和 110.8 亿新元。2022 年,新加坡贸易逆差主要来自中国台湾地区、韩国和阿拉伯联合酋长国,逆差额分别为 445.3 亿新元、134.9 亿新元和 134.6 亿新元,较上年增幅分别为 19.25%、302.56% 和 17.52%。[①]

在商品方面,机电产品、矿产品和化工产品是新加坡的主要出口商品,2022 年出口额分别为 3635 亿新元、1338 亿新元和 830 亿新元,同比分别增长 12.3%、51.7% 和 1.6%,分别占新加坡出口总额的 51.2%、18.8% 和 11.7%。[②]

(二)新加坡对外投资情况

自 20 世纪 60 年代末,新加坡通过设立政府投资公司、金融管理局以及淡马锡三大政府投资主体,对国家财富进行管理。目前,这三大政府投资主体每年上缴的投资收益贡献了新加坡 15%～20% 的财政收入,超过公司税、消费税以及个人所得税,成为国家财政最大单一收入来源。2019 年 1 月,时任淡马锡总裁的何晶说,"如果没有三大政府投资主体每年上缴的投资收益,政府很久以前就可能已经调高税率,来弥补社会开支的不足"。新加坡政府在投资领域的成功为世人称道。这证明投资能力是一国金融的重要竞争力之一,而投资性收入则可以在经济和社会管理中发挥支柱性战略作用。鉴于当前全球经济增长乏力、财政支出压力普遍加大,各国政府开始重视收入多元化和经济可持续性问题,而新加坡的投资案例则为各国提供了宝贵经验。[③]

联合国贸发会议发布的《2023 年世界投资报告》显示,2022 年,新加坡对外直接投资流量为 507.88 亿美元;截至 2022 年底,新加坡对外直接投资存量为 1593.8 亿美元,较上年增长 1323.40 亿美元。新加坡对外投资目的地主要为欧盟、东盟成员国,中国以及澳大利亚等国家和地区,对外直接投资的行业

---

①　新加坡贸易与工业部:《2022 年新加坡经济调查》。

②　新加坡统计局官网,http://www.singstat.gov.sg,最后访问日期:2023 年 4 月 20 日。

③　方风雷、殷索亚:《新加坡政府的投资智慧》,载《中国外汇》2020 年第 1 期。

主要为金融保险业、制造业、批发零售业、房地产业、信息通信业以及商业服务业等。

(三)新加坡吸收外资情况

作为全球著名的转口贸易和金融中心,吸引投资是新加坡的基本国策。新加坡对外资准入政策宽松,除个别特殊行业领域外,对外资的运作基本没有限制。新加坡经济属于外向型经济,其投资环境的吸引力主要体现在以下几个方面:第一,地理位置优越,位于海上交通咽喉要道,拥有天然深水避风海港,是全球著名的转口贸易中心;第二,基础设施完善,拥有全球最繁忙的集装箱码头、服务最优质的机场、亚洲最广泛的宽频互联网体系和通信网络等等;第三,政治社会稳定,新加坡社会治安良好,是世界上犯罪率最低的国家之一,社会政治环境稳定;第四,商业网络广泛,新加坡产业结构优化程度高,所覆盖的产业类型丰富,可投资的范围广;第五,融资渠道多样,新加坡是全球著名的国际金融中心,是全球资本的重要集散地之一;第六,法律体系健全,且有比较完备的申诉体系,为投资者提供了法制保障;第七,政府廉洁高效,新加坡政府以高效廉洁著称,为外来投资提供快捷高效的服务和相对公平的投资环境;第八,优惠政策支持,新加坡推出多种促进经济发展的优惠政策,且外资企业基本上可以和本土企业一样享受。[1] 新加坡良好的投资环境对世界各国投资者有着较大的吸引力,大量外国资本不断涌入新加坡。

2022 年,新加坡在全球外资吸引力榜单中排第 3 名,吸收外国直接投资流量为 1412.21 亿美元。截至 2022 年年末,新加坡累计吸收外国直接投资 23683.96 亿美元,比上年末增长 1988.58 亿美元。[2] 新加坡的外资主要来源于美国、开曼群岛、英属维尔京群岛、日本以及百慕大群岛等国家和地区,行业流向主要为金融保险业、批发零售业、制造业、商业服务业、房地产业以及运输仓储业等。

作为曾经的"亚洲四小龙"之一,新加坡在 20 世纪 60 年代有过一段经济

---

① 《"一带一路"投资风险研究之新加坡》,载人民网,http://world.people.com.cn/n/2015/0414/c1002-26841419.html,最后访问日期:2020 年 7 月 6 日。

② 《2022 年世界投资报告》,载联合国贸易和发展会议,https://worldinvestmentreport.unctad.org/world-investment-report-2022/,最后访问日期:2023 年 4 月 27 日。

飞速发展的时期。2008 年全球金融危机的爆发并没有阻碍新加坡经济的前进步伐,新加坡经济仍持续增长。新加坡在其数十年的产业发展历程中,已经历了 5 次经济发展模式和结构的转型,每一次转型都成功实现了新加坡经济的飞跃。在营商环境方面,新加坡在 2020 年全球营商环境排名中位列第二,仅次于新西兰,表现优异。新加坡是一个贸易大国,无论进口还是出口规模都不小。作为发达国家,新加坡在对外投资方面表现活跃,截至 2022 年年末,新加坡对外直接投资存量达 15953.8 亿美元。[①] 此外,得益于优越地理位置、良好营商环境、优惠政策、健全法律体系等优势,新加坡日益成为众多国家海外投资的首选之地。

第二节　新加坡经贸投资规则分析

一、新加坡外商投资的相关法律

(一)公司法

在新加坡,与公司有关的主要法律是《公司法》。但是,一些特殊类型的公司,除了受《公司法》规制外,还要受到其他成文法的规制。如保险公司和银行还要分别受《保险法》和《银行法》的规制。有限责任合伙组织也属于公司,受《有限责任合伙组织法》规制。在类似《证券与期货法》的其他成文法中,也有一些与公司有关的条款。同时,普通法也会对与公司有关的成文法规范进行补充。根据公司法的相关规定,人数达到或超过 20 名的经营组织都必须设立为公司。但该规定并不适用于那些遵照新加坡其他成文法设立的,由从事特定职业的个人组成的合伙组织,如法律职业从业者。[②]

---

① 《2022 年世界投资报告》,载联合国贸易和发展会议,https://worldinvestmentreport.unctad.org/world-investment-report-2022/,最后访问日期:2023 年 4 月 27 日。

② 《新加坡公司法》,载新加坡文献馆网,http://www.sginsight.com/xjp/index.php?id=2006,最后访问日期:2020 年 7 月 7 日。

(二)竞争法

新加坡现行《竞争法》由国会于 2004 年 10 月 19 日通过。该法主要参照英国 1998 年《竞争法》制定。该法制定的目的是促进新加坡市场的有效运作,从而增强新加坡市场的竞争力。《竞争法》规制对象主要有三种,即反竞争的协议、支配地位的滥用和兼并。第一,关于反竞争协议,《竞争法》规定具有妨碍、限制或排除新加坡国内竞争目的或效果的企业间的协议、联合企业的决定或一致行为,将被禁止;第二,关于支配地位的滥用,《竞争法》规定对支配地位的禁止只限于禁止滥用而不禁止拥有,同时支配地位不仅限于国内,也包括其他地区;第三,关于兼并,《竞争法》规定对新加坡的任何货物市场或服务市场中的竞争造成或将要造成实质损害的兼并将被禁止。[1] 同时,《竞争法》也对这三种规制对象作出了适用除外和集体豁免的相关规定。

(三)合同法

新加坡的合同法主要以英国的普通法为基础,因此,新加坡法院制定的规则与英国普通法制定的规则具有相似性。对于没有特定方面的法律渊源的情况下,推定适用同等情况下的英国法。与邻国马来西亚和文莱不同,在 1965 年独立后,新加坡议会没有试图编纂新加坡的合同法。[2] 因此,新加坡的合同法仍在很大程度上依赖于判例法。但法官在特殊情况下仍可以根据特别立法进行修改。新加坡对合同的规制规范包含适用特定领域合同法条款的成文法,或是直接适用英国成文法使之成为本国成文法的一部分,或是基于现存的英国或其他国家的成文法起草新法。

(四)税法

新加坡现行主要税种包括个人所得税、公司所得税、房产税以及印花税等。新加坡根据属地原则征税,任何公司和个人在新加坡发生或来源于新加

---

① 李琳:《新加坡竞争法研究——以执行机构和制裁手段为视角》,暨南大学 2010 年硕士学位论文。

② 《新加坡合同法》,载新加坡法律观察网,http://www.singaporelawwatch.sg/About-Singapore-Law/Commercial-Law/ch-08-the-law-of-contract,最后访问日期:2020 年 7 月 7 日。

坡的收入,或在新加坡取得或视为在新加坡取得的收入,都属于新加坡的应税收入,需要在新加坡纳税。[1] 换言之,即使是发生于或来源于新加坡之外的收入,只要是在新加坡取得,就需要在新加坡纳税。此外,在新加坡收到的境外赚取的收入也须缴纳所得税,有税务豁免的除外。[2] 在公司税率上,新加坡规定从2010年课税年开始,无论是本地公司还是外国公司,其应纳税收入均按17%的税率征税。

(五)知识产权法

在新加坡受法律保护的知识产权类型分为8种,即专利、商标、设计、地理标志、植物品种、版权、集成电路布图设计以及机密信息和商业秘密。在保护知识产权方面,新加坡主要有《专利法》《商标法》《注册外观设计法》《地理标志法》《植物品种保护法》《版权法》《集成电路布图设计法》等法律。同时,新加坡也是《建立世界知识产权组织公约》《保护工业产权巴黎公约》《与贸易有关的知识产权协议》《专利合作条约》等国际条约的缔约国。[3] 可见,新加坡的知识产权保护制度相对完备,处于全球领先水平。

二、新加坡外商投资的市场准入

(一)市场准入的范围

新加坡国内关于外国投资的管理机关主要有三个:其一,经济发展局,该机构于1961年成立,主要职责是管理投资事务,制定并实施吸引外资的优惠政策,开展相关服务活动,如为投资者提供贷款计划和人员培训;其二,会计与企业管理局,在新加坡除了某些可以豁免登记的个人、专业人员和机构,其余无论是新设的独资经营小商行或是规模庞大的跨国公司,均必须向该机构注册登记备案;其三,金融管理局,对于限制领域的金融和保险行业的外国投资,

---

① 谭家才、韦龙艳:《新加坡投资法律制度概况》,载《中国外资》2013年第18期。
② 《新加坡企业税收情况介绍》,载中华人民共和国驻新加坡共和国大使馆经济商务参赞处网,http://sg.mofcom.gov.cn/article/sxtz/201812/20181202821090.shtml,最后访问日期:2020年7月7日。
③ 谭家才、韦龙艳:《新加坡投资法律制度概况》,载《中国外资》2013年第18期。

由该机构负责审批并发放许可执照。①

新加坡对外资准入政策宽松,主要采用"负面清单"的方式列出限制外资进入的行业,如涉及社会安全、公序良俗以及环境保护的行业和涉及传媒、法律服务以及住宅房地产的行业。除了这些限制投资的行业外,其他行业基本上都允许外资进入。② 同时,新加坡政府对外资的运作基本没有限制,给予外资国民待遇。国际金融业务是新加坡金融竞争力的核心,纵观新加坡金融服务负面清单,没有外国金融机构在本国市场开展国际金融业务的限制,没有为本国金融企业开展国际金融业务争取特权,没有外币资金跨境流动限制,充分实现了国际金融业务的开放和公平竞争。③

新加坡政府禁止或限制外国投资的主要为以下行业:

第一,广播业。根据新加坡广播法令,未经媒体发展管理局授予广播执照,任何人不得在新加坡提供或从新加坡接受任何需受许可的广播服务。但是,除非媒体发展管理局另行批准,如果公司中任何外方持有或控制不少于公司或其控股公司49%的股权或表决权,或对公司或其控股公司进行督导、控制或管理的所有或多数人由任何外方任命或习惯于按照任何外方的指示行事,则任何该等公司不得被授予或持有广播执照。④

第二,印刷媒体业。新加坡《报业和印刷法令》对此作出了详细的管理规定和限制。例如,报业公司所有董事须均为新加坡公民。报业公司股份分为管理股和普通股两类,管理股只能向获得通讯及新闻部部长书面批准的新加坡公民或公司发行或转让,报业公司不得拒绝向已获部长书面批准购买或持有管理股的任何人发行或转让管理股。⑤

第三,法律服务业。外国律师事务所允许在或从新加坡提供他们有能力提供的所有法律执业领域中与外国法律相关的法律服务,但是不允许雇用有新加坡执业资格的律师或通过某些类别的注册律师提供与新加坡法律相关、

---

① 罗易:《中新外国投资法比较研究》,西南政法大学2015年硕士学位论文。

② 张娟、廖璇:《解密新加坡外资管理模式》,载《国际市场》2014年第1期。

③ 孙晓涛:《新加坡CPTPP金融服务负面清单及对我国的启示》,载《国际贸易》2022年第6期。

④ 《新加坡利用外资政策专题介绍》,载中国新加坡经贸合作网,http://www.csc.mofcom-mti.gov.cn/article/tradeconsult/policiesregulations/201903/409141.html,最后访问日期:2020年7月7日。

⑤ 《企业对外投资国别(地区)营商环境指南——新加坡(2019年版)》。

超出国际商业仲裁范围或有关新加坡国际商业法庭的法律服务。但是,一家获得合格法律执业执照的外国律师事务所,允许在或从新加坡提供合格外国律师事务所有能力提供的所有法律执业领域中与外国法律相关的法律服务,以及在所有法律领域与新加坡法律相关的法律服务,但是当地的诉讼和一般性执业除外,例如通过有新加坡执业资格的律师或拥有外国执业证书的外国律师提供零售转让、家事法及行政法的服务。[①]

第四,住宅房地产业。在新加坡住宅房地产法令下,未经土地管理局土地交易审批部门批准,外国人不能购买某些受限制的住宅房地产。这类受限制的住宅房地产包括空置住宅用地、有地住宅房地产、不是规划法令下经批准的公寓开发的分层有地住宅、店屋、协会场所、礼拜场所及未在酒店业法令规定下登记的工人宿舍或服务公寓或寄宿公寓。尽管如此,住宅房地产法令第31条允许住房开发商向住房管理署申请收购住宅房地产进行住房开发的资格证书。但是,住房管理署签发的资格证书将要求住房开发商在该住房开发项目内的单位竣工之日起2年内售出全部单位。[②]

(二)投资方式

新加坡对外资进入本国的方式一般没有限制,外资进入银行、金融以及证券等特殊产业领域仅需向主管部门报备。同时,新加坡对大多数产业领域的外资股权比例没有设置限制。

一个外国投资者可通过以下几种形式在新加坡开展经营活动:公司、分公司、代表处、合伙、有限合伙、有限责任合伙以及独资经营等。无论采用哪种形式,投资者都必须在会计与企业管制局注册,并符合以下要求:如果是子公司,必须至少委任一名新加坡普通居民为董事;如果是分公司,必须至少委任一名新加坡普通居民为授权代表;如果是独资经营或合伙,当外国投资者一直居住在新加坡境外,必须至少委任一名新加坡普通居民为授权代表。[③]

---

① 《新加坡利用外资政策专题介绍》,载中国新加坡经贸合作网,http://www.csc.mofcom-mti.gov.cn/article/tradeconsult/policiesregulations/201903/409141.html,最后访问日期:2020年7月7日。

② 《商务部对外投资合作国别(地区)指南——新加坡(2018年版)》。

③ 《外资准入政策规定》,载中华人民共和国驻新加坡共和国大使馆经济商务参赞处网,http://sg.mofcom.gov.cn/article/sxtz/201903/20190302843150.shtml,最后访问日期:2020年7月7日。

企业通常可选择并购或绿地投资等形式进入新加坡。

第一,若采取并购方式,须注意新加坡《竞争法》《合同法》《公司法》等相关法律法规,按照法定程序和流程操作。建议投资者应首先委托新加坡律师事务所、会计师事务所等专业服务机构开展合规尽职调查,谨慎审查目标公司的账目及风险因素,充分了解信息后再做兼并或收购决策,尽量降低并购风险。

第二,如果希望在新加坡设立新的机构进行投资,通常可以考虑设立代表处、分公司、具有独立法人实体的公司,也可和新加坡当地的合作伙伴设立合资公司。由于在新加坡设立投资实体具有程序简单、费用低廉、审批快捷等特点,因此,企业应主要根据在新加坡的业务设想、规模和风险划分等因素考虑设置机构形式。[①]

三、新加坡外商投资的优惠政策

新加坡遵循外资和本土企业一视同仁的原则,但为了鼓励投资、出口,增加就业机会,鼓励高新技术产品的研发和生产,新加坡政府在《公司所得税法案》《经济扩展法案》,以及每年政府财政预算案中规定了一些优惠政策。这些优惠政策促使外资投向研发业务、金融和财务中心、区域或国际总部、尚未大规模开展且经济发展需要的生产或服务业等行业。此外,新加坡还对部分金融业务、海外保险业务、风险业务、海事企业等给予一定的所得税优惠或资金扶持。这些优惠措施有重点地吸引外国投资包括中国投资者,取得了一定成效。[②] 新加坡的优惠政策主要包括产业优惠政策、全球贸易商计划、中小企业优惠以及创新优惠计划等,这些优惠政策的详细信息均可通过新加坡企业通网站查询到。

(一)税收优惠政策

新加坡税种少,税制结构简明,税收政策灵活,税务管理数字化程度高,其税收政策的优惠吸引和激活了市场主体,但并未影响税收总收入,反而实现了

---

① 《企业对外投资国别(地区)营商环境指南——新加坡(2019年版)》。

② 太平:《中国与新加坡可持续发展投资促进机制的对策选择》,载《东南亚纵横》2014年第5期。

财政收入的增长。新加坡为了吸引企业投资、支持企业发展,从 2003 年起就一直在进行企业所得税改革。企业所得税税率从 2003 年的 22% 逐步降至 2010 年的 17%,到 2018 年企业所得税税率仍保持 17%,在全球范围内都是较低的水平。在减税和退税等优惠政策方面,新加坡每年都会推出不同的优惠政策,如 2018 年退税额度为 40%(针对应纳税额),上限为 1.5 万新元。[①]

新加坡优惠税收政策具有以下几个特点:第一,税收优惠政策多集中于直接税方面,如减免公司所得税、个人所得税等;第二,税收优惠政策形式多样,如降低税率、直接缩小税基、直接减免税收等;第三,税收优惠政策常态化,近十年来,新加坡每年都会根据国内经济发展需要和国际经济形势变化,颁布出台相应的税收优惠政策;第四,税收优惠政策规范化,为了使纳税人清楚了解税收优惠政策的具体内容,新加坡每年都会在预算报告中详细列出税收优惠政策。[②] 新加坡政府的税收理念和税收优惠政策为我国有效吸收外资提供了启示和借鉴意义。

(二)行业鼓励政策

新加坡政府的行业鼓励主要包括以下几种:先锋企业奖励政策、发展和扩展奖励政策、服务出口企业奖励政策、区域或国际总部计划政策、国际船运企业优惠政策、金融和财务中心奖励政策、研发业务优惠政策以及国际贸易商优惠政策等。

以先锋企业奖励政策为例,新加坡政府规定享有先锋企业称号的公司,自生产之日起,其从事先锋活动取得的所得可享受免征不超过 15 年所得税的优惠待遇。先锋企业由新加坡政府部门认定。通常情况下,从事新加坡目前还未大规模开展而且经济发展需要的生产或服务的企业,或从事具有良好发展前景的生产或服务的企业可以申请"先锋企业"资格。[③] 新加坡行业鼓励政策涉及范围较广,涉及制造业、服务业、航运业、金融业以及国际贸易业等行业领

---

① 宋丽艳:《新加坡的税收理念、政策及服务研究对海南探索建设中国特色自由贸易港的启示》,载《今日海南》2019 年第 2 期。

② 王敏、张辉:《新加坡金融业税收优惠政策及其借鉴》,载《国际税收》2015 年第 11 期。

③ 《新加坡行业投资优惠政策》,载中华人民共和国驻新加坡共和国大使馆经济商务参赞处网,http://sg.mofcom.gov.cn/article/gqjs/200902/20090206050446.shtml,最后访问日期:2020 年 7 月 8 日。

域。新加坡政府通过实施行业鼓励政策,能有效促进相关行业的发展,从而提升本国经济整体发展水平。

新加坡国内法律体系较为健全,涉及外商投资的法律有《公司法》《竞争法》《合同法》《税法》《知识产权法》等。新加坡对外资准入实施宽松政策,一般行业基本上都允许外资进入,对于限制外资进入的行业则采用"负面清单"的方式加以列出。为鼓励外国投资者在新加坡投资,新加坡对大多数产业领域的外资股权比例都未设置限制。外国投资者可以采用公司、分公司、代表处、合伙、有限合伙、有限责任合伙或者独资经营等形式在新加坡开展经营活动。此外,新加坡也颁布了大量优惠政策,如产业优惠政策、中小企业优惠以及创新优惠计划等。

第三节　中国对新加坡经贸投资法律风险分析

一、中国在新加坡的投资情况

中新两国越来越强的关联性、新加坡对"一带一路"倡议的支持以及两国文化的相融相通促使中新关系不断深入发展。作为东盟的重要经济体,新加坡与中国的贸易和投资关系正不断深化。近几年来,中国与新加坡的经贸合作取得较大进展,双方合作关系日益密切,合作领域逐步拓宽,同时合作层次不断提高。

2020 年是中国与新加坡建交 30 周年。中新双方进一步扩大和深化双边互利经贸合作,具有绝佳的条件。首先,在政治上,中国与新加坡建交 30 年来一直保持着良好的政治关系,这有利于降低政治风险,促进双方经贸合作的顺利展开。其次,在经济上,中国与新加坡在经济上存在巨大互补性,证明两国有着广阔的经济合作空间。最后,在文化上,双方经贸合作具有得天独厚的人文优势。新加坡 75％左右的国民为华人,华人企业家往往把中国作为投资首选地,同时语言的相通也使得中国到新加坡投资的企业可以更快地融入当地市场并大大降低交易成本。[1]

中国与新加坡建交虽晚,但两国经贸关系发展迅速,具有以下几个特点:第一,双边经贸合作规模大,远超新加坡自身市场体量,新加坡在中国各类对外经贸合作中均表现突出;第二,双方经贸合作具有前瞻性、创新性和引领性,对两国企业实施国际化经营战略和各自经济转型升级均发挥了积极作用;第三,新加坡作为中国企业"走出去"的平台优势明显,越来越多的中国企业在新加坡设立区域总部乃至国际总部,与新加坡企业联合走出去,开展对"一带一路"沿线第三国的投资合作;第四,双边经贸合作机制多、层级高、领域广,目前中新两国已建立副总理级经贸合作机制,以及涉及商务政策磋商、双向投资、劳务合作、服务贸易等诸多领域的部际合作机制,另外中国多个省市还与新加坡相关部门建立了省部经贸合作机制,为双边经贸合作发展创造了良好的环境;第五,多边合作作用突出,新加坡是东盟重要成员国,在国际经贸活动中表现活跃,中新加强在多边领域的协调合作,对促进中国-东盟自贸区、APEC自贸区和RCEP的发展,维护自由贸易体制以及促进区域和世界繁荣稳定等方面意义重大。[2] 中国与新加坡在贸易、金融、劳务、科技、教育以及文化等多领域开展了深入合作,是彼此重要的合作伙伴。

新加坡作为东盟唯一的发达国家,拥有开放的经济市场、健全的法律法规以及完善的基础设施,成为中国企业"走出去"的重要目的地。中国企业对于在新加坡开展投资活动表现出了浓厚兴趣。由图2-1可知,中国对新加坡的直接投资存量呈稳步增长的态势。2021年,中国在新加坡的直接投资存量达672.02亿美元,较2017年的445.7亿美元增长51%。在直接投资流量上,2021年中国在新加坡的直接投资流量达84.05亿美元,较2020年上升幅度明显。

---

① 太平:《中国与新加坡可持续发展投资促进机制的对策选择》,载《东南亚纵横》2014年第5期。

② 《新加坡与中国的经贸合作》,载商务历史网,http://history.mofcom.gov.cn/?bandr＝xjpyzgdjmhz,最后访问日期:2020年7月8日。

单位：亿美元

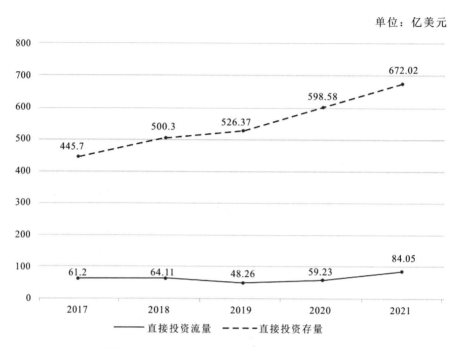

图 2-1　2017—2021 年中国在新加坡的投资情况

注：根据《2021 年度中国对外直接投资统计公报》中的数据整理得出。

二、中国在新加坡投资可能面临的风险与防范

(一)政策变化的风险与防范

与"一带一路"沿线大多数国家相比，新加坡在人民行动党的领导下，政局长期保持稳定，但近年来反对党发展较快，并在国会中取得了一定议席；人民行动党的执政理念也不断受到年轻一代的挑战。未来，新加坡可能出现的政权交错更替、政党轮流执政以及政府政策的变化等增加了中国对新加坡投资的潜在风险。此外，虽然新加坡国内政局稳定，但是其与马来西亚、文莱、印度尼西亚、越南以及菲律宾等国家在海域上存在争端，为了争夺领土主权经常发生冲突，导致区域国家间政治关系时常恶化，这种情况必然会影响中国在新加

坡投资的安全。①

虽然中国对新加坡的投资可能遭遇一定的政治风险,但是中新两国加强经贸合作、中国对新加坡投资的扩大是大势所趋。2018年11月12日至16日,李克强总理访问新加坡,与新加坡领导人聚焦"一带一路"合作和创新发展,谋划双边关系新蓝图。中新两国应进一步增强政治互信,通过开展苏州工业园、天津生态园、重庆互联互通战略项目以及广州知识城项目等,促进中新关系迈入新阶段。② 对于企业自身而言,应加强对新加坡政策的了解,把握新加坡政策的最新走向,及时制定与当地政策相符的企业发展规划。

(二)金融市场的风险与防范

新加坡设有专门的监管部门,如金融管理局、货币局以及政府投资公司,这些监管部门为国内外投资者提供专业化、科学化的服务。因此,相较于其他金融机制还不健全的"一带一路"沿线国家,新加坡的金融风险并不是太高,但仍有很多需要注意的地方。一方面,在利率预期上,每一个金融机构的资产负债表都存在基差风险,而在利率市场化程度不断深化的新加坡,市场的竞争会更加激烈,此时的利率波动也会因此加剧,进而导致利率风险增加。另一方面,在汇率上,虽然新加坡不存在外汇管制,但为了维持本国货币的稳定,新加坡政府实行新元非国际化政策,限制非本国居民持有新元的总量,这在一定程度上给中国对新加坡投资带来资金转移和外汇兑换等风险。

对于金融市场的风险,可以从宏观和微观两个层面进行防范。在宏观层面,我国政府进一步完善投资保护机制是对企业防范风险的重要保障。我国应积极与新加坡进一步巩固发展良好的投资关系,为企业境外直接投资打下良好的基础。在微观层面,企业在进行投资前应做好功课,准确判断全球宏观经济形势,在投资项目报价时充分考虑利率、汇率的变动趋势,③以最大程度规避新加坡金融市场的风险。

---

① 《"一带一路"投资风险研究之新加坡》,载智库中国网,http://www.china.com.cn/opinion/think/2015-04/09/content_35273264.htm,最后访问日期:2020年7月8日。

② 《中国与新加坡创新合作引领"一带一路"》,载中国政府网,http://www.gov.cn/xinwen/2018-11/15/content_5340717.htm,最后访问日期:2020年7月8日。

③ 呙小明、黄森:《"一带一路"背景下中国企业对新加坡直接投资的现状与风险分析》,载《对外经贸》2018年第7期。

(三)法律风险与防范

新加坡法律环境与我国存在较大差异,投资者如果不注意合同中的细节条款,会造成严重后果。同时,新加坡与中国在土地相关的法律上存在明显不同,而土地也是投资的重要载体与主要标的,如果不充分了解新加坡关于土地使用、征收的程序与具体标准,就很容易面临大量资金亏损的重大风险。另外,新加坡国内的环保标准极为严格。近年来,虽然我国对于国内企业的环保标准也日益提高,但与新加坡严格的环保标准仍有差异。[①] 当中国投资企业达不到新加坡的环保标准时,会引发一系列的法律问题,投资者甚至将承担相应的法律责任。

中国企业在进行投资谈判和合同签署时,要加强对合同条款的审阅,切勿忽视细节条款。对于新加坡的土地政策和环保政策,中国企业在到新加坡投资之前需要做细致的前期调研,聘请当地的专业律师和财务顾问,精准把握其土地和环保等方面的法律法规,避免因不熟悉新加坡相关法律法规造成投资亏损。

(四)运营成本控制的风险与防范

新加坡运营成本控制的风险主要体现在以下三个方面:第一,在劳动力方面,新加坡劳动力成本有上升的趋势。由于劳动力供应不足,新加坡外籍劳务需求量大,外籍劳动力约占新加坡劳动力的 1/3;并且受此前外籍劳务政策收紧影响,近几年新加坡外籍劳务人数增长速度降至新低,劳动力成本逐年增加。[②] 第二,在资源方面,由于新加坡腹地狭小,自然资源缺乏,其资源长期依赖外来进口,这使得中国企业对新加坡资源的投资受国际能源市场的直接影响。第三,在物价方面,新加坡物价常年处于高水平,中国企业必须考虑受物价影响的运营成本问题。[③]

中国企业要做好应对在新加坡运营成本上升的准备。首先,关于劳动力

---

① 聂珊珊:《"一带一路"背景下中国企业对新加坡直接投资的现状与风险分析》,载《辽宁经济》2019 年第 2 期。

② 中国民生银行研究院宏观研究团队:《新加坡投资机遇及风险分析》,载《中国国情国力》2018 年第 9 期。

③ 聂珊珊:《"一带一路"背景下中国企业对新加坡直接投资的现状与风险分析》,载《辽宁经济》2019 年第 2 期。

成本风险,建议中国企业在新加坡投资最好选择除劳动密集型以外的技术密集型、资本密集型项目;其次,关于资源成本风险,中国企业赴新投资需要密切关注国际能源供给状况,做好紧急情况的预案;最后,关于物价成本风险,中国企业需提前了解新加坡的物价水平,通过财务管理谨慎防范,[1]做好企业的预算安排和成本核算。

三、中国在新加坡投资争端的解决

新加坡有关外国投资的争端主要由本国国内法、签订的双边或区域性投资协定以及加入的国家条约这三个层面的法律规定来调整。[2] 在双边或区域性协定方面,中国与新加坡投资争端解决的法律渊源不仅包括中新两国的协议,还包括中国与东盟签署的所有协议中有关投资争端解决能够适用的条款。[3] 因此,中国与新加坡投资争端的主要法律渊源包括《中国-新加坡关于促进和保护投资协定》(以下简称《促进和保护投资协定》)、《中国-新加坡自由贸易协定》(以下简称《自由贸易协定》)、《中国-东盟全面经济合作框架协议争端解决机制协议》(以下简称《争端解决机制协议》)以及《中国-东盟自由贸易区投资协议》(以下简称《自由贸易区投资协议》)中有关争端解决的条款。投资争端解决方式主要包括以下五种:

(一)协商

采取协商方法解决纠纷,必须遵守自愿、平等互利、协商一致以及合法的原则。《促进和保护投资协定》、《自由贸易协定》以及《争端解决机制协议》均明确规定了关于协商解决的具体运作方式:起诉方鉴于被诉方未履行协议规定的内容,影响协议的执行和适用而提出磋商要求,被诉方应对磋商给予适当的考虑和充分的机会。协商过程中应当保密,且若协商不成,双方所作的让步与承诺不得影响到适用其他程序时的权利。经协商达成一致后制作的书面协

① 吕小明、黄森:《"一带一路"背景下中国企业对新加坡直接投资的现状与风险分析》,载《对外经贸》2018年第7期。

② 罗易:《中新外国投资法比较研究》,西南政法大学2015年硕士学位论文。

③ 雷锐、蒋德翠:《中国—新加坡投资争端解决若干法律问题研究及对我国的启示》,载《法制与社会》2014年第23期。

议不具强制性,需相应法律确认其效力。为避免被诉方恶意拖延,规定了磋商期限:若起诉方提出磋商请求,被诉方未在 7 日内做出书面答复,或未在 30 日内进行磋商,起诉方可要求组成仲裁庭进行仲裁解决。[①]

(二)行政救济

新加坡的行政处罚制度多基于成文法且执法严明,因此出现纠纷的概率较小。外国投资者如果对新加坡政府部门做出的行政处罚不服,可向同一行政部门提出行政复议申请。若当事人因为违规而被要求去法庭解释,则可在法庭陈述理由进行辩解。如果外国投资者对行政复议的结果不服,可向新加坡高等法院申请司法审查。高等法院有权审查法律、政府行政人员的职务行为,并且在必要时要求撤销或重做相应的行政行为。与英国法类似,新加坡行政法下可适用的救济方式有特许令和宣称。[②]

(三)调解

调解往往是在调解人协助下当事人自愿达成和解协议,这种争端解决方式具有灵活性、便捷性以及保密性。根据《争端解决机制协议》《自由贸易协定》的相关规定,双方可随时同意进行调解,仲裁不影响双方调解的继续进行。调解是新加坡纠纷解决机制的重要组成部分。在新加坡,调解不仅仅适用于经济纠纷的解决,还广泛地运用于法院、政府行政部门以及仲裁庭等领域。[③]此外,《联合国关于调解所产生的国际和解协议公约》即《新加坡调解公约》已于 2020 年 9 月 12 日生效。《新加坡调解公约》的生效将进一步扩大调解在投资争端解决中的适用。

(四)仲裁

在新加坡解决有关外国投资的争端中,仲裁的方式被广泛使用。成立于1991 年的新加坡国际仲裁中心是新加坡国内唯一的仲裁机构。新加坡国际

---

① 陈胜、姜福:《中国企业在新加坡投资的风险与防范》,载《宁德师范学院学报》2019年第 2 期。

② 《企业对外投资国别(地区)营商环境指南——新加坡(2019 年版)》。

③ 陈胜、姜福:《中国企业在新加坡投资的风险与防范》,载《宁德师范学院学报》2019年第 2 期。

仲裁中心受理的案件范围十分广泛,包括刑事案件、海上保险和航运案件、银行金融业务案件以及国际投资争端案件。新加坡国际仲裁中心对于解决投资争端有三大优势,即具有高公信力、高度国家化以及优越的外部环境。① 此外,我国与新加坡都是《承认及执行外国仲裁裁决公约》即《纽约公约》的成员国,对于新加坡仲裁机构作出的裁决,中国企业可以向新加坡国内法院申请执行。

(五)诉讼

新加坡的法院实行三审终审制,上诉法院是新加坡的最高司法裁决庭。中国与新加坡于 1997 年签订《民事和商事司法协助条约》,在此框架下,新加坡法院的判决仍须在中国法院重新起诉方可执行。尽管新加坡法律体系的高效和完整性获得了国际社会广泛好评,但总体上说,诉讼这种对抗式的争议解决方式,往往需要支付较高的费用,也会耗费较长时间。② 因此,企业在选择诉讼方式解决投资争端时,应持谨慎态度,提前评估诉讼成本。

新加坡是中国在东盟的最大投资国,这离不开新加坡开放的经济市场、健全的法律法规以及完善的基础设施等优势。虽然新加坡较东盟其他国家有着更好的营商环境,但其仍存在一定的投资风险,如政策变化风险、金融市场风险、法律风险以及运营成本控制风险等。中国企业在投资新加坡前,应做好事前调查,尽量规避这些投资风险。当中国企业在新加坡投资,发生争端时,可以采用协商、行政救济、调解、仲裁和诉讼等方式解决纠纷。至于采用何种争端解决方式最佳,企业应根据实际情况,结合时效性、便捷性、灵活性等因素综合加以判断。

---

① 罗易:《中新外国投资法比较研究》,西南政法大学 2015 年硕士学位论文。

② 《新加坡利用外资政策专题介绍》,载中华人民共和国驻新加坡共和国大使馆经济商务参赞处网,http://sg.mofcom.gov.cn/article/dtxx/201903/20190302847935.shtml,最后访问日期:2020 年 7 月 8 日。

第三章

印度尼西亚经贸投资规则

　　印度尼西亚位于亚洲东南部,地跨南北两个半球,横卧太平洋和印度洋两大洋、亚洲和大洋洲两大洲,扼守马六甲海峡等重要国际航道,陆地面积约190万平方公里,海洋面积约317万平方公里。2022年,印度尼西亚人口约27550.1万,GDP约13191亿美元,人均GDP约4788美元。在全球竞争力方面,2019年印度尼西亚排第50名,在东盟国家中排第4名。在营商环境方面,2020年印度尼西亚排第73名,与上一年排名持平。在投资情况方面,截至2021年年末,中国对印度尼西亚的直接投资存量为200.80亿美元。本章先是介绍印度尼西亚经贸投资发展基本情况,再重点分析印度尼西亚经贸投资规则,最后探析中国企业在印度尼西亚投资时可能面临的风险。

第一节　印度尼西亚经贸投资发展基本情况

一、印度尼西亚宏观经济

(一)印度尼西亚早期经济发展状况

印度尼西亚在建国初期,采取国家干预为主的措施发展经济。当本国经济发展到一定程度后,则开始由国家干预逐渐向市场经济转变。①但在经济发展转变的过程中,政府对涉及国计民生的重要行业领域依然进行一定的干预。1950年至1965年,印度尼西亚GDP年增长率仅2%。20世纪60年代后期,印度尼西亚开始调整经济结构,实施经济发展措施,有效地促进国家经济的发展。

在发展国有企业方面,印度尼西亚不但在建国时没收接管了大量原殖民政府的企业,使之成为本国国有企业;而且又投资新办了一批国有企业以掌握本国金融、交通运输等重要行业领域。这些国有企业的发展带动了本国相关产业部门的发展,并为本国经济快速发展奠定了基础。

在制定经济发展计划方面,印度尼西亚为了实现一定的经济发展目标,结合本国国情,制定了相应的经济发展计划。但这些经济发展计划是非强制性的,只发挥引导和制约本国经济发展的作用。国家通过制定具体的经济发展计划,明确本国经济发展目标,促进本国经济平稳增长。

在引进外资方面,印度尼西亚实行对外开放,制定了一系列吸引外资的措施。自20世纪80年代起,印度尼西亚开始放宽对外资的限制,通过实施更灵活的政策吸引外资。这使得许多外国资本流入印度尼西亚,并成为印度尼西亚经济迅速发展的强大助力器。但同时印度尼西亚也十分注重对本国资本的保护,避免本国经济受外国控制。综合来看,印度尼西亚在对待引进外资问题上,既大胆开放积极引进,又注意采取相应措施防范风险。

(二)印度尼西亚当前经济发展状况

印度尼西亚是1998年亚洲金融危机的重灾国,但目前却迅速转变为东南亚甚至亚洲地区新的经济增长引擎。印度尼西亚的经济发展引起了人们对这个东南亚最大的经济体、世界第四大人口国的关注。近几年,印度尼西亚连续出台多项经济措施,其经济发展方向主要为增加内需、吸引投资、改善民生以及发展绿色环保产业等。由于印度尼西亚政府近几年的经济建设成效为其经济持续发展打下了良好基础,同时政府在增加就业、吸引外资、扶持制造业、扩大出口、拉动内需以及规范金融业等领域的政策落实情况较好,使得印度尼西

---

① 许颖:《东南亚各国的经济发展模式研究》,载《商场现代化》2015年第21期。

亚经济保持了较快发展势头。[①]

由表 3-1 可知,2017—2022 年,印度尼西亚的经济一直保持着稳步增长的态势,这主要是因为印度尼西亚政府接连出台了一系列刺激经济的政策。2017 年印度尼西亚 GDP 总量首次突破万亿美元大关,成为东盟国家中唯一一个经济总量超过 1 万亿美元的国家。2019 年印度尼西亚人均 GDP 更是首次超过 4000 美元。[②] 2022 年印度尼西亚 GDP 增长率为 5.3%。其中,第一季度同比增长 0.22%,第二季度同比增长 8.64%,第三季度同比增长 3.45%,第四季度同比增长 0.95%。[③] 2022 年印度尼西亚贸易总额达 5987.8 亿美元,全年通货膨胀率为 4.21%。[④]

表 3-1　2017—2022 年印度尼西亚宏观经济情况

年份	GDP/亿美元	GDP 增长率/%	人均 GDP/美元
2017	10156.2	5.1	3839.8
2018	10422.7	5.2	3902.7
2019	11191.0	5.0	4151.2
2020	10590.5	−2.1	3895.6
2021	11856.1	3.7	4334.2
2022	13191.0	5.3	4788.0

根据世界经济论坛发布的《2019 年全球竞争力报告》,印度尼西亚以 65 的综合得分在 2019 年全球竞争力排名中排第 50 名,在东盟国家中排第 4 名,处于中等水平。在 12 项指标中,印度尼西亚的得分和排名大部分处于中间

[①] 吴崇伯:《正在崛起的印尼经济分析与前景透视》,载《南洋问题研究》2012 年第 3 期。

[②] 世界银行数据,http://www.data.worldbank.org.cn,最后访问日期:2023 年 7 月 25 日。

[③] 印度尼西亚银行经济与金融统计,https://www.bi.go.id/en,最后访问日期:2023 年 8 月 7 日。

[④] 世界银行数据,http://www.data.worldbank.org.cn,最后访问日期:2023 年 7 月 25 日。

段,其中,市场规模指标表现最为优异,得分82分,排第7名;健康指标表现最差,得分71分,排第96名。在宏观经济稳定性方面,印度尼西亚得分90分,排第54名,表现一般。

(三)印度尼西亚产业发展状况

据统计,2022年印度尼西亚制造业占GDP比重约18.34%,批发零售和摩托车维修占GDP比重约12.84%,农林牧渔业占GDP比重约12.40%,矿石业占GDP比重约12.22%,建筑业占GDP比重约9.77%,交通仓储业占GDP比重约5.02%,金融保险业占GDP比重约4.13%,其他行业和因素占GDP比重约25.28%。①印度尼西亚的重点特色产业主要有石油天然气、农林渔业、采矿业、工业制造业以及旅游业等。

2020年7月21日,广东外语外贸大学印度尼西亚研究中心发布《印度尼西亚蓝皮书:印度尼西亚经济社会发展报告(2019—2020)》。该蓝皮书显示,目前印度尼西亚经济处于工业化中期阶段,制造业对经济的贡献率在20%以上,但自2012年开始,其增速一直低于经济整体增速。当前印度尼西亚的经济政策仍是以发展劳动密集型工业为主,2019年至2020年,食品和饮料制造业、纺织和服装制造业、皮革及鞋类制造业发展较快,其中食品饮料制造业增长尤其抢眼,五年平均增长率达到8.5%,而纺织和服装制造业在2019年增长达15.4%。②

二、印度尼西亚营商环境

自2015年以来,印度尼西亚已经陆续出台16套经济改革措施,其中包括增强分配公平性、推进基础设施建设、促进投资和出口以及调整投资负面清单等措施。这些措施颁布实施的目的在于改善本国营商环境,增强外国投资者信心。

印度尼西亚的经济改革措施可归纳为以下三个方面:第一,简化行政许

---

① 印度尼西亚银行经济与金融统计,https://www.bi.go.id/en,最后访问日期:2023年8月7日。

② 《印度尼西亚蓝皮书(2019—2020)》,载云南网,http://www.news.yunnan.cn/system/2020/07/21/030817865.shtml,最后访问日期:2020年7月25日。

可程序,2018 年 7 月 6 日,印度尼西亚投资协调委员会正式启动"全国单一网上提交系统",除采矿、石油天然气以及金融、房地产外,其他所有业务领域均可通过该系统办理。个人经营者和非个人经营者可以通过该系统注册公司。经营者在该系统申请的主要准证包括投资协调委员会投资许可证、土地位置许可证、建筑许可证、社保登记证及环境许可证。第二,进一步放宽市场准入,2018 年底,印度尼西亚政府宣布将对 2016 年版外商投资负面清单进行修订,允许外国投资者在医疗卫生、艺术表演、电信服务、商业服务、能源工业五大领域的 54 个子领域拥有 100%股权。第三,推进基础设施建设,在基础设施领域,印度尼西亚总统佐科一直计划并致力于改善群岛的连通性,以促进印度尼西亚东西部地区平衡发展。印度尼西亚政府引入"海运高速公路"概念,以海港为走廊连接印度尼西亚东西部群岛,以降低高昂的物流成本。此外,政府计划修建更多的道路、收费公路、机场和铁路,不仅着眼于爪哇岛,还包括苏门答腊、加里曼丹、苏拉威西和巴布亚等地区。①得益于印度尼西亚政府积极开展的经济改革,印度尼西亚营商环境不断改善,吸引外资能力逐渐增强。

印度尼西亚在 2020 年全球营商环境排名中综合得分 69.6 分,排第 73 名,与去年排名持平。在具体指标上,印度尼西亚表现差异较大。其中,印度尼西亚在获得电力、获得信贷、保护少数投资者以及办理破产四项指标上排名都处于前 50 名,但在开办企业、办理施工许可证、登记财产、跨境贸易以及执行合同五项指标上排名都处于 100 名之后。②

接下来主要分析下印度尼西亚表现较好的四项指标:第一,在获得电力方面,印度尼西亚得分 87.3 分,排第 33 名,与 2019 年排名持平。获得电力平均要办理的手续为 4 个,所需时间为 32 天,较 2019 年缩短了 2 天。第二,在获得信贷方面,印度尼西亚得分 70 分,排第 48 名,较 2019 年下降 4 名。其中,合法权利力度指数 6 分(满分 12 分),信贷信息深度指数 8 分(满分 8 分)。第三,在保护少数投资者方面,印度尼西亚得分 70 分,排第 37 名,较 2019 年上升 14 名。其中,披露程度指数 10 分(满分 10 分),董事责任程度指数 5 分(满分 10 分),股东诉讼便利度指数 2 分(满分 10 分),股东权利指数 5 分(满分 6 分),所有权和管理控制指数 6 分(满分 7 分),公司透明度指数 7 分(满分 7

---

① 《企业对外投资国别(地区)营商环境指南——印度尼西亚(2019 年版)》。

② 《世界银行 2020 年营商环境报告》。

分)。第四,在办理破产方面,印度尼西亚得分 68.1 分,排第 38 名,较 2019 年下降 2 名。其中,回收率为 65.5%,平均办理破产的时间为 1.1 年,成本占资产价值的 21.6%,破产框架力度指数为 10.5 分(满分 16 分)。[①]

三、印度尼西亚对外经贸关系

(一)印度尼西亚对外贸易情况

据印度尼西亚统计局统计数据显示,2022 年印度尼西亚货物进出口额为 5293.5 亿美元,比上年增长 23.74%。其中,出口额为 2919.0 亿美元,同比增长 26.03%;进口额为 2374.5 亿美元,同比增长 21.03%。贸易逆差额为 544.6 亿美元,同比增长 53.75%。[②]

在国别和地区方面,除中国外,美国、日本和马来西亚是印度尼西亚重要的三大出口市场,2022 年印度尼西亚对三国出口额分别为 281.8 亿美元、248.5 亿美元和 154.3 亿美元,同比分别增长 9.26%、39.06% 和 28.89%,占印尼出口总额的 9.65%、8.51% 和 5.29%。进口方面,中国是印度尼西亚第一进口来源国,日本和新加坡是另外两大主要进口来源国,2022 年印度尼西亚自日本和新加坡进口额分别为 677.2 亿美元和 194.1 亿美元,同比分别增长 362.46% 和 25.61%,占印尼进口总额的 28.52% 和 8.17%。印度尼西亚自泰国进口额为 109.9 亿美元,同比增长 20.14%,占印度尼西亚进口总额的 4.63%。澳大利亚和新加坡是印度尼西亚主要的贸易逆差来源国,2022 年逆差额分别为 64.0 亿美元和 50.6 亿美元,同比分别增长 3.15% 和 32.60%。印度尼西亚的贸易顺差主要来自中国和美国,2022 年顺差额分别为 486.6 亿美元和 165.7 亿美元,同比分别增长 2076.79% 和 13.92%。除中国外,新加坡也是印度尼西亚主要的贸易逆差来源国,2019 年逆差额为 41.7 亿美元,同比下降 50.4%。此外,印度尼西亚对泰国的贸易逆差额为 32.5 亿美元,同比下降 20%。印度尼西亚的贸易

---

① 世界银行数据,http://www.data.worldbank.org.cn,最后访问日期:2023 年 7 月 25 日。
② 印度尼西亚银行经济与金融统计,https://www.bi.go.id/en,最后访问日期:2023 年 8 月 1 日。

顺差主要来自美国,2019 年顺差额为 84 亿美元,同比增长 1.4%。[①]

在商品方面,矿产品是印度尼西亚首要出口商品,2019 年出口额为 382.2 亿美元,同比下降 19.7%,占印度尼西亚出口总额的 22.9%。动植物油脂、机电产品和贱金属及制品也是印度尼西亚主要出口商品,2019 年三类商品的出口额分别为 175.4 亿美元、137.2 亿美元和 133.6 亿美元,其中动植物油脂和机电产品出口额同比下降 13.8%、6.8%,贱金属及制品出口额同比增长 7.5%。此外,纺织品及原料出口额为 128.3 亿美元,同比下降 3%。上述四类产品合计占印度尼西亚出口总额的 34.4%。进口方面,2019 年印度尼西亚主要进口产品的进口额普遍下降,其中第一大类进口产品是机电产品,进口额为 463.5 亿美元,同比下降 4.3%,占印度尼西亚进口总额的 27.2%。其他主要进口商品包括矿产品、贱金属及制品和化工产品,进口额分别为 249.7 亿美元、193.9 亿美元和 167.2 亿美元,同比分别下降 24.3%、3.7%和 10.6%,占印度尼西亚进口总额的 14.7%、11.4%和 9.8%。[②]

(二)印度尼西亚对外投资情况

与发达国家新加坡积极开展对外投资不同,印度尼西亚作为发展中国家,目前的经济重心仍在大力发展本国经济上,对外投资规模相对较小,企业走出去步伐相对缓慢。联合国贸发会议发布的《2023 年世界投资报告》显示,2022 年印度尼西亚对外直接投资流量为 68.48 亿美元。截至 2022 年底,印度尼西亚对外直接投资存量为 1039.41 亿美元,对外投资规模不大,较上年增长 73.26 亿美元,增长幅度也较小。

(三)印度尼西亚吸收外资情况

近几年,印度尼西亚经济呈快速增长态势,国内消费成为印度尼西亚经济发展稳定动力,各项宏观经济指标基本保持正面,经济结构也比较合理。印度尼西亚持续向好的经济发展前景和特有的比较优势不断吸引外资涌入,使之逐渐成为东盟国家中最具吸引力的投资目的国之一。从投资环境角度看,印

[①] 印度尼西亚银行经济与金融统计,https://www.bi.go.id/en,最后访问日期:2023 年 7 月 27 日。

[②] 《2019 年印度尼西亚对外贸易及主要进出口产品》,载对外贸易之家网,http://www.duiwaimaoyi.com/2020/04/2518.html,最后访问日期:2020 年 7 月 9 日。

度尼西亚的吸引力主要表现在以下几个方面：第一，地理位置重要，扼守着出入太平洋与印度洋之间的马六甲海峡；第二，自然资源丰富，特别是矿产资源；第三，人口大国，有丰富且较为低廉的劳动力；第四，经济增长平稳，市场潜力大；第五，市场化程度较高，金融市场较为开放；[①]第六，政府积极改善营商环境，陆续出台一系列优惠政策和规定。

2019年，印度尼西亚落实外国投资282亿美元，同比增长7.7%。外国投资为印度尼西亚创造就业51.4万人次。首先，在投资来源方面，国外投资前五大来源国或地区依次为：新加坡投资65亿美元，占比23.1%；中国内地投资47亿美元，占比16.8%；日本投资43亿美元，占比15.3%；中国香港投资29亿美元，占比10.2%；荷兰投资26亿美元，占比9.2%。与2018年全年外资来源分布相比，新加坡外资份额占比下降了8.3%，中国内地外资份额占比上升了8.6%，日本外资份额占比下降了1.4%，中国香港外资份额占比上升了3.4%，荷兰代替马来西亚成为印度尼西亚外资来源国第五名。其次，在投资领域方面，国外投资前五大行业依次为：水电气供应59亿美元、交通仓储通信业47亿美元、金属制品业36亿美元、房屋园区建筑业29亿美元以及矿产业23亿美元。最后，在投资区域方面，国外投资前五大区域依次为：西爪哇省59亿美元、雅加达特区41亿美元、中爪哇省27亿美元、万丹省19亿美元以及东爪哇省18亿美元。[②]

印度尼西亚经济发展经历了由国家干预为主转变为市场经济的历程。近些年来，为刺激本国经济发展，印度尼西亚政府陆续出台了一系列鼓励经济发展的政策。得益于这些政策，印度尼西亚经济保持着稳步增长的良好态势。虽然印度尼西亚在2020年全球营商环境排名中位列第73名，营商环境属于世界中等水平左右，但由于地理位置重要、自然资源丰富、经济增长平稳等优势，印度尼西亚吸收外资的能力不断增强，逐渐成为许多国家选择投资目的地的考量对象。

---

① 《印度尼西亚经济状况与投资环境》，载商务历史网，http://history.mofcom.gov.cn/？bandr＝ydnxyjjzkytzhj，最后访问日期：2020年7月10日。

② 《2019年印尼投资情况概述》，载中华人民共和国驻泗水总领事馆经贸之窗网，http://surabaya.mofcom.gov.cn/article/jmxw/202002/20200202938396.shtml，最后访问日期：2020年7月10日。

第二节　印度尼西亚经贸投资规则分析

一、印度尼西亚外商投资的相关法律

(一)投资法

为了提升吸引外资的竞争力,印度尼西亚政府于 2007 年 4 月 26 日颁布了新的《投资法》。该《投资法》的主要亮点体现在以下几个方面:第一,规定了外资与内资享有平等法律待遇。原投资法律主要由《外国投资法》和《国内投资法》及相关条例等组成,内外资分别规定于两部法律,导致两者法律待遇不同,本次修订二法合一,明确规定"公正地、无差别地对待外来投资",外资和内资享有同等法律地位,其待遇得到了重要提升。第二,增强了投资者土地权益确定性。新《投资法》大幅延长土地权法定期限,其中商业用途土地使用权最长 95 年,建筑物土地使用权最长 80 年,其他土地使用权最长 70 年。这将增强投资者对未来风险的可预期程度和投资信心。第三,实行了便捷服务简化投资程序。新《投资法》明确其"投资协调委员会"负责协调和执行"一站式综合窗口服务"批准公司成立和核发执照,协助投资者获得服务救济、财政便利和投资资讯。新法这一规定将大大简化投资批准程序,提高行政效率,进而保护投资者积极性。第四,明确了投资争端解决机制。新《投资法》规定,应通过协商解决政府与投资者的争端;如协商不成,可由双方同意的国际仲裁机构仲裁或通过诉讼程序解决。争端解决机制的明确,在相当大程度上保护了投资者特别是外国投资者的利益。[①]

(二)公司法

根据《印度尼西亚公司法》的规定,在印度尼西亚设立有限公司需满足以

---

① 《印尼〈投资法〉为外国投资者提供新机遇》,载中华人民共和国驻印度尼西亚共和国大使馆经济商务参赞处网,http://id.mofcom.gov.cn/article/ddgk/200801/20080105357854.shtml,最后访问日期:2020 年 7 月 11 日。

下条件:第一,拥有至少两名以上股东;第二,拥有公司名称及住所;第三,注明公司经营范围及目的;第四,注册资本不低于 5000 万印尼盾,首期出资不低于注册资本的 25%;第五,拥有至少一名董事及监事,如董事监事为外籍人士需持有印度尼西亚工作签证;第六,拥有由印度尼西亚本地公证师签署认证的公司章程,公司章程须载明上述内容。在印度尼西亚设立公司,印度尼西亚法律规定申请人必须提供当地公证师签署公证后的公司章程。印度尼西亚的公证师行均可以代办公司注册及变更业务。实际中不少外国人通过当地律师行及代办公司办理,最终律师行及代理公司都需转包予公证师行办理。建议公司注册或变更事务可直接授权委托印度尼西亚公证师办理,以减少中间环节,从而降低办理费用。

(三)竞争法

《印度尼西亚竞争法》于 1999 年 3 月 5 日颁布,2000 年 3 月 5 日生效。该法旨在通过规制限制竞争协议和行为、滥用市场支配地位,反对垄断,反对不正当商业竞争,保护公平和自由竞争。该法的通过标志着印度尼西亚政府进行经济改革、建立竞争体制的努力取得了重大进展。《竞争法》禁止导致垄断行为或不正当商业竞争的企业行为,也就是说,之所以应当禁止企业间签订的协议、企业实施的行为和滥用市场支配地位,是因为这些行为"导致垄断行为或不正当商业竞争"。对于何谓垄断行为和不正当商业竞争,该法指出,"垄断行为"是指一个或一个以上的企业利用经济力量的集中控制特定商品或服务的生产和销售,从而导致不正当商业竞争并损害公共利益的行为;"不正当商业竞争"是指企业之间通过不正当的、违反法律的、妨碍商业竞争的方式进行商品或服务的生产和销售。在豁免方面,《竞争法》集中规定了 9 项豁免适用于该法的事项,包括知识产权协议、特许经营协议、出口协议、从事小规模商业活动的企业以及专为成员提供服务的活动等。[①]

(四)税法

根据印度尼西亚税法的规定,企业税应按月缴纳,而利息、使用费、租金及股息、专业服务费、技术及管理服务费、构建服务费、安装服务费、修理及维护服务费都通过预扣税的方式缴纳。企业税在 2010 年前按 28% 的税率缴纳,

---

① 　李墨丝:《印度尼西亚竞争法评述》,载《东南亚纵横》2010 年第 10 期。

该税率于 2010 年减至 25％。年总收入不超过 500 亿印尼盾的企业,来自其未超过 48 亿的部分总收入的应税所得,可以享受标准税率 50％的折扣。对于上市企业,在满足一定的条件后可以得到 5％的折扣。[①] 计算应纳税所得额时,应将应税收入总额减去税法规定的可扣除项目金额及弥补亏税后的余额。对根据会计原则计算的营业利润须根据税法的相关规定进行纳税调整后申报。印度尼西亚税法规定,与取得应税收入相关的必要支出,可在所得税前扣除。可在税前扣除的费用包括企业经营费用、折扣和摊销、批准扣除的养老金、社会保险金、资产销售或转让损失、汇兑损失、研发成本及坏账等。在税收优惠方面,印度尼西亚从不同角度规定了四种优惠:时间方面的免税期、地点方面的区域性优惠、主体方面的有限责任公司特定优惠以及目的方面的分支机构利润再投资免税。[②]

(五)知识产权法

印度尼西亚对知识产权的保护工作可追溯至 1894 年 1 月 10 日,印度尼西亚首个商标在巴达维亚核准注册。近几年来,印度尼西亚政府开始重视对知识产权的保护,逐渐加强知识产权保护工作。目前,印度尼西亚国内关于知识产权的相关法律法规主要有《专利法》《商标法》《著作权法》《外观设计法》《集成电路布图设计法》《商业秘密法》《植物品种法》等。其中,《专利法》规定专利保护期为 20 年,期满后不得续展;《商标法》规定商标保护期为 10 年,保护期可以续展。但是,若商标注册后不使用的时间达到三年则取消该商标资格。《外观设计法》规定外观设计的保护期为 10 年,只要某一产品在公开期无异议提出,即可获得外观设计专利。《商业秘密法》的保护范围包括某一行业内所有通过正当手段获得的,具有经济价值且无须向外界公布的信息。此外,作为世界知识产权组织和世界贸易组织成员方,印度尼西亚还签订了一系列国际知识产权保护条约,包括《保护工业产权巴黎公约》《专利合作条约》《商标法条约》《伯尔尼公约》《WIPO 版权条约》《WIPO 表演和录音制品条约》《与贸易有关的知识产权协议》。同时,印度尼西亚于 2015 年加入了马德里商标国际注册体系,这有助于非印度尼西亚实体在印

---

① 鞠梦然:《企业税与个税缴纳——印度尼西亚》,载《中国对外贸易》2014 年第 1 期。

② 张锋、江飞虹、赵阳:《印度尼西亚投资环境与税制介绍》,载《国际税收》2019 年第 8 期。

度尼西亚进行商标申请。①

二、印度尼西亚外商投资的市场准入

(一)市场准入的范围

表 3-2 禁止投资行业清单

序号	行 业	所属部门
1	大麻种植	农业
2	受保护鱼类捕捞业	林业
3	打捞沉船贵重物品	海洋和渔业
4	开采天然珊瑚	海洋和渔业
5	水银氯碱业	工业
6	杀虫剂	工业
7	化学材料及消耗臭氧层材料	工业
8	《化学武器公约》所列明"化学材料清单一"	工业
9	烈性饮料	工业
10	葡萄酒	工业
11	含麦芽饮料	工业
12	陆路客运站运营	交通
13	机动车运载测重站运营	交通
14	海上导航辅助设施/电讯和船舶通航服务系统	交通
15	飞行导航服务	交通
16	机动车检测	交通
17	无线电波和轨道卫星监控站运营管理	通信与信息
18	公立博物馆	教育与文化
19	历史遗迹和考古	教育与文化
20	博彩业	旅游与创意经济

注:数据来源于《企业对外投资国别(地区)营商环境指南——印度尼西亚(2019年版)》。

① 魏耀成:《印度尼西亚的知识产权保护分析》,载《新西部》2017年第34期。

表 3-3　有条件开放行业清单

条件	部门	行业
仅适用于中小微型企业及合作社	农业	水稻、花生、黄豆等 54 个细分行业
	林业	其他林产品加工(棕榈糖、栗子、酸果、碳原料、肉桂)等 6 个细分行业
	工业	渔产酱拌加工、豆酵饼加工、豆腐加工等 26 个细分行业
	公共工程	使用简单技术、中低风险、工程造价不高于 500 亿印尼卢比的建设工程服务等 2 个细分行业
	贸易	快递或网购零售贸易
	旅游与创意经济	旅行社、旅游民宿等 4 个细分行业
	通信和信息	广播和电视传媒等 3 个细分行业
与中小微型企业及合作社合作	林业	林业加工:藤条、松油等 7 个细分行业
	海洋和渔业	海鱼、鱼苗等 11 个细分行业
	工业	椰干加工、咸化水果和蔬菜等 31 个细分行业

注:数据来源于《企业对外投资国别(地区)营商环境指南——印度尼西亚(2019 年版)》。

根据《2016 年关于投资领域禁止性行业和有条件开放行业清单》的有关规定,在印度尼西亚的投资领域分为三类:开放性行业,禁止性行业以及有条件开放行业。在特定条件下对外国投资开放或完全不对外国投资开放的行业,被列入投资负面清单。未列入该清单的行业一般被视为不受限制地对外国投资开放,外国投资者持股比例可达 100%。对于有条件开放行业,投资负面清单允许外国投资者最高持股比例为 49%~95%。投资负面清单列明的禁止投资行业有 20 个,仅由政府经营,主要为军事装备、毒品种植交易行业、有害于当地生态环境的行业及社会公共行业等。有条件开放的行业分为两类:仅适用于中小微企业及合作社的行业与特定条件开放行业。前者共涉及农林牧渔、工业、公共工程、旅游和创意经济、通信和信息行业的 145 个细分领域。

印度尼西亚政府于 2018 年 11 月修订并公布了投资负面清单,大幅放宽外资准入和持股比例。外国投资者可以在互联网服务、制药、针灸服务设施、商业性画廊、艺术表演画廊及旅游开发等行业拥有 100% 股权。此次被排除出投资负面清单的有五大领域共计 54 项业务,允许外国投资者拥有 100％股权。这些投资领域包括制药行业、针灸服务设施、艺术表演画廊、商业画廊、旅游业开发以及市场调研服务;包括固定电信网络、移动电信网络、电信服务内容、互联网接入、信息服务中心或呼叫中心等在内的数据通信服务;海上石油天然气钻井、地热钻井、地热发电厂、职业培训以及征信调查等。印度尼西亚经济统筹部长达尔敏表示,希望该项投资放宽政策能够吸引更多的外商投资印度尼西亚。本轮投资负面清单调整是印度尼西亚政府推出第 16 套经济改革措施的重要内容。该套经济改革还包括减税、出口收入回流等措施,意在增加外国投资者信心和弥补贸易逆差。[①]

印度尼西亚政府从 1985 年开始对外开放投资,到 1995 年实施"负面清单",再到 2007 年实行内外资统一的投资"负面清单"改革,不断减少的行业限制以及政策透明度的提升进一步推动了市场的开放和外商直接投资的自由化,使其在吸引外资竞争激烈的亚洲取得外商直接投资数量的持续上升。[②]经过二十多年发展,印度尼西亚投资负面清单已趋于成熟,具有以下几个特点:第一,专门针对投资准入,禁止投资行业和限制投资措施特定具体;第二,实现了外商投资和国内投资的"非禁即入";第三,具有明确的法律地位;第四,近几年来内容更开放;第五,附件列表编制清晰明了;第六,修改周期具有不稳定性。[③]

(二)投资方式

对印度尼西亚投资的形式主要包括三种,即设立实体、兼并收购以及联合研发。第一,关于设立实体,外商可以通过四种商业模式设立运营实体:外商投资公司、代表处、分支机构以及合资企业。印度尼西亚《投资法》规定,外国投资者在印度尼西亚从事生产和经营活动须注册一家外商投资公司。此类公司须具备法律实体地位,在遵循印度尼西亚现行法规和条令的前提下开展生产和经营活动。此外,印度尼西亚《公司法》规定,除银行、石油和天然气行业

---

① 《印尼政府修订投资负面清单》,载中华人民共和国驻印度尼西亚共和国大使馆经济商务参赞处网,http://id.mofcom.gov.cn/article/sxtz/201812/20181202813142.shtml,最后访问日期:2020 年 7 月 11 日。

② 顾晨:《印度尼西亚"负面清单"改革之经验》,载《法学》2014 年第 9 期。

③ 申海平:《市场准入负面清单的印度尼西亚经验及其启示》,载《东方法学》2018 年第 4 期。

外,通常不允许外国公司在印度尼西亚设立分支机构。而代表处是由一家外国公司设立的授权办公室,不具备法律实体地位。一般来说,代表处不允许在印度尼西亚开展任何商业活动,仅可开展市场调查和沟通协调。第二,关于兼收并购,实施兼并收购须遵守 2007 年《有限责任公司第 40 号法》和《外国投资条例》。在某些情况下,根据公司所属行业不同,合并和收购所需的批准有所不同。第三,关于联合研发,目前中国和印度尼西亚联合研发正加速展开,呈现出研发领域不断拓展、研发层次不断深化的主要特征。在研发领域方面,双方在农业应用技术、海洋研究与开发、电力电信设施、交通技术研发、空间合作应用等领域取得了诸多合作成果;在研发层次方面,已形成以备忘录及联委会规划为顶层规划、以联合研究中心为平台、以定期会议活动为渠道、以人才联合培训为手段、以工程项目为成果的综合联合研发体系。[①]

三、印度尼西亚外商投资的优惠政策

(一)税收优惠政策

根据 2007 年《有关所规定的企业或所规定的地区之投资方面所得税优惠的第 1 号政府条例》,印度尼西亚政府对有限公司和合作社形式的新投资或扩充投资提供所得税优惠,该优惠包括:(1)企业所得税税率为 30%,可以在 6 年之内付清,即每年支付 5%;(2)加速偿还和折旧;(3)在分红利时,外资企业所缴纳的所得税税率是 10%,或者根据现行的有关避免双重征税协议,采用较低的税率缴税;(4)给予 5 年以上的亏损补偿期,但最多不超过 10 年。上述所得税优惠,由财政部长颁发,并且每年给予评估。[②]

(二)行业鼓励政策

自 2007 年 1 月 1 日起,印度尼西亚政府对 6 种战略物资豁免增值税,即原装或拆散属机器和工厂工具的资本物资(不包括零部件),禽畜鱼饲料

---

① 《企业对外投资国别(地区)营商环境指南——印度尼西亚(2019 年版)》。

② 《国别贸易投资环境报告 2008》,载商务部外贸发展局网,http://shangwutousu. mofcom.gov.cn/article/ddgk/zwjingji/ar/200805/20080505543019.shtml,最后访问日期:2020 年 7 月 12 日。

或制造饲料的原材料,农产品,农业、林业、畜牧业和渔业的苗或种子,通过水管疏导的饮用水以及电力。同时,印度尼西亚鼓励钢铁工业和炼油厂的投资建设为提高本国钢铁产能,印度尼西亚政府一直鼓励钢铁工业和炼油厂的投资建设,包括给予长达 15 年的免税期,并给予 2 年期的减税 50% 优惠。①

(三)地区鼓励政策

印度尼西亚为了平衡地区发展,按照总体规划部署和各地区自然禀赋、经济水平、人口状况等特点,将重点发展"六大经济走廊",即爪哇走廊——工业与服务业中心,苏门答腊走廊——能源储备、自然资源生产与处理中心,加里曼丹走廊——矿业和能源储备生产与加工中心,苏拉威西走廊——农业、种植业、渔业、油气与矿业生产与加工中心,巴厘——努沙登加拉走廊——旅游和食品加工中心以及巴布亚——马鲁古群岛走廊——自然资源开发中心。印度尼西亚政府将按照规划出台政策和措施,对在上述地区发挥比较优势的产业提供税务补贴等优惠政策,优先鼓励发展当地规划产业。除爪哇岛等地区外,未来几年印度尼西亚的发展重点,将是包括巴布亚和马鲁古等在内的东部地区,将进一步出台向投资当地的企业提供税务补贴等优惠政策。②

印度尼西亚关于外商投资的法律主要有《投资法》《公司法》《竞争法》《税法》《知识产权法》等。2018 年 11 月,印度尼西亚政府公布了新版投资负面清单,新版投资负面清单大幅放宽外资准入或持股比例,这有利于印度尼西亚进一步吸引外商投资。同时,印度尼西亚政府也接连出台了诸多外商投资优惠政策,如给予钢铁工业长达 15 年的免税期。印度尼西亚的优惠政策正逐渐成为本国经济飞速发展的助推器。

---

① 《印尼对外商投资有何优惠政策》,载中国-东盟博览会网,http://www.caexpo.org/index.php? m = content&c = index&a = show&catid = 119&id = 236976,最后访问日期:2020 年 7 月 12 日。

② 《印度尼西亚对外国投资的优惠》,在中国-东盟矿业信息服务平台网,http://www.camining.org/ziliaoku/show.php? itemid = 762,最后访问日期:2020 年 7 月 12 日。

第三节　中国对印度尼西亚经贸投资法律风险分析

一、中国在印度尼西亚的投资情况

中国与印度尼西亚的贸易关系可以追溯至公元 7 世纪唐朝时期,中国南方百姓驾驶船舶往来于中国与印度尼西亚群岛之间,开展贸易活动并往来移居。在苏加诺统治初期,中国与印度尼西亚的经贸关系没有任何进展,这是由于印度尼西亚追随和依赖西方国家,参与美国主导的联合国贸易"禁运"政策。1953 年 8 月阿里内阁上台后,开始加快发展同中国的关系,印度尼西亚经济代表团于 1953 年 11 月首次访问中国,与中国正式签订《印度尼西亚与中国贸易协定》。自 21 世纪以来,中国与印度尼西亚关系不断改善,两国良好的政治关系在一定程度上推动了双方经贸关系的向前发展。双方高层领导人的多次互访,使两国的政治互信不断加强。同时,双方十分重视经贸合作的开展,相继签订了一系列促进双方经贸合作的协定,建立了相应的对话交流机制。[①]中国与印度尼西亚的友好合作关系,为中国投资者在印度尼西亚开展投资活动提供了良好的契机。

由图 3-1 可知,2021 年中国对印度尼西亚的直接投资流量为 43.72 亿美元。截至 2021 年底,中国对印度尼西亚的直接投资存量达 200.8 亿美元。将 2017 年和 2021 年的两组数据对比分析,可以发现,2021 年中国对印度尼西亚的直接投资流量较 2017 年增长了 160%,而 2021 年直接投资存量更是较 2017 年增加了 91%。虽然目前中国在印度尼西亚的直接投资流量和直接投资存量规模远小于新加坡,但随着印度尼西亚投资环境不断改善,中国企业越来越多地前往印度尼西亚投资,可以预见到中国对印度尼西亚的投资规模将稳步增长。

[①] 《印度尼西亚与中国的经贸关系》,载商务历史网,http://history.mofcom.gov.cn/? bandr＝ydnxyyzgdjmgx,最后访问日期:2020 年 7 月 13 日。

单位：亿美元

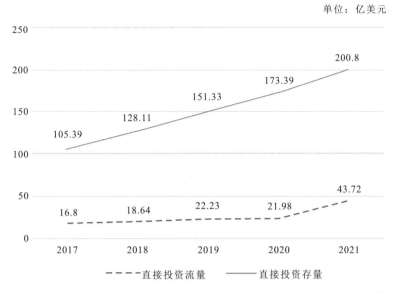

图 3-1　2017—2021 年中国在印度尼西亚的投资情况

注：根据《2021 年度中国对外直接投资统计公报》中的数据整理得出。

二、中国在印度尼西亚投资可能面临的风险与防范

(一)政治风险与防范

印度尼西亚自 1945 年独立以来便是一个具有典型特征的国家：一方面，印度尼西亚是东南亚人口最多的国家，国家性质更加趋向民主化，国内的政治体制、法律体制以及经济体制相对来说比较完善的国家，这就为外资进入印度尼西亚提供了相对稳定的投资环境；另一方面，印度尼西亚又是一个多民族、多宗教、多党派、多种族、多元文化并存的复杂社会，这无疑会增加政治风险，进而影响外国企业的投资热情。

中国企业对印度尼西亚的投资存在着一定的政治风险。因此，了解印度尼西亚存在的政治风险，并采取相应的措施规避以确保投资利润和目标的实现是很有必要的。中国企业在规避政治风险时，可以从以下几方面采取措施：第一，进行评估和投保。企业在进行投资前，应对印度尼西亚的政治环境进行全面评估，分析可能发生的政治风险，同时考虑是否需选择相关机构投保政治

风险。第二,实施本土化管理。企业在印度尼西亚经营时应该在生产、经营、销售、人事等各个方面做到与东道国经济、文化的融合,同时积极承担东道国的公民责任,服务于社会。第三,与印度尼西亚政府建立良好关系。企业要加强与印度尼西亚政府的沟通,在发生政治风险时要积极寻求当地政府的理解与支持,借助东道国政府的力量合力解决政治风险。此外,中国企业还应该充分了解印度尼西亚政党与工会对政府的影响力,要善于和其他政党以及当地工会打交道。[①]

(二)经济风险与防范

印度尼西亚的经济基础薄弱,偿还货款和贷款的能力较低,违约的可能性较高,基础设施项目本身存在工期长、成本高、回本周期长的特点。此外,由于对外资的高度依赖,印度尼西亚的流动性很容易受到国际流动性的变化而波动。目前,全球流动性趋紧,印度尼西亚通过政府对经济的干预来维护外汇稳定,维护投资者信心。印度尼西亚政府通过货币贬值来提振国内出口,刺激国内经济,因此,印尼盾贬值的风险相对而言较为明显。对于中国企业来说,汇率风险也值得重视。当前,中国企业在印度尼西亚开展项目合作时,合同价款通常由美元和部分的印尼盾构成,由于印尼盾的不稳定,使中国企业面临较大的汇率风险。

中国企业在投资印度尼西亚时,应当具备一定的资金实力和风险承受能力。中国在印度尼西亚的投资多集中于能源矿业类和基建设施类项目,而这两类项目都具有项目周期较长、证照手续繁多的特点,尤其矿产资源项目在印度尼西亚新矿业法出台后被要求原矿必须在本地建厂,经过加工后方可出口。另外,应降低存款损失的风险,中国企业在印度尼西亚开展项目时,应尽量将存款存于中国相关银行在印度尼西亚设立的支行。在当地银行存放的资金不应过多,能维持正常运营开销就行。[②]

(三)法律风险与防范

中国企业在印度尼西亚投资面临的法律风险主要体现在以下几个方面:

---

① 王楚楚:《中资企业在印度尼西亚投资的政治风险分析》,载《中国经贸导刊》2016年第5期。

② 《"一带一路"背景下中印尼合作:成果、问题与对策》,载华中师范大学印尼研究中心官网,http://www.cistudy.cn/html/4-5/5564.htm,最后访问日期:2020年7月13日。

首先,立法种类繁杂、稳定性不足。印度尼西亚的法律包括:1945年宪法、法律、政府规章、总统规章以及地区性规章。这五种法律具有不同位阶。除以上法律外还包括总统决定、部门规章和部门决定。各种立法之间存在许多的冲突和矛盾,导致立法的稳定性不足。其次,行政效率较低,腐败程度偏高。随着政府职能的扩大,印度尼西亚政府对经济的干预程度不断增加。高度集中的权力结构以及有效权力制约机制的缺乏,导致部分政府部门腐败现象比较严重。最后,司法机关对外国直接投资纠纷解决的救济不足。如果印度尼西亚法院认定外国仲裁机构的仲裁裁决违反本国法律的基本原则或公共利益,仲裁裁决则很有可能被认定为不具有执行力。

对于所面临的法律风险,企业可以从以下几个方面进行防范:第一,充分了解印度尼西亚的中央及地方有关投资的各类法律、法规、法令等规范性律规。中国企业应当避免在禁止投资的领域进行投资,而如果想要在限制投资的领域进行投资也要十分谨慎,因为这意味着需要更多的行政审批和许可,而且审批的级别一般会较高,难度也更大。第二,对于行政审批和许可的复杂和困难程度要有足够的认识。中国企业应多了解有关行政审批的情况,并考察合作方办理相关手续的能力。同时,应当在专业投资律师的指导下,了解项目实施过程中可能涉及的行政审批手续,并做出合理的时间预估。第三,充分利用我国签订的双边条约、自由贸易协议和国际条约中所规定的纠纷解决机制。根据不同情况进行选择,在双方协商合同的纠纷解决方式条款时充分利用对投资者保护较好的国际仲裁等方式作为双方的纠纷解决方式。此外,还应特别熟悉中国与东盟签订的投资协议中有关纠纷解决方式的规定,以便在东盟的纠纷解决机制框架内选择对中国投资者更为有利的纠纷解决途径。①

三、中国在印度尼西亚投资争端的解决

(一)协商

协商作为解决投资争端的重要方式之一,不仅规定在印度尼西亚本国的

---

① 何芳:《防范对外投资法律风险,促进云南"面向南亚东南亚辐射中心"定位实现——以越南、印度尼西亚为例》,载《创造》2019年第2期。

法律中,而且也规定在双边性的中国与印度尼西亚签订的《关于促进和保护投资协定》中以及区域性的《中国-东盟全面经济合作框架协议争端解决机制协议》中。投资者在发生争端时,应首先考虑通过协商的方式解决投资争端。

(二)调解

调解的功能和作用在于:第一,有利于更好地实现纠纷解决的公正性和合理性。调解在纠纷解决上既能符合或不违背法律规范,又能兼顾投资者与东道国之间未来可能的利益,并以各方当事人接受为目标。第二,有利于保证纠纷解决的和谐性和彻底性。调解具有纠纷解决方案选择上的多样性以及方式手段的灵活性,合意的达成是基于双方自主意志,促使纠纷往往能够得到实质性解决,因而具有纠纷解决上的和谐性和彻底性。第三,有利于更好地实现纠纷解决的经济性。由于投资者与东道国在纠纷的解决上达成了基于自主意志的合意,所以在绝大多数情况下都能较早地实现"案结事了",这就较大地节约了投资者的纠纷解决成本。[①] 因此,投资者应充分运用调解手段来解决争端,以维护自身的合法权益。

(三)仲裁

1999 年 8 月 12 日,印度尼西亚颁行了第 30 号法令《仲裁法和非讼纠纷解决程序》(以下简称《仲裁法》)。该法为非讼纠纷解决程序的制度化奠定了法律基础,一直施行至今。《仲裁法》规定,仲裁程序适用于商业领域的纠纷处理。商业领域可包括商事、银行、金融、资本投资、工业和知识产权等领域。仲裁当事人之间必须订立有效的仲裁协议。《仲裁法》第 12 条规定了仲裁员的资格:具有完全的民事行为能力;已满 35 周岁;与当事人不属于二代以内的血亲或姻亲;与仲裁裁决无经济利益或其他利害关系;从事仲裁工作满 15 年,且为该领域的专家。法官、检察官、法院职员或其他司法部门的官员不得成为仲裁员。此外,根据《仲裁法》,当事人可在仲裁协议中选定仲裁员。若当事人无法就仲裁员的选定达成一致意见,有管辖权的法院可以依法指定。当事人选

[①] 张立平:《为什么调解优先——以纠纷解决的思维模式为视角》,载《法商研究》2014 年第 4 期。

定的两名仲裁员有权选任第三名仲裁员作为首席仲裁员。[①]

(四)诉讼

印度尼西亚司法制度的基本原理仍然以荷兰殖民法和法典为基础,但在印度尼西亚独立后,政府进行了多次法律改革。解决纠纷的民事诉讼,以向有关法院提出索赔的方式启动。法律规定争议各方应首先通过调解解决纠纷。如果争议双方未能通过调解解决争议,法官将确定开庭日期,开始诉讼程序。任何诉讼文件都必须翻译成印度尼西亚语。同时,只有持有印度尼西亚律师协会颁发的律师执照的印度尼西亚律师才能在法庭上代表争议方。此外,需要注意的是,由于印度尼西亚不承认执行外国法院判决,所以争议各方必须提交新的法庭程序,整个案件必须根据印度尼西亚法律重新提起诉讼。不过,当此事在印度尼西亚重新诉讼时,外国法院的判决可以作为证据。[②] 鉴于印度尼西亚的司法体系仍不够健全,投资者可能无法充分维护自身合法权益,因此投资者在提起诉讼前应深思熟虑。

随着印度尼西亚投资环境的不断改善,中国企业越来越多地选择印度尼西亚作为投资目的地。但利益与风险往往并存,由于诸多因素的影响,中国企业在印度尼西亚投资时难免会遭遇一定风险,如政治风险、经济风险、法律风险等。企业在面对投资风险时应积极防范,尽可能减少投资损失。同时,对于投资争端,企业也应在遵守印度尼西亚法律法规的前提下,寻求合理途径解决。

[①] 陈玉云:《印度尼西亚纠纷解决首选方式:仲裁》,载《人民法院报》2016年6月3日版。

[②] 《企业对外投资国别(地区)营商环境指南——印度尼西亚(2019年版)》。

第四章

马来西亚经贸投资规则

马来西亚地处东南亚中心位置,位于印度洋和太平洋之间,扼守马六甲海峡,国土面积约 33 万平方公里。2022 年马来西亚人口约 3393.8 万,GDP 约 4063.6 亿美元,人均 GDP 约 11971.9 美元。在全球竞争力方面,2019 年马来西亚排第 27 名,在东盟国家中仅次于新加坡;在营商环境方面,马来西亚排第 12 名,较去年提升 3 名;在投资情况方面,截至 2021 年底,中国对马来西亚的直接投资存量为 103.5 亿美元。本章先是介绍马来西亚经贸投资发展基本情况,再重点分析马来西亚经贸投资规则,最后探析中国企业在马来西亚投资时可能面临的风险。

第一节　马来西亚经贸投资发展基本情况

本节主要从宏观经济、营商环境以及对外经贸关系三个方面分析马来西亚经贸投资发展基本情况。在分析马来西亚宏观经济时,主要从早期经济发展状况、当前经济发展状况以及产业发展状况三个角度入手并配合相关数据图表;在分析马来西亚营商环境时,主要从具体指标入手并通过与之前数据对比得出变化;在分析马来西亚对外经贸关系时,主要从对外贸易情况、对外投资情况以及吸收外资情况三个角度入手。

一、马来西亚宏观经济

(一)马来西亚早期经济发展状况

1957 年 8 月 31 日,马来亚联合邦独立。1966 年,马来西亚政府实施第一个五年计划。20 世纪 70 年代前,马来西亚经济以农业为主,依赖初级产品出口。70 年代以来不断调整产业结构,大力推行出口导向型经济,电子业、制造业、建筑业和服务业发展迅速。同时实施马来民族和原住民优先的"新经济政策",旨在实现消除贫困、重组社会的目标。[①]

马来西亚政府实施政策,收买外国公司,规定本国人应在公司企业中占有股权。但长期人为地限制外资不利于吸引外资。从 1981 年到 1985 年,外国投资总额为 18.9 亿林吉特,平均每年只有 3.8 亿林吉特。20 世纪 80 年代中期,因受世界经济衰退影响,马来西亚经济出现了困难。为了解决困难,政府采取了刺激外资和赤字等政策,以补充国内资本的不足,马来西亚于 1986 年又制订法规,放宽限制,给外资以更多的优惠。马来西亚政府为平衡财政收支,1986 年外债曾高达 510 亿林吉特。后经采取财政紧缩政策,到 1989 年底,政府对外债务余额降至约 155 亿林吉特。再加上 1970 年代以来就一直未停止过对产业结构的调整,马来西亚的经济从 1987 年开始持续高速发展,成为亚洲地区引人注目的新兴工业国之一。

1997 年亚洲金融危机的爆发使马来西亚遭受严重打击,经济损失估计超 2000 亿美元。当年马来西亚人均收入由 1996 年的 4764 美元降至 4623 美元。1998 年,金融危机的影响使马来西亚经济进一步恶化。全年经济负增长 7.4%,通货膨胀率上升,人均收入降至 3254 美元,利率高涨,贷款紧缩,资本紧缺,企业倒闭增加。面对日益恶化的经济形势,马哈蒂尔首相放弃了由安瓦尔副首相推行的依照国际货币基金组织的提高利率、放缓贷款的通货紧缩政策,转而推行发展性的宏观经济措施和宽松的货币政策。1998 年 9 月 1 日,马来西亚政府宣布实施外汇管制,美元兑林吉特汇率被固定在 1∶3.8。在免除了国际投机的威胁后,马来西亚政府着手推出一系列刺激经济增长、恢复经

---

① 《马来西亚经济状况》,载商务历史网,http://history.mofcom.gov.cn/? bandr＝mlxyjjzk,最后访问日期:2020 年 7 月 15 日。

济活力的措施。1999 年,全球经济环境好转,马来西亚经济逐步走上了复苏的道路,该年度经济增长率为 6.1%;由于经济情况好转,马来西亚政府开始谨慎地逐步放宽资金管制。1999 年 2 月 15 日,政府宣布以撤资税取代强制扣留外资的措施。[①]

(二)马来西亚当前经济发展状况

亚洲金融危机后,马来西亚经济逐渐走上复苏的道路,但国际市场的持续动荡则使高度外向型的马来西亚经济遭遇发展障碍,尤其是 2008 年全球经济低谷再次重创其出口业。并且,面对国际市场技术的更新,马来西亚出口商品过多集中于低附加值的初级产品,而一些技术含量高的产业则缺乏竞争力,这也大大降低了出口收益。2010 年 10 月 25 日,时任马来西亚总理纳吉布开始推行经济转型计划。该计划包括四大基础计划:以民为本、即刻表现、政府转型计划和新经济模式,并配合第十大马计划共同实施。该转型计划的实施有效促进了马来西亚经济的增长。[②]

表 4-1　2018—2022 年马来西亚宏观经济情况

年份	GDP/亿美元	GDP 增长率/%	人均 GDP/美元
2018	3587.89	4.84	11073.98
2019	3651.78	4.41	11132.10
2020	3373.39	−5.53	10160.83
2021	3729.81	3.09	11109.27
2022	4063.06	8.69	11971.93

注:根据世界银行公布的数据得出。

由表 4-1 可知,2018—2019 年马来西亚的 GDP 年度增长率维持在 4%～5% 的水平。2020 年,受世界新冠疫情的影响,马来西亚 GDP 增长率为 −5.53%。根据马来西亚国家统计局公布的数据,2021 年 GDP 增长率回升至 3.09%,其中第一季度 GDP 同比增长 0.5%,第二季度 GDP 同比增长

---

① 陈江生:《马来西亚经济的发展及其启示》,载《中共石家庄市委党校学报》2007 年第 9 期。

② 闫森:《马来西亚经济转型计划的实施与成效》,载《亚太经济》2012 年第 4 期。

16.1%,第四季度 GDP 同比增长 3.6%,扭转了第三季度下降 4.5%的局面,也高于市场普遍预期的 3.3%涨幅。2021 年 GDP 总量为 3729.81 亿美元,较上年增加 356.42 亿美元;2021 年人均 GDP 为 11109.27 美元,较上年增加 948.44 美元,增长幅度较大。2022 年 GDP 总量首次突破 4000 亿美元,达 4063.06 亿美元,同比增长 8.69%。[①]

根据世界经济论坛发布的《2019 年全球竞争力报告》,马来西亚在 2019 年全球竞争力排名中以 75 的综合得分排第 27 名,在东盟国家中仅次于新加坡。马来西亚在产品市场、劳动力市场、金融体系以及商业活力四项指标上均位列前 20 名(包括第 20 名)。马来西亚在金融体系方面表现最佳,得分 85 分,排第 15 名;在健康方面表现最差,得分 81 分,排第 66 名。在宏观经济稳定性方面,马来西亚得分 100 分,排第 35 名,表现较为突出。

(三)马来西亚产业发展状况

马来西亚产业结构转型过程大致可以划分为三个阶段:劳动密集型工业发展阶段、资金技术密集型工业发展阶段以及现代服务业和高新技术产业阶段。第一阶段,劳动密集型工业发展阶段。该阶段可细分为两个时期:第一个时期,1957—1967 年实施进口替代工业化战略时期;第二个时期,1968—1979 年实施出口导向工业化战略时期。进口替代工业化战略极大地促进了经济的增长,1957—1967 年间马来西亚的平均实际 GDP 增长率超过 6%。进口替代发展战略虽然使得国内工业获得了一定程度的发展,但由于社会贫富差距大,人均消费能力低,国内市场很快达到了饱和,不能再进一步促进本国工业的发展。此外,由于资金紧缺和工业技术水平低,政府开始施行以外需为主的出口导向型工业化战略。第二阶段,资金技术密集型工业发展阶段。20 世纪 80 年代中后期发达国家开始把资本技术密集型产业的部分工序转移到发展中国家,借此机会,马来西亚的资本技术密集型工业获得了发展所需的资金和技术,实现了较快的发展。这一时期的电子产业发展最为迅猛,汽车工业也从无到有地发展起来。第三阶段,现代服务业和高新技术产业阶段。2009 年,马来西亚政府提出把传统制造业发展为创新、知识、科技型制造业即"超越制造业"发展模式,以此来提高人们收入并推动经济发展。2017 年,马来西亚政府

---

① 世界银行数据,http://www.data.worldbank.org.cn,最后访问日期:2023 年 7 月 25 日。

推出了《马来西亚生产力蓝图》计划和"2050 国家转型计划",指出要加大吸引外资的力度,引导外资投资到服务业、采矿业和制造业领域,并把工业 4.0 纳入经济转型蓝图,努力实现自动化,减少对外国工人的依赖。[①] 马来西亚的产业结构转型较为成功,从低附加值的劳动密集型工业,过渡到资金技术密集型工业,再最终过渡到高附加值的现代服务业和高新技术产业。这一循序渐进的产业结构调整方式值得处于产业结构转型期的国家学习借鉴。

2022 年,马来西亚农业产值为 1598 亿林吉特,同比增长 7.8%,占 GDP 比重达 8.9%。马来西亚农产品以经济作物为主,主要有棕榈油、橡胶、稻米、胡椒、菠萝以及茶叶等。2022 年,马来西亚采矿业产值 1769 亿林吉特,同比增长 42.2%,占 GDP 比重达 9.9%。马来西亚采矿业以开采石油、天然气为主。2022 年,马来西亚制造业产值为 4191 亿林吉特,同比增长 15.7%,占 GDP 比重达 23.4%。制造业是马来西亚国民经济发展的主要动力之一,主要产业部门包括电子、石油、机械、钢铁、化工及汽车制造。2022 年,马来西亚建筑业产值 608 亿林吉特,同比增长 9.2%,占 GDP 比重达 3.4%。2022 年,马来西亚服务业产值为 9560 亿林吉特,同比增长 13.6%,占 GDP 比重达 53.4%。[②] 服务业是马来西亚经济中最大的产业部门,吸收就业人数占马来西亚雇用员工总数的 60.3%。其中,旅游业是服务业的重要部门之一。2018 年,马来西亚吸引游客 2583 万人次,游客人次排名前六的国家依次为新加坡、印度尼西亚、中国、泰国、文莱以及韩国。[③]

二、马来西亚营商环境

根据世界银行发布的《2020 年营商环境报告》,马来西亚在 2020 年全球营商环境排名中综合得分 81.5 分,排第 12 名,在东盟国家中仅次于新加坡。马来西亚的得分从上年的 80.6 分升至 81.5 分,排名也从上年的第 15 名升至

---

① 吴崇伯、单苏:《马来西亚产业结构转型研究》,载《广西财经学院学报》2019 年第 5 期。

② 马来西亚统计局官网,http://www.statistics.gov.my,最后访问日期:2023 年 5 月 22 日。

③ 《马来西亚概况——宏观经济》,载中华人民共和国驻马来西亚大使馆经济商务参赞处网,http://my.mofcom.gov.cn/article/ddgk/201407/20140700648581.shtml,最后访问日期:2020 年 7 月 15 日。

第 12 名。从具体指标来看,马来西亚在办理施工许可证、获得电力和保护少数投资者三项指标上均排名前十,但在开办企业上排第 126 名,较为靠后。

接下来主要分析下马来西亚表现较好的三项指标:第一,在办理施工许可方面,马来西亚得分 89 分,排第 2 名,较 2019 年上升 1 名。办理施工许可平均要办理 9 个手续,较去年减少 2 个;所需时间为 53 天,较去年缩短 1 天。建筑质量控制指数为 13 分(满分 15 分)。第二,在获得电力方面,马来西亚得分 99.3 分,排第 4 名,与 2019 年排名持平。获得电力平均要办理 3 个手续,需 24 天,较去年维持不变。供电可靠性和电费透明度指数为 8 分(满分 8 分)。第三,在保护少数投资者方面,马来西亚得分 88 分,排第 2 名,与 2019 年排名持平。披露程度指数为 10 分(满分 10 分),董事责任程度指数为 9 分(满分 10 分),股东诉讼便利度指数为 8 分(满分 10 分),股东权利指数为 5 分(满分 6 分),所有权和管理控制指数为 6 分(满分 7 分),公司透明度指数为 6 分(满分 7 分)。

三、马来西亚对外经贸关系

(一)马来西亚对外贸易情况

据世界银行统计,2022 年马来西亚货物进出口总额为 6469.31 亿美元,同比增长 20.32%。其中出口额为 3525.01 亿美元,同比增长 17.73%;进口额为 2944.30 亿美元,同比增长 23.59%;贸易顺差额为 580.71 亿美元,同比下降 5.09%。[1]

在国别和地区方面,2021 年马来西亚对中国内地、新加坡、美国和中国香港地区的出口额分别占马来西亚出口总额的 15.5%、14.0%、11.5% 和 6.2%,出口额分别为 1920 亿林吉特、1734 亿林吉特、1422 亿林吉特和 766 亿林吉特。同期自中国、新加坡、中国台湾地区和美国的进口额分别占马来西亚进口总额的 23.2%、9.5%、7.6% 和 7.6%,进口额分别为 2290 亿林吉特、937 亿林吉特、752 亿林吉特和 749 亿林吉特。[2]

在商品方面,电子电器产品、石油产品、棕榈油及制品是马来西亚主要出口产品,2021 年出口额分别为 4557 亿林吉特、956 亿林吉特和 758 亿林吉特,分别

---

① 世界银行数据,http://www.data.worldbank.org.cn,最后访问日期:2023 年 7 月 25 日。

② 《商务部对外投资合作国别(地区)指南——马来西亚(2022 年版)》。

占马来西亚出口总额的 36.5%、7.7% 和 6.1%,同比分别增长了 18.0%、54.6% 和 44.9%。电子电器产品、化工及化学产品和石油产品是马来西亚前三大进口商品,2022 年进口额分别为 3143 亿林吉特、965 亿林吉特和 896 亿林吉特,同比分别增长 24.3%、29.9% 和 49.3%。[①]

(二)马来西亚对外投资情况

联合国贸发会议发布的《2023 年世界投资报告》显示,2022 年马来西亚对外直接投资流量为 133.2 亿美元,较上年增长 86.46 亿美元,增幅达 184.90%。截至 2022 年年末,马来西亚对外直接投资存量为 1376.55 亿美元,较上年仅增长 67.78 亿美元。[②]

(三)马来西亚吸收外资情况

马来西亚的投资环境优势集中体现在以下三个方面:其一,政府的支持性政策。马来西亚政府承诺维护商业环境并促使企业成长和盈利,是吸引投资者进入马来西亚的主要因素。马来西亚实行投资自由政策,并对制造类项目出台了极具吸引力的税收优惠政策,包括新兴工业的所得税减免、投资免税、再投资免税、高科技行业优惠、运营总部优惠等政策。其二,良好的商业环境。马来西亚发达的金融业巩固了其作为亚洲出口基地的地位。马来西亚政府在位于婆罗洲西北海岸的纳闽岛成立了纳岛国际金融贸易中心,作为马来西亚金融体系的有力补充。在纳闽岛的企业可以享受低税率优惠和保密性政策支持。其三,完备的基础设施。近些年来,马来西亚政府不断建设和优化当地基础设施,已成为亚洲新兴工业化国家中拥有最先进基础设施建设的国家之一。马来西亚不但拥有良好的高速公路网,而且其国际机场也拥有先进的航空运输设施。此外,在通信行业成功私有化转型后,近十年来马来西亚的通信网络也实现了突飞猛进的发展和提升。[③] 当然,除了以上三大优势外,马来西亚在地理位置、自然资源、劳动力资源等方面也具有一定优势。

2019 年上半年,马来西亚制造业、服务业和初级产业吸引投资总额为 920

[①] 《商务部对外投资合作国别(地区)指南——马来西亚(2022 年版)》。

[②] 《2023 年世界投资报告》,载联合国贸易和发展会议,https://worldinvestmentreport.unctad.org/world-investment-report-2022/,最后访问日期:2023 年 4 月 27 日。

[③] 马伟、余菁、谭丽君等:《马来西亚投资环境与税制介绍》,载《国际税收》2019 年第 8 期。

亿林吉特。其中,国内投资额为 425 亿林吉特,外国投资额为 495 亿林吉特,外国投资额较 2018 年上半年的 251 亿林吉特增长了 97.2%。2019 年上半年的批准投资总额涉及了 2554 个项目,并且为国内创造 59542 个就业机会。在制造业方面,共吸引外资 251 亿林吉特,其中美国的投资额占据了外资当中的 117 亿林吉特,接下来依次为中国(48 亿林吉特)、新加坡(31 亿林吉特)、日本(21 亿林吉特)以及英属维尔京群岛 14 亿林吉特;在服务业方面,共吸引外资 224 亿林吉特;在初级产业方面,共吸引外资 20 亿林吉特,主要涉及采矿业、种植业以及农业等。[①] 从整体上看,虽然 2019 年全球经济市场不确定性加剧,但马来西亚吸收外资的能力并没有因此而减弱,依然表现不凡。

虽然亚洲金融危机的爆发使马来西亚经济受到严重打击,但由于政府及时采取了一系列措施,马来西亚经济得以重新步入正轨。2010 年,时任马来西亚总理纳吉布开始实施经济转型计划以帮助马来西亚走出 2008 年经济危机的影响。实践证明,该计划确实有效刺激了马来西亚的经济增长。马来西亚的产业结构从最先的劳动密集型工业发展阶段,转变到资金技术密集型工业发展阶段,并最终进入当前的现代服务业和高新技术产业阶段。产业结构的成功转型极大地促进了马来西亚经济的发展,而国家经济发展水平的提高也带动了人们生活水平的提高。此外,凭借着政府的支持性政策、良好的商业环境以及完备的基础设施,马来西亚吸收了大量外资以发展本国经济。

第二节 马来西亚经贸投资规则分析

一、马来西亚外商投资的相关法律

(一)投资法

目前,马来西亚尚没有一部统一专门管理外国投资的法律。其中,1986

[①] 《马来西亚投资发展局:上半年批准 920 亿马币投资》,载中华人民共和国驻马来西亚大使馆经济商务参赞处网,http://my.mofcom.gov.cn/article/jjdy/201908/20190802892925.shtml,最后访问日期:2020 年 7 月 16 日。

年颁布的《投资促进法》是马来西亚在投资促进方面最重要的法律,该法随着实践的发展进行了几次修改,最近的一次修改是在 2014 年。《投资促进法》自 1986 年 1 月 1 日起生效,并对 1987 年课税年度及以后各课税年度生效。《投资促进法》规定投资优惠措施以直接或间接税赋减免形式出现,直接税激励指对一定时期内所得税进行部分或全部减免,间接税激励则以免除进口税、销售税或消费税的形式出现。[①] 《投资促进法》在序言部分写道:该法是为促进马来西亚工业、农业和其他商业公司在马来西亚的建立和发展,促进出口,以及为附带和相关目的而制定的一项法案。与外国投资有关的主要法律法规均会公布,投资者可通过马来西亚总检察长会议厅的官方网站、马来西亚《联邦公报》等途径进行查阅。

(二)公司法

依《公司法》的规定,在马来西亚经商的方式主要包括:独资经营;2 人或以上(但不超过 20 人)合伙企业;本地注册公司或依据 1965 年《公司法》注册的外国公司。在马来西亚,一切独资及合伙企业均须依 1956 年《商业注册法》向马来西亚公司委员会登记。合伙经营的合伙人于企业资金不足时,须共同及个别负责企业的债务及承担。合伙经营的合伙人可以拟定一份正式的合伙契约来管束合伙人之间的权利及承担,但这并非强制性的。《公司法》规定了以下三种公司:一是股份有限公司,其成员的个人承担只限于股票的面值与其所持有或同意认购的股份额;二是担保有限公司,即当公司清盘时,成员保证承担的债务,以公司组织大纲和章程所指定的为限;三是无限公司,其成员的债务无限。外国公司可在马来西亚通过两种方式经营,即注册本地公司或登记外国分公司。依据《公司法》规定,"外国公司"是指马来西亚境外注册的公司、企业、社团、协会或其他团体。对于未注册的社团、协会或其他团体,只要根据其原注册国的法律可以起诉或被起诉以及在马来西亚没有其总行或主要营业地点,也可以成为外国公司。同时,有意在马来西亚经商或设立营业场所的外国公司须向公司委员会登记。[②]

---

① 《"一带一路"投资指南:马来西亚投资法律规则与实践(上)》,载人民网,http://gx.people.com.cn/n/2015/0910/c373006-26316749.html,最后访问日期:2020 年 7 月 17 日。

② 《公司法》,载马来西亚中国商务理事会网,http://www.mcbc.com.my/company-law,最后访问日期:2020 年 7 月 17 日。

（三）竞争法

马来西亚《竞争法》的目的旨在通过推进和保护竞争的过程,促进经济发展,进而捍卫消费者的利益,并提供与之相连的事项。该法适用于在马来西亚境内外所有影响马来西亚市场竞争的商业活动,但是受管制于其他特殊法令的商业活动除外。《竞争法》禁止限制竞争协议、联合行为和滥用市场支配地位等事项。《竞争法》第 4 条禁止企业之间有目的或显著阻止、限制或扭曲任何商品或服务市场竞争的横向和纵向协议。以下行为均视为反竞争的横向协议:固定购买或销售价格或任何其他交易条件;共享市场或供应来源;限制或控制生产、市场出口或市场渗透、技术或科技的发展或投资;串通投标。"支配地位"是指一个或多个企业在没有竞争对手或潜在竞争对手约束下,对市场的价格调整和交易条件具有显著影响。《竞争法》明文注明市场份额不能针对企业是否占主导地位下定论。虽然《竞争法》没有定义"滥用支配地位",但有提供能构成滥用支配地位的清单,然而这份清单却不构详尽。如果企业的行为已构成违反法令的行为,马来西亚竞争委员会可在它认为合适的情况下,下达命令立即停止违反行为,罚款或给予任何其他指令。《竞争法》授权马来西亚竞争委员会针对触犯禁令的企业,在违反法令的这段时间,被罚款高达该企业全球营业额的 10％罚款款项。[①]

（四）合同法

马来西亚最早的《合同法》可追溯至 1950 年,目前其国内适用的为 1974年修订后的版本。《合同法》规定,要约和承诺是合同成立的条件。就要约而言,基于对价的要求,《合同法》与普通法一样仍采用要约对要约人无约束力的原则,即要约人在受要约人发出承诺前都可撤销要约。而就承诺的生效时间,《合同法》的规定是承诺人在承诺通知到达要约人前可以撤销承诺。在合同的效力问题上,《合同法》仍然坚持对价原则。按照《合同法》第 26 条的规定,无对价的合同原则上是无效的,除非合同采用了书面形式,或者是对已做某事的补偿允诺,或是对已过诉讼时效的债务的偿还允诺。现代市场经济国家都坚持合同自由原则。因此,如果在合同缔结过程中存在缔约不自由时,所订立的

---

① 《竞争法》,载马来西亚中国商务理事会网,http://www.mcbc.com.my/faq/competition-law,最后访问日期:2020 年 7 月 17 日。

合同效力就会受到影响。《合同法》第 14 条规定,因胁迫、不当影响、欺诈、虚假陈述、错误而订立的合同是不自由的。就不自由的合同,按照第 19 条的规定属于可撤销的合同。此外,《合同法》第 19 条还规定,如果不自由的一方当事人认为,此时的合同是合适的,则其可以坚持合同应得以履行。这与尽可能维持合同效力、促进交易完成的立法思想相契合。[①]

(五)税法

马来西亚现行税种主要有公司所得税、个人所得税、不动产利得税、石油所得税、销售税、印花税、暴利税、服务税和关税等。一般而言,马来西亚采用"属地"管理原则。纳税人取得的来源于马来西亚境外的收入免征公司所得税,从事商业银行、保险、海运及空运业务的居民企业除外。企业在马来西亚按其应税收入和现行税率 24% 计算缴纳公司所得税。自 2014 年起,企业纳税申报表须基于审定的账目进行编制。在马来西亚注册成立,且实收资本低于 250 万林吉特的中小型企业,应税收入等于或低于 50 万林吉特的部分,适用 18%(自 2019 年起,税率降低为 17%)的优惠税率,超过 50 万林吉特的部分,适用 24% 的公司所得税税率。企业在一个纳税年度内首次开展经营活动,应按规定填写预缴申报表,并于经营活动开始之日起 3 个月内将申报表报送税务局官员核查。若企业在纳税年度内首次开展经营活动且经营期限不足 6 个月,则无须向税务局报送预缴申报表或预缴税款。在之后的纳税年度,企业须在该年度开始前 30 日内报送预缴申报表。企业可在一个纳税年度内进行两次预缴申报表的修改和调整,通常在第 6 个月和第 9 个月进行调整。上述调整后须重新上报预缴申报表。中小型企业首次在一个纳税年度开展经营活动,无须报送自开始经营之日起两年内的预缴申报表或预缴税款。但在实际操作中,中小型企业应向税务局报送零应纳税额的声明,以证明其仍处于中小型规模状态。[②]

[①] 黄忠:《马来西亚合同法论纲》,载《东南亚纵横》2013 年第 5 期。

[②] 马伟、余菁、谭丽君等:《马来西亚投资环境与税制介绍》,载《国际税收》2019 年第 8 期。

二、马来西亚外商投资的市场准入

(一)市场准入的范围

针对不同行业的外商投资,马来西亚设置不同的政府部门进行具体管理。马来西亚负责外资管理的主要机构包括国际贸易和工业部、外商投资委员会以及国际贸易和工业部下属的投资发展局。在外资管理分工方面,国际贸易和工业部主要负责本国国际贸易和投资政策的制定,具体管理国内重大的外商投资工业项目的审核工作。投资发展局全面负责本国制造业和服务业领域的外资项目管理工作。

马来西亚工业领域的对外开放往往和马来西亚不同时期所采取的法律制度和经济政策紧密相关。2001 年,马来西亚制订第三个远景计划纲要,进一步放宽对外资的限制,增加外资进入的领域,放宽外商投资企业的股东构成限制。2001 年至 2015 年期间,马来西亚政府多次在小范围内调整外资在工业领域内的投资制度。例如,2009 年马来西亚废除了外商投资委员会制订和实施的外商投资指引规则,规定有关马来西亚地方公司的股份交易、兼并和收购业务不再需要外商投资委员会的审批。在新经济模式框架下,马来西亚以创新机制、高附加值资源发展为基础,促进马来西亚从中等收入国家向高收入国家迈进。经过多年发展,马来西亚的教育培训、生态旅游、养生旅游、绿色技术、金融服务、创新服务等服务业得到了快速发展。为了吸引更多的外资投资马来西亚服务业,2009 年 4 月 22 日马来西亚政府进一步采取宽松政策,扩大服务领域的对外开放范围和开放程度。通过吸收更多的先进技术和管理经验,促进马来西亚服务业在国际社会的整体竞争能力和水平。考虑到服务业经济发展对马来西亚国民经济的重要性,马来西亚政府决定开放 27 个具体服务业务,并取消这 27 个服务业务中对外资股权的限制,允许外资可以拥有完全股权。这些具体服务业务分别属于健康和社会服务、旅游服务、交通服务、商业服务和计算机及相关服务。

马来西亚对外资投资范围的限制,主要集中在服务领域。考虑到服务行业的特殊性,马来西亚在敏感服务行业的对外开放方面,仍然采取谨慎态度。除了国内较为成熟的服务行业外,马来西亚对外资规定了严格的限制条件。主要表现在:一是规定了较为苛刻的审核批准程序,外资在申请进入被马来西亚列为限制类服务行业时,往往会经过多个不同部门的审核;二是业务范围的限制,如在法律服务领域,马来西亚法律不允许外国律师从事有关马来西亚法律事务的服务活动,不能通过马来西亚当地律师事务所或使用其所在国律师事务所名称提供法律服务,外国律师只能通过经依法注册成立的合资律师事务所向当事人提供国际法或者其国籍国的相关法律咨询服务;三是持股比例限制,外国投资者获准可以投资马来西亚加以限制的服务行业,其持股比例也往往受到一定的限制。如在金融、保险、电信、直销及分销等服务领域,一般外资持股比例不能超过 30%或 50%。[①]

(二)投资方式

马来西亚投资发展局成立于 1967 年,是马来西亚主要的投资促进政府机构。投资发展局主要负责监督和推动对马来西亚制造业和服务业的投资,协助有意在制造业和服务业进行投资的公司,并促进其项目的实施。投资发展局提供的服务包括提供有关投资机会的信息,以及为正在寻找合资伙伴的公司提供便利。[②] 外国投资者在马来西亚进行投资,主要涉及以下三种方式:第一,直接投资。外商可直接在马来西亚投资设立各类企业,开展业务。直接投资包括现金投入、设备入股、技术合作以及特许权等。第二,跨国并购。马来西亚允许外资收购本地注册企业股份,并购当地企业。一般而言,在制造业、采矿业、超级多媒体地位公司、伊斯兰银行等领域,以及鼓励外商投资的五大经济发展走廊,外资可获得 100%股份;马来西亚政府还先后撤销了 27 个服务业分支领域和上市公司 30%的股权配额限制,进一步开放了服务业和金融业。外资在马来西亚开展并购,不同领域由相关政府主管部门决定,例如制造业由贸工部批准,国内贸消部负责直销、零售批发业,国家银行及财政部负责金融业,包括银行、保险等,通信及多媒体部负责电信业。并购价值超过 2000万林吉特的,还需要经过经济计划署批准。2012 年实施的《竞争法》是马来西亚维护公平竞争、防止垄断的法令,该法令由马来西亚竞争委员会执行,在马

---

① 鲁学武:《马来西亚外资准入限制及其法律风险防范》,载《常州大学学报》2017 年第 4 期。

② 《马来西亚投资发展局北京办事处》,载中国对外投资合作洽谈网,http://www.codafair.org/index.php? m＝content&c＝index&a＝show&catid＝193&id＝1891,最后访问日期:2020 年 8 月 15 日。

来西亚开展的相关并购活动也受该法律的制约。第三,股权收购。马来西亚股票市场向外国投资者开放,允许外国企业或投资者收购本地企业上市,2009年时任马来西亚总理纳吉布宣布取消外资公司在马来西亚上市必须分配30%本地人股权的限制,变为规定的25%公众认购的股份中要求有50%分配给本地人,即强制分配给本地人的股份实际只有12.5%;此外,拥有多媒体超级走廊地位、生物科技公司地位以及主要在海外运营的公司可不受本地人股权须占公众股份50%的限制。纳吉布同时废除外资委员会的审批权,拟在马上市的外资公司直接将申请递交给马来西亚证券委员会。① 中国企业在投资马来西亚时,应当结合自身的实际情况,选择适当的投资方式。

三、马来西亚外商投资的优惠政策

(一)税收优惠政策

马来西亚有收入免税和允许税前扣除等多种税收优惠政策,这些税收优惠几乎覆盖了所有主要产业。② 作为一个新兴的多元化经济国家,马来西亚的税收优惠政策对近年来的经济发展和转型具有重要的推动作用。马来西亚税收优惠政策具有以下特点:一是税收优惠政策具有连续性;二是税收优惠覆盖范围广、支持力度大;三是税收优惠以企业所得税为主,注重促进产业升级;四是税收优惠政策相互配合;五是普惠激励与特惠激励相结合。马来西亚政府为优先发展工业、吸引投资和促进结构转型,制定了详细、广泛的税收鼓励措施。总体上,马来西亚的税收优惠以直接优惠为主,间接优惠为补充。具体来看,其直接优惠包括减税、免税、退税等。间接优惠方式有投资抵免、加速折旧、费用抵扣等。从税种来看,主要对所得税、房地产盈利税、印花税、进口关税、消费税进行优惠;从行业来看,主要集中在制造业、高科技产业、能源、伊斯兰金融及保险、旅游业、教育、清真食品业等方面。③ 马来西亚近些年经济得

---

① 《马来西亚投资法律指南》,载中国国际贸易促进委员会网,http://www.ccpit. org/Contents/Channel_4128/2017/1130/924457/content_924457.htm,最后访问日期:2020年7月18日。

② 王素荣:《马来西亚和泰国的税收政策比较研究》,载《国际商务财会》2019年第6期。

③ 李妍、杨晓婷:《马来西亚税收优惠概览》,载《国际税收》2015年第11期。

以迅速发展,在一定程度上也归因于其实施的税收优惠政策。

(二)行业鼓励政策

第一,鼓励清真食品业。马来西亚行业鼓励政策规定,凡生产清真食品的公司,自符合规定的第一笔资本支出之日起5年内所发生符合规定资本支出的100%可享受投资税赋抵减。第二,鼓励多媒体超级走廊公司。为了成为全球信息与通信技术产业的中心,马来西亚政府于1996年创建了信息与通信技术计划,即多媒体超级走廊。所有取得多媒体超级走廊地位的公司都可享受马来西亚政府提供的一系列财税、金融鼓励政策及保障,主要包括:提供世界级的硬体及资讯基础设施;无限制地聘请国内外知识型雇员;公司所有权自由化;长达10年的税收豁免政策或五年的财税津贴等。第三,鼓励生物科技业。马来西亚2007年财政预算报告宣布了一系列新举措,鼓励在生物科技领域的投资,推动生物科技的发展。投资鼓励政策包括:生物科技公司从首年盈利开始,免交10年所得税;从第11年开始缴纳20%的所得税,优惠期仍为10年;在生物科技领域进行投资的个人和公司,将减去与其原始资本投资相等的税收,并获得前期的融资支持;生物科技公司在进行兼并或收购时,可免征印花税,并免交5年的不动产收益税;用于生物科技研究的建筑物可获得有关的工业建筑物津贴。第四,鼓励电商业。马来西亚在2017年财政预算案中公布数码自贸区计划,积极推动各项活动,如电子商务生态系统、数码创客运动,并推出新地标,如马来西亚数码枢纽。①

(三)地区鼓励政策

近年来,马来西亚政府鼓励外资政策力度逐步加大,为平衡区域发展,陆续推出五大经济发展走廊,基本涵盖了西马半岛大部分区域以及东马的两个州,凡投资该地区的公司,均可申请5～10年免缴所得税,或5年内合格资本支出全额补贴。自2006年推行经济走廊计划以来,五大经济走廊已吸引投资264.5亿林吉特,创造了13.2万个工作机会。其中伊斯干达发展区吸引投资额最高,达83.4亿林吉特,创造了5.6万个工作机会;北部经济走廊吸引投资

---

① 《马来西亚对外国投资有何优惠》,载中国-东盟商务理事会网,http://www.china-aseanbusiness.org.cn/index.php? m = content&c = index&a = show&catid = 12&id = 26374,最后访问日期:2020年7月18日。

68.9 亿林吉特,创造了 2.6 万个工作机会;东海岸经济区吸引投资 51.4 亿林吉特,创造了 2.7 万个工作机会;沙巴发展走廊吸引投资 54.2 亿林吉特,创造了 1 万个工作机会;沙捞越再生能源走廊吸引投资额 8.3 亿林吉特,创造了 1.3 万个工作机会。马来西亚总理府副部长迪瓦马尼表示,经济走廊计划不仅通过投资发展使该区人民受益,还通过开展人力资源培训提升当地居民的经济生活水平。[①] 除了五大经济特区,马来西亚政府于 2010 年 9 月 25 日推出的大吉隆坡计划也是重要的地区鼓励政策之一。

马来西亚关于外商投资的法律主要有《投资法》《公司法》《竞争法》《合同法》《税法》等。中国企业在马来西亚投资时,应自觉遵守马来西亚当地的法律法规,在法律范围内开展投资活动。同时,中国企业应了解马来西亚的市场准入范围,并选择合适的投资方式进入马来西亚市场。为了实现投资利益的最大化,企业应密切关注马来西亚政府出台的优惠政策,并充分利用这些优惠政策。

第三节　中国对马来西亚经贸投资法律风险分析

一、中国在马来西亚的投资情况

早在公元 1 世纪,中国与马来西亚就开始了友好交往,当时中国先人携带瓷器到达马来半岛南部,与当地居民进行了最早的商品交换。从 19 世纪初到 1957 年马来亚联合邦独立这一个半世纪里,英国殖民者从中国广东、福建引入约 900 万名华工到马来亚拓荒,种植橡胶,开采锡矿,修建港口、公路、铁路、桥梁,后来大部分人留居当地,逐渐形成了一定规模的华侨社会及华侨经济活动。最初受到政策、资本等的限制,华侨经济局限于生产行业和中小型零售业,随着华侨社会经济的发展,对金融的高需求促使华侨开始涉足金融行业,打破了西方资本对银行业的垄断,为后期发展中马经贸关系打下了坚实的基础。1999 年 5 月 31 日中马建交 25 周年之际,两国签署了《关于未来双边合作框架联合声

---

① 《马来西亚对外国投资的优惠》,载国际投资贸易网,http://www.china-ofdi.org/ourService/0/617,最后访问日期:2020 年 7 月 18 日。

明》,决定在政治、经济、文化、教育、军事及其他领域深化合作,建立两国面向 21 世纪的全方位睦邻友好合作关系。无论是中国对马来西亚而言,或是马来西亚对中国而言,其重要性都不断提高,双方政府都致力于进一步加强相互之间的贸易、投资和经济合作等经贸关系。随着 2010 年中国-东盟自贸区的建成以及"一带一路"倡议的推进实施,双方的经贸关系将会越发紧密。[①]

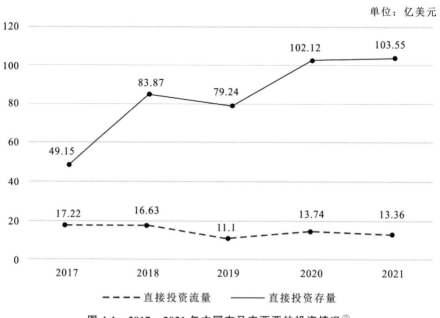

图 4-1　2017—2021 年中国在马来西亚的投资情况[②]

由图 4-1 可知,2021 年中国对马来西亚的直接投资流量达 13.36 亿美元。截至 2021 年年末,中国对马来西亚的直接投资存量达 103.55 亿美元。在直接投资流量方面,2019 年从 16.63 亿美元减少至 11.1 亿美元,减少了 5.5 亿美元,2020 年缓慢回升;在直接投资存量方面,2018 年变化最大,中国对马来西亚的直接投资存量从 2017 年的 49.15 亿美元增长至 83.87 亿美元,增长了 34.72 亿美元,增长幅度达 71%。

---

① 《马来西亚与中国的经贸合作》,载商务历史网,http://history.mofcom.gov.cn/? bandr=mlxyyzgdjmhz,最后访问日期:2020 年 7 月 19 日。

② 根据《2021 年度中国对外直接投资统计公报》中的数据整理得出。

二、中国在马来西亚投资可能面临的风险与防范

(一)政治风险与防范

在政治风险方面,最为突出的问题是联邦政府与州政府的矛盾不断加深。马来西亚是联邦制国家,原则上各州政府具有一定的权力,但其实该联邦制是偏向中央集权的联邦制,大部分权力都集中在联邦政府手里。尤其20世纪70年代"新经济政策"实施以来,联邦政府进一步控制了财政大权和公共服务体系,各州政府已无权自行支配税收,只能依靠出售土地来换取一些资金。而处在矛盾另一端的各州又具有一些独特的政治资源,可以用来抗衡联邦。马来西亚宪法规定由全民大选产生总理,但其只是行政机关的领袖。与此同时马来西亚宪法也规定由各州苏丹和另外四个州的州元首在马来西亚统治者会议中依君主制遴选制产生最高元首。这样一来,就形成了联邦和各州的政治权力拉锯和经济利益分歧互为因果、循环加剧的局面。

企业在进行投资时,应符合马来西亚当地政府的相关政治诉求,这样企业的经济利益才能被保证。例如,投资较为成功的关丹工业园区项目,该项目为东部地区创造了不少就业机会,东铁项目经过马来人密集的三个州,连接起经济落后的城镇和乡村。对于这种投资方式,无论是曾经比较威权的巫统,还是现在自诩民主的希望联盟都会赞许。此外,企业在选择具体的投资地区时要尽量回避马来西亚联邦和各州关系的敏感区。①

(二)经济风险与防范

经济风险的表现形式为经济增长波动、通货膨胀、汇率变动以及发生金融风险等。汇率风险是指汇率波动对企业投资造成不稳定,通货膨胀风险指物价上涨导致成本增加,金融风险导致项目融资成本上升。从经济发展更为长远的视角来看,马来西亚经济过早"去工业化"也给国家经济发展带来了动力不足的问题。马来西亚制造业整体水平在尚未发展成具有国际竞争力的高附加值产业之前,国家扶持政策即偏离鼓励工业发展的方向,转而鼓励第三产业

---

① 《中国对马来西亚的投资策略》,载IPP公共政策研究院网,http://www.ipp.org.cn/index.php/Home/Blog/single/id/417.html,最后访问日期:2020年7月19日。

的发展,从而导致制造业对国内生产总值的贡献率在不断下滑的同时,服务业占比不断攀升。缺乏创新能力和国际竞争力的制造业因而"发育不良",推动经济增长的后劲明显不足,而服务业占比高于制造业又使人产生经济进入发达阶段的错觉。因而,马来西亚人均收入达到世界中等水平后,由于缺乏推动经济增长的持续动力,无法顺利实现经济发展方式的转型升级。

首先,关于金融风险,中国企业要时刻关注并搜集马来西亚债务水平、利率、股票期货指数等金融信息。在投资过程中,中国企业要优化贷款的利率结构,控制融资成本。将贷款中固定利率的债务与浮动利率的债务比例均衡分布,可以降低金融风险,减少项目融资的利益损失。其次,关于汇率风险,马来西亚林吉特最近几年来波动较为严重,汇兑损失对外国企业来说会有非常大的影响。中国企业进入马来西亚要密切关注汇率变动,建议与中资银行做好互动,缩短对外贷款的还款期限。中国企业应对马来西亚投资项目购买货币保险,规避和分散汇率风险,实现汇率保值,降低项目融资成本。通过多样的金融衍生工具,对汇率风险进行防范管理,降低项目融资风险。最后,关于通货膨胀风险,企业应密切关注居民消费水平,防范物价上涨给项目融资带来的成本增加风险。[1]

(三)法律风险与防范

一方面,在劳工政策上,由于中国普通工人派出受限,中国企业不得不使用大量当地工人或其他国家外劳,在语言交流、宗教文化及生活习惯方面存在很大差异,难以保证工程施工进度。目前,中国企业办理中国籍管理人员与专业技术人员签证难度大、手续多、时间长,严重影响中资在马企业日常经营,制约其业务发展。另一方面,在招标项目上,外国独资公司不能作为总承包商参与政府1000万林吉特以上项目招标,外国承包商在马来西亚注册成立建筑工程公司需要得到马来西亚建筑发展局批准,同时还要获得建筑承包等级证书。按照法律规定,外国独资公司不能获得A级执照,而没有A级执照,公司不能作为总承包商参与政府1000万林吉特以上项目招标。因此外国公司要成为A级公司,必须与当地公司合作。政府类项目会在发标时就逐个项目明确本地公司的最低参股比例,通常为30%至70%不等,这增加了外资承包工程类

---

① 江宇轩:《中国企业投资马来西亚交通基础设施项目融资风险分析》,云南财经大学2019年硕士学位论文。

企业参与马政府类项目的难度,限制了市场空间。[①]

对于投资者而言,在决定向马来西亚投资之前,应当充分做好投资前的法律风险评估工作。[②] 关于劳工法律风险,企业应全面了解和掌握马来西亚关于劳动法律法规的一般性规定并予以严格遵守,还要关注马来西亚与我国劳动法差距较大的特殊性规定。在项目融资过程中,要严格遵守马来西亚有关劳动保护、劳动者保障法律法规等强制性规定。中国企业投资马来西亚交通基础设施时,雇佣的劳动力数量庞大,产生劳动纠纷在所难免,要聘请专业律师,按照马来西亚法律规定的解决程序处理劳动纠纷。此外,关于招标项目风险,马来西亚对于外资市场准入设置的多重限制,构成了中国企业进入马来西亚国内市场的壁垒,为中国企业的投资带来外资准入法律风险。中国企业投资马来西亚前,要深入学习马来西亚投资准入法律制度,通过聘请法律专业人士,合理评估风险,有效规避或化解法律风险,避免不必要的损失。[③]

三、中国在马来西亚投资争端的解决

(一)协商

当中国企业在马来西亚进行投资发生争端时,应将"协商友好解决纠纷"作为首选方案。正如中国和马来西亚于 1988 年 11 月 21 日签订的《关于相互鼓励和保护投资协定》第 7 条第 2 款规定的:缔约一方与缔约另一方投资者之间关于该投资者在缔约一方领土内有关投资的争议或分歧应尽可能友好解决。

(二)申诉

《中马关于相互鼓励和保护投资协定》第 7 条第 1 款规定:如果投资者对被征收的投资的补偿款额有异议,可向采取征收措施的缔约一方主管部门提出申诉。在申诉提出后一年内仍未解决时,应投资者的请求,由采取措施的缔

---

① 《"一带一路"沿线国家的投资风险:马来西亚》,载一点资讯网,http://www.yidianzixun.com/article/0J4xboIZ,最后访问日期:2020 年 7 月 19 日。

② 鲁学武:《马来西亚外资准入限制及其法律风险防范》,载《常州大学学报》2017 年第 4 期。

③ 江宇轩:《中国企业投资马来西亚交通基础设施项目融资风险分析》,云南财经大学 2019 年硕士学位论文。

约一方有管辖权的法院或国际仲裁庭对补偿予以审查。同时,第 7 条第 3 款规定:如果该争议或分歧自任何一方要求友好解决之日起 6 个月内未能按照本条第 2 款的规定解决,双方又未商定其他解决程序,有关投资者可选择下述一种或两种解决方法:向投资所在缔约一方的行政主管部门或机构申诉并寻求救济;向投资所在缔约一方有管辖权的法院提起诉讼。

(三)调解

马来西亚调解中心成立于 1999 年,承接除宪法和刑事问题纠纷外,当事人自愿寻求调解作为解决纠纷手段的案件。其在调解、培训、研究等方面有着深厚的经验,同时也是亚洲调解协会、中马商事调解中心的创始成员之一。2020 年 4 月 23 日,北京融商"一带一路"法律与商事服务中心暨"一带一路"国际商事调解中心与马来西亚调解中心在线签署了《关于共同设立"一带一路"国际商事调解中心马来西亚吉隆坡区域调解室的合作备忘录》。根据合作备忘录,双方将共建吉隆坡调解室、设立中外调解员联合专家组,并约定调解所达成和解协议须在马来西亚和中国法律框架内,在《新加坡公约》精神下,促进当事人诚信自觉履行。同时双方也将在共同促进调解及其他多元化争端解决方式、信息交换、研发项目和培训方面等多项内容上进行合作。[①] 鉴于灵活性和高效经济的优势,企业在发生投资纠纷、选择替代性纠纷解决方式时,应充分考虑运用调解的方式促进纠纷的有效解决。

(四)仲裁

马来西亚的仲裁立法还受到各类国际组织及其立法、国际公约的影响。为了使《关于解决各国和其他国家的国民之间的投资争端的公约》(简称《华盛顿公约》)国内法化,马来西亚于 1966 年通过了《解决投资争端公约法》。为了使《承认和执行外国仲裁裁决的公约》(简称《纽约公约》)国内法化,马来西亚于 1985 年又制定了《承认及执行外国仲裁裁决的公约法》。[②] 由于马来西亚和中国都是《纽约公约》缔约国,所以仲裁裁决可以通过当地法院执行,仲裁由

---

① 《一带一路国际商事调解中心与马来西亚调解中心线上签署合作备忘录同时开讲"国际商事调解公益讲座"》,载一带一路国际商事调解中心网,http://www.bnrmediation.com/Home/Article/detail/id/564.html,最后访问日期:2020 年 7 月 20 日。

② 李莉:《马来西亚经济贸易仲裁制度介评》,载《中国经贸导刊》2011 年第 13 期。

双方约定,可以选择异地仲裁或国际仲裁,在马来西亚可以选择吉隆坡区域仲裁中心。马来西亚是《华盛顿公约》的签字国,在马来西亚投资出现争端时,可依照该公约,将投资争议提交解决投资争端国际中心仲裁,以保障投资纠纷的解决和仲裁结果的执行。吉隆坡区域仲裁中心是 1978 年由亚非法律协商委员会主持成立的,作为非营利性政府间组织,该机构依吉隆坡区域仲裁中心的仲裁条规,为亚太地区贸易、商业与投资提供中立的争议解决服务。[①]

(五)诉讼

马来西亚的司法体系可以分成三级,分别是初审法院(包括下位法院和高等法院)、上诉法院和联邦法院(最高法院)。层级之间有明确的分工和管辖权范围,所有的案件应当按照初审—上诉—再上诉的原则逐层上诉。此外,除了以上的层级划分外,各层次内部还有专属管辖的法院,比如海事法院、知识产权法院、回教法院等。与其他的英国法国家一样,马来西亚采取四级法院三审终审制,除了特殊情况或者涉及州与州之间的纠纷外,一般的纠纷都在上诉法院终止,每年仅有非常少数的上诉案件被联邦法院接受。在管辖权方面,除非有其他特殊规定,马来西亚法院在对案件进行管辖权审查,在满足以下任一项条件的前提下,会假设对该案件具有管辖权:行为发生的原因在马来西亚;被告或者其中一个被告,居住或者在马来西亚经商;案件事实发生在马来西亚或者被声称在马来西亚;该纠纷的土地所有权案件所涉及的土地在马来西亚。[②]

中国在马来西亚的直接投资存量呈增长趋势,可以预见未来将有更多的中国企业在马来西亚投资。企业在决定前往马来西亚投资前,应当做好投资前的风险评估工作,包括政治风险、经济风险、法律风险等。即使最终的评估结果为可以投资,企业也应事前就相关风险做好防范准备,切勿大意。在发生投资争端时,除了协商、调解、仲裁、诉讼等常用的争端解决方式,企业也可以考虑根据中国与马来西亚《关于相互鼓励和保护投资协定》采用申诉方式解决纠纷。

---

① 《马来西亚投资法律指南》,载中国国际贸易促进委员会网,http://www.ccpit.org/Contents/Channel_4128/2017/1130/924454/content_924454.htm,最后访问日期:2020年 7 月 20 日。

② 林伟翔:《马来西亚民事诉讼程序初探——兼论马来西亚的审级制度》,载《民事程序法研究》2016 年第 1 期。

第五章

老挝经贸投资规则

21世纪以来,中老两国关系在"长期稳定、睦邻友好、彼此信赖、全面合作"的方针指导下一直保持着健康稳定的发展。近年来,随着中老两国经济快速发展,双方经贸合作成绩显著,中资企业对老挝投资稳步增长,中资企业进入老挝市场,投资领域不断扩大,投资方式呈现多样化。随着中老政治、经济关系的全面发展,越来越多的中资企业和个人将进入老挝市场,中老经贸合作将会更加深入,两国友好关系将会得到进一步的巩固和发展。

第一节 老挝经贸投资发展基本情况

一、老挝概况

老挝全称老挝人民民主共和国,首都万象是老挝最大的工商业城市。在地理位置上,老挝北邻中国,南接柬埔寨,东临越南,西北至缅甸,西南毗连泰国。

老挝境内矿产资源十分丰富,有锡、铅、钾、铜、铁、金、石膏、煤、盐等,其水资源也极其丰富,早在2012年全国森林覆盖率约50%,国内盛产柚木、花梨等名贵木材,虽然老挝自然资源丰富,但开采的规模并不大。

老挝实行社会主义制度,老挝人民革命党是老挝唯一政党。1991年以来老挝开始实行对外开放政策,[1]奉行和平、独立、友好的外交政策,重视发展同周边邻国关系,改善和发展同西方国家关系,主张在和平共处五项原则基础上同世界各国发展友好关系,这为国内建设营造了良好外部环境。[2] 1961 年 4 月 25 日,中国和老挝建立外交关系,双方在政治、经济、军事、文化、卫生等领域进行友好交流与合作,在国际和地区事务中保持密切协调与合作。

二、经济发展状况

老挝经济结构发展不均衡,工业基础相对较为薄弱,长期以农业为主,服务业也不发达。老挝从 1986 年开始进行经济结构的调整:对内,优先发展农林业,将农林业、工业和服务业相结合发展,在经济制度上实行多种所有制形式并存的经济政策,逐步完善市场经济机制;对外,实行对外开放,不断通过改善投资环境和完善投资法律制度来吸引外资,引进更多的先进技术和管理方式。[3]

从表 5-1 中可以看出,2008 年金融危机时,老挝经济并未受到特别大的影响,GDP 总量持续增长,但总体上 GDP 排名在世界范围内并不靠前,属于中等收入国家,2013—2016 年经济增速保持在 7.0% 以上,2017 年之后开始逐年下降到 6.0% 左右。鉴于受疫情影响及不断变化和不可预见情况,老挝2020 年 GDP 增长率仅 0.5%,2021 年 GDP 增长率回升至 2.5%,2022 年 GDP增长率达 2.7%。[4]

表 5-1　2013—2022 年老挝 GDP 一览表

单位:亿美元

年份	2013	2014	2015	2016	2017	2018	2019	2020	2021	2022
GDP	119.8	132.8	144.3	159.1	170.7	181.4	187.4	189.8	188.3	157.2

注:根据世界银行发布数据统计得出。

---

[1] "五大"确定"有原则的全面革新路线",提出坚持党的领导和社会主义方向等六项基本原则。

[2] 参见外交部官网,https://http://www.fmprc.gov.cn,最后访问日期:2020 年 7 月 15 日。

[3] 参见商务历史官网,http://history.mofcom.gov.cn,最后访问日期:2020 年 7 月 16 日。

[4] 世界银行数据,http://www.data.worldbank.org.cn,最后访问日期:2023 年 7 月 25 日。

三、产业结构

根据世界银行统计,2022 年老挝农业增长 1.6％,占 GDP 比重达 14.6％;工业增长 3.3％,占 GDP 比重达 33.6％;服务业增长 2.5％,占 GDP 比重达 41.2％。[①] 2019 年,老挝关税和税收增长 5.5％。[②] 根据老挝国家银行发布的 2018 年年度经济报告,国内生产总值的组成部门已逐渐由生产导向为基础转变为以服务导向为基础。服务业的各领域将继续发展,例如批发与零售,酒店,通信和教育,金融及保险业等。工业领域主要受到中老铁路和一些在建水电站项目的推动。2022 年,老挝电力出口收入超过 17.6 亿美元,同比增长 7.5％。[③] 2021 年农业领域中,畜牧业同比增长 11.48％,渔业同比增长了 8.92％。[④]

四、产业优势

(一)农业优势

老挝农产品丰富,盛产甘薯、玉米、咖啡、甘蔗等,甘蒙、沙湾拿吉两省是老挝粮食生产、加工及出口产业链基地。据世界银行统计,2022 年老挝农产品产量同比增长 2.8％,农业占 GDP 比重达 14.6％。全国大米产量为 420 万吨,2021 年咖啡产量为 16.12 万吨,玉米产量为 70.30 万吨,木薯产量为 385.33 万吨;2019 年甘蔗产量为 149.05 万吨,烟草产量为 3.56 万吨。[⑤]

---

① 世界银行数据,http://www.data.worldbank.org.cn,最后访问日期:2023 年 7 月 25 日。

② 参见商务历史官网,http://history.mofcom.gov.cn,最后访问日期:2020 年 7 月 17 日。

③ 参见走出去公共服务平台,http://fec.mofcom.gov.cn,最后访问日期:2020 年 7 月 17 日。

④ 老挝国家统计中心,http://www.lsb.gov.la,最后访问日期:2023 年 5 月 3 日。

⑤ 世界银行数据,http://www.data.worldbank.org.cn,最后访问日期:2023 年 7 月 25 日。

(二)电力行业

老挝自然资源十分丰富,据统计,老挝境内目前有 48 座电站,总装机容量为 6.551GW,生产电能 35549GW·h/年。另有 52 座水电站,装机容量达 6.511GW,生产能力为 31395GW·h/年部分建设项目。目前老挝全国共有 61 座水电站已实现发电,总装机容量 7.207GW,可满足国内需求并向周围国家输出富余电力,例如泰国、越南、柬埔寨等国家,2017 年前 6 月,老挝向柬埔寨、泰国、越南 3 国出口电力 10.877 亿千瓦时,创汇 5960 万美元。[①]

(三)采矿业

2021 年,老挝采矿业产值 8.16 万亿老挝基普,同比增长 3.3%,占 GDP 比重达 4.4%,仍为老挝第一大出口创汇领域。[②]

(四)旅游业

老挝境内景点丰富,旅游业成为老挝经济发展的新兴产业。琅勃拉邦市、巴色瓦普寺已被列入世界文化遗产名录,除此之外,万象塔銮、玉佛寺、占巴塞孔埠瀑布、琅勃拉邦光西瀑布等也是老挝境内的著名景点,游客络绎不绝。

目前,老挝已经与超过 500 家国外旅游公司签署了合作协议,开放 15 个国际旅游口岸,通过加大旅游基础设施建设的投入、减少签证费、放宽边境旅游手续等措施支持旅游业的发展。根据世界经济论坛发布的旅游竞争力指数报告,老挝在 136 个经济体中排第 94 名。2020 年受疫情影响,老挝的国际游客到达量达仅有 88.64 万人次,国际旅游收入约 2.27 亿美元,占 GDP 比重约 1.2%。[③]

---

① 陈定辉:《老挝:2017 年回顾与 2018 年展望》,载《东南亚纵横》2018 年第 1 期。

② 老挝国家统计中心,http://www.lsb.gov.la,最后访问日期:2023 年 5 月 3 日。

③ 世界银行数据,http://www.data.worldbank.org.cn,最后访问日期:2023 年 7 月 25 日。

五、营商环境评价

(一)社会环境

老挝人民革命党是老挝唯一的执政党,国内政局稳定,成为老挝对外开放的政治保障,老挝的主权信用评级,中国信保评定其属于 CCC 级,未来国家主权信用展望为稳定。[①]

老挝是由 49 个民族组成的多民族国家,决定了其民族文化具有多样性和包容性。虽然偶尔有社会治安事件发生,需要提高警惕,但老挝社会治安总体良好,老挝人民对中国比较友善,没有任何歧视。老挝法律规定,符合条件的个人经批准可持有枪支,[②]外国人在当地须注意飞车抢夺事件的发生。

(二)经济环境

老挝进行经济体制改革后,[③]基本建立起来了适合经济发展管理模式的市场经济体系,经济也处于不断发展的阶段,其国民经济稳定快速增长。对内,实施较为宽松的投资政策和拥有较完备的投资法律体系,政府承认私有权以及投资者经政府批准后转让股权;对外,老挝已经同 50 多个国家和地区建立贸易关系,与 19 个国家签署了贸易协定,与 35 个国家或地区建立相关的优惠关税待遇,主要外贸对象为泰国、越南、中国、日本、美国、加拿大及欧盟等国。2022 年,老挝进出口贸易额 152.75 亿美元,同比增长 9.34%,其中出口 79.06 亿美元,进口 73.69 亿美元。[④] 2012 年 10 月,老挝正式加入世界贸易组织。[⑤] 因此,老挝的宏观经济环境是比较适宜进行投资的。

---

① 参见《国别投资经营便利化状况报告(2018)》。

② 联合国毒品和犯罪问题办事处(UNODC)统计数据显示,2015 年老挝共发生谋杀案件 467 起,每 10 万人比率为 6.87%。2015 年老挝发生数次爆炸和袭击外国人事件,但未定性为针对中国人。

③ 以生产资料公有制为基础,多种经济成分并存。

④ 世界银行数据,http://www.data.worldbank.org.cn,最后访问日期:2023 年 7 月 25 日。

⑤ 参见中国一带一路网,https://http://www.yidaiyilu.gov.cn,最后访问日期:2020 年 7 月 17 日。

虽然宏观经济环境较为适合投资,但在有些方面需要引起注意。首先,老挝的通货膨胀率一直处于较高水平,2012 年至 2021 年十年间,老挝的的平均通货膨胀率达 3.27%,而 2022 年通货膨胀率达 22.96%。[①] 无形之中提高了投资者在老挝的投资成本,极大地影响了投资者的积极性;其次,老挝市场规模相对来说比较小,银行贷款利率较高,企业竞争比较激烈。[②]

(三)法律环境

老挝自建国以来开始逐步完善本国立法,颁布与本国国情相适应的法律法规。老挝法律不断健全,目前已经初步形成完备的法律体系,其中关于经贸法律体系与投资法法律体系,老挝也在不断地修订和完善,这不但为外国投资者提供了良好的法律环境,也向外国投资者释放了鼓励投资的信号,有利于吸引更多的外商投资,尤其是 1988 年老挝政府颁布《外资投资法》后,后来经过多次修订并颁布了一系列相关法律,内容包括但不限于政府不干涉外资企业事务,允许外资企业汇出所获利润、在不同行业和领域有相关年限的免税期、放宽投资区域等。这些政策和法规体现了老挝政府对外国直接投资的鼓励态度,有利于改善外围投资环境,更好吸引外资。[③]

六、外商投资现状

老挝自实行对外开放以来,外商投资逐年增加,根据老挝计划投资部统计,1989 年 1 月 1 日至 2021 年 12 月 31 日,外商在老挝投资项目达 3594 个,外商投资资金达 275.56 亿美元,其中百分之百由外商私人投资的项目有 2002 个,价值达 103.82 亿美元。[④] 这些外商投资涉及发电、采矿、农业、工业和手工业、服务业、建筑业、交易、咨询、木材、教育等多个产业。[⑤]

---

① 世界银行数据,http://www.data.worldbank.org.cn,最后访问日期:2023 年 7 月 25 日。

② 黄超伦:《老挝贸易与投资分析》,载《东南亚纵横》2017 年第 1 期。

③ 牟晓燕:《老挝投资正当时》,载《商业观察》2018 年 7 月。

④ 老挝国家统计中心,http://www.lsb.gov.la,最后访问日期:2023 年 8 月 1 日。

⑤ 参见老挝计划投资部,http://www.investlaos.gov.la,最后访问日期:2020 年 7 月 21 日。

表 5-2　1989—2021 年老挝外商投资个数排行前十位的国家

国家	投资项目个数	投资价值（美元）
中国	911	13423315302
泰国	762	4728253493
越南	426	4323594190
韩国	310	758803817
法国	226	558341263
美国	118	148949732
日本	105	121125674
马来西亚	101	767128844
澳大利亚	90	194662582
新加坡	83	362349918

注：根据老挝计划投资部发布数据整理行出。

从表 5-2 中我们可以看出，在老挝投资较多的国家大部分是亚洲国家，有一半为中国-东盟国家，其中中国在老挝的投资排第 1 名，说明中国对老挝投资力度之大，同时也说明了老挝对中国投资的欢迎与大力支持。

此外，老挝政府已经在 2012 年暂停了审批外国在新的矿业、橡胶及桉树种植等特许经营项目的相关投资，虽然这会对外国投资的积极性产生一定的影响，但为鼓励外国投资，老挝政府继续完善投资相关法律，尽可能地为外国投资提供良好投资环境。老挝目前探明有 570 个矿区，面积达 162104 平方公里，占整个国家国土面积的 68.46％，有 649 个公司从事着 942 个矿业领域的勘探、开采和可行性研究阶段。据老挝《巴特寮》2016 年 12 月报道，老挝将继续暂停矿产类相关项目的审批，此外，还将对业已批准的进行检查。目前，老挝全国已审批通过的有 657 家企业的 942 个项目，其中，中央政府批准的可以开展普查勘探或者矿产开采的企业有 226 家，地方政府批准的有 431 家。近年来，在"一带一路"倡议的推动下，中国掀起了对老挝投资的热潮，中资企业对老挝投资热情不断升温，在老挝的重要投资项目涉及经济合作区、铁路、电网、水电站、房地产和通信卫星等多个领域。[①]

第二节　老挝经贸投资规则分析

一、投资法律规范体系

自老挝实行对外开放以来，经济得到持续的发展，外商投资数量和规模不断扩大，因此保护投资者利益和加强国际合作也逐渐成为吸引外商投资的重要亮点，吸引外商投资和对外商投资予以保护以及发生争端后的解决方式对境外投资者来说至关重要。纵观老挝的投资法律规范体系，从宪法到条例关于外商投资的有关规定越来越详细。

（一）宪法

老挝《宪法》（1991 年）第 14 条规定："国家保护和发展全民、集体和个人所有权，保护国内资本家的私人所有权和来老挝人民民主共和国投资的外国人的所有权。国家鼓励各种经济成分互相竞争，互相合作，促进经济和各项建设事业的发展。各种经济成分在法律面前一律平等。"老挝《宪法》（1991 年）第 15 条规定："国家保护团体和个人所有权的占有权、使用权、转让权和财产继承权。对于国家集体单位所有的土地，国家依法保证其使用权、转让权和继承权。"[②]老挝于 2003 年修订了《宪法》，其中第 15 条进一步明确鼓励并保护外国投资："国家鼓励外商在老挝共和国进行投资，为其资本注入、技术应用以及在制造、贸易、服务方面引进现代管理制度创造有利的条件。投资者在老挝共和国的合法资产不被征用、侵占或国有化。"[③]

宪法作为一国的根本大法，指导一国对国内外资立法。以宪法的形式规定促进和保护外国投资，这充分表明一国对外国投资的重视程度。老挝宪法

---

① 参见走出去公共服务平台，http://fec.mofcom.gov.cn，最后访问日期：2020 年 7 月 21 日。

② 参见《老挝人民民主共和国宪法》（1991 年修订）第 14 条、第 15 条。

③ 参见《老挝人民民主共和国宪法》（2003 年版）第 15 条。

明确规定了外商在老挝的合法权利受老挝宪法的保护,与其他经济成分并无差别。

(二)外国投资法

《外国投资法》是指东道国为引进外国资本、技术、服务以发展本国经济而制定的有关外国投资者待遇与法律地位,鼓励、保护与限制外国投资,以及调整外国投资者与国内投资者间、与本国政府间投资关系的法律规范的总称。[①]

老挝直到 1988 年才颁布了《外国投资法》,接着又在 1989 年颁布了《老挝外国投资法实施细则》,并于 1994 年和 2004 年对《促进和管理外国在老挝投资法》进行了修订,这些投资法律法规较为详细地规定了外国投资的主体、领域、形式等方面,并对外国投资活动进行了规定,为外国投资提供法律保障。2009 年,老挝对《外国投资法》进行了第三次修改,将《国内投资法》和《国外投资法》合并为《投资促进法》,该法将享受投资税收优惠的行业进一步细化,根据社会经济发展及基础设施水平,将投资区域划分为三类。2009 年的《投资促进法》的一大亮点是设立了一站式投资服务机构,[②]外国投资法由之前的国内国外分别立法转变为国内国外统一立法。国内国外分别立法通常是发展中国家的做法,采取分别立法的好处,除了能够有效管理外资,保护本国国家经济安全,还可以引导外资到需要发展的领域,这极大地促进了本国经济的发展。

随后,老挝又于 2010 年颁布了《投资促进法实施条例》,使得国内外投资者享受同等的投资政策。老挝于 2016 年对 2009 年的《投资促进法》进行了修订,虽然 2016 年的《投资促进法》很大程度上沿袭了 2009 年的《投资促进法》的规定,但对投资的相关概念、进一步促进投资、进一步保护投资等具体内容进行了明确,完善了与外国投资有关的法律法规,为外国投资提供了更好的法律环境。

(三)外商投资相关的其他法律

1.外汇法

老挝实施严格的外汇和贵金属流通管制制度,自然人、法人只有取得老挝

---

① 刘颖、邓瑞平:《国际经济法》,中信出版社 2003 年版,第 403 页。

② 一站式投资服务机构为投资者提供投资信息、投资审批、发放企业登记证或特许经营许可证等全方位的投资服务。

中央银行的批准,才可以直接使用外币进行买卖或结算,与外汇管制相关的法律法规主要有《中央银行法》《老挝银行关于在境内使用外汇的公告》《老挝关于外汇和贵金属流通管理的法令》等,老挝实行严格的外汇管制主要是为了保障本国的国家货币主权,确保外汇流通管理权独立和更好地保障本国财产。[①]

2.税法

老挝 2005 年实行的新税法整体上作了较大的修改,明确了税法的定义,税收仍由间接税(营业税、消费税)和直接税(利润税、最低税、所得税、各种手续费和服务费)组成,[②]纳税主体除了在老挝开展经营的个人、法人组织和外国人外,还包含前往境外活动但在老拥有户籍和经营场所的人。

3.劳动法

老挝国会于 2006 年 12 月通过《劳动法(修改稿)》,对有关工时、加班、工休、年休、解聘、工资或工薪及加班费、社保待遇等内容进行了规定。外国投资者可以聘用外籍员工,进入老挝的务工人员必须身体健康并具有一定技能,而且有一定的比例限制,按老挝《外国投资促进管理法》规定,外国投资者使用外籍劳工,长期工作者、体力劳动者不能超过本企业劳工总人数的 10%,脑力劳动者不能超过 20%,临时工要取得相关部门的批准。关于国内缺乏的专业技术人才员工的招募,可以招聘外国员工,但须对名额和时间作出限制,而且须将相应技术教给老挝员工。

4.土地法

老挝实行土地公有制,禁止土地所有权交易,但土地使用权可以交易,老挝相关法律规定,国家是土地唯一所有者,依法享有占有、使用、收益和处分的权利,国家按照法律和规划统一管理全部土地,保证有目的和有成效地使用土地。老挝《土地法》(1997 年颁布)规定,全国范围内的土地划分为 8 个类型,[③]

---

① 谭家才、韦龙艳:《老挝投资法律制度概况》,载《经济与法》2013 年第 301 期。

② 参见《老挝人民民主共和国税法》,税法中规定了间接税营业税率从 3% 改为 5% 和 10% 两种;中小型个体私营企业所得税从每年 120 万基普(1 美元约合 10499 基普)调至每年 240 万基普,并且最高利润税从 45% 调至 35%;工资所得税分为两项,月薪不足 150 万基普的,个人所得税将从每月 30 万基普减至每月 20 万基普,而月薪超过 150 万基普的则不得享受减税政策,但可以享受个人所得税最高税率从 40% 降至 25% 的优惠;租金税从过去的 25% 和 30% 两类合并为统一的税率 15% 等。

③ 8 个类型用地分别是农业用地、林业用地、建筑用地、工业用地、交通用地、文化用地、国防治安用地和水域用地。

关于各类土地范围划分权和程序方面,中央一级政府在全国范围内分配和划分各类土地,然后向国会提议以便审议通过。地方政府在自己负责的范围内规定各类土地的范围,使之符合政府制定的土地类型范围的规定,然后向自己的上级政府提议以便审议通过。

老挝土地法对本国国民与外国人在土地使用形式上作了区分,本国个人、家庭及组织享有土地使用权和土地租赁权,而外国人、无国籍人和外国组织,仅仅享有土地租赁权,并无土地使用权,且对土地租赁期限作了详细的规定,尤其是对外国人、无国籍人和外国组织。①

二、投资准入方面的法律规定

投资必然伴随着相关的投资活动的进行,从进入到经营到撤出,每个环节都要遵守东道国法律规定进行,每个国家都针对外商投资的一系列活动进行了相应的规定,其中,外商投资准入是较为重要的规定。

(一)投资形式

2016 年的《投资促进法》中规定了外商投资包括以下几种形式:国内或外国独资的投资,境内外合资企业、合同形式的商业合作,国有企业和私营企业的合营企业,公私合作(PPP)。该法同时规定政府可根据相关法律的具体情况参与任何特许经营企业的股权。

1.国内或外国独资的投资

国内或外国独资投资是完全由国内或外国投资者拥有的投资,可以是老挝境内企业或项目的单一投资者或投资者群体。

2.境内外合资企业

境内外合资企业是国内外投资者根据老挝人民民主共和国法律进行经营、参股、设立新法人实体的联合投资。合资公司的组织和活动、管理以及投资者的权利和义务要在合资协议和新成立的法人实体的公司章程中进行规定。合资企业的外国投资者应至少出资 10%。

---

① 省级土地相关部门只有 30 年以下的批复权,30 年以上就须经由国会或中央批复;土地租赁面积上也有规定,1~45 亩之间是县政府的批复权限,46~1500 亩之间是省政府的批复权限,1500 亩以上就要国会才能批复。

3.合同形式的商业合作

合同形式的商业合作是指在一定时期内,国内外法律实体(包括公营和私营方)在不需要在老挝设立新的法人实体或分支机构的情况下,根据老挝人民民主共和国的法律法规,通过商业合作合同进行的联合商业安排。该合同应明确规定双方对政府的权力、义务和相关的利益。境内机构签订商务合作合同,应当按照规定通知投资一站式服务机构,并经合同履行地老挝人民民主共和国有关公证机关公证。

4.合营企业

国有企业和私营企业之间的合营企业是国有企业和私营企业之间的合伙企业,目的是根据老挝人民民主共和国法律经营企业、共有所有权和建立新的实体。该合伙企业中投资者的组织、经营、管理、权利和义务,应当在新设实体的有关合营协议和章程中规定。

5.公私合作(PPP)

公私合作企业是指公共当局和私人根据合资合同进行合资投资,实施新建项目、改善基础设施或为公众提供服务。公私伙伴关系的部门、条件和程序在单独的条例中规定。

(二)外商投资的类型

外商投资的类型一般包括两种,一种是一般业务,一种是特许权投资。

1.一般业务

一般业务包括两种类型,一种是受控企业清单下的经营活动,一种是受控业务清单之外的业务活动。

受控企业清单下的经营活动是指对国家安全、社会治安、民族优良传统和社会环境影响敏感的企业,[①]投资者如欲投资控制性商业清单中的一般性业务,应通过中央或省级投资一站式服务办公室提出申请,并由中央或省级投资一站式服务办公室与相关部门协调,然后向委员会提出申请,按照有关规定下放监管权限审批和监管。

受控企业清单之外的业务活动,是指依照《企业法》和有关规定,可以办理

---

① 对于该类经营活动,通常是为保证社会经济发展平衡进行的规定,在老挝是通过投资一站式服务办公室或者投资促进和监督委员会进行分散监管,在发放投资许可证之前,必须经过相关部门的审查,此外,政府还应为每一时期订定管制业务清单。

企业登记备案、经授权经营的一般性业务,投资者投资于《企业法》和其他有关法律规定以外的一般性业务的,应当向工商行政管理机关提出企业登记申请。在推广行业的《受控企业名录》以外的经营活动,在企业登记注册时,投资者可以向投资一站式服务机构申请领取奖励卡。

2.特许权投资

特许权投资是对东道国特许经营的领域进行的投资,在老挝,特许经营是指政府按规定授权投资者开发经营土地特许经营、经济特区开发、出口工业加工区、矿业、电力开发、航空、电信等行业的投资。确定特许经营企业名单,特许经营的投资期限根据特许经营的类型、规模、投资价值、经营条件和符合法律规定的可行性研究报告确定,但不得超过50年,特许经营权投资期限经政府或有关法律规定的国民议会或省级议会批准,可以延长。

特许经营权的获取往往存在一些条件,比如,关于投资者的条件,首先必须是法人;其次,经相关部门认证,具有业务经验和成功经验;最后,财务状况良好或者有境内外金融机构认定的资金来源,此外,还要提交投资申请书和与投资相关的文件。

(三)投资资本

经营一般业务的企业,其注册资本应符合《企业法》及有关部门的规定,特许经营企业注册资本不得少于总资本的30%,特许经营的注册资本应当以资产明确表示,经营期间的资产价值不得低于注册资本。外商投资一般企业的,应当自取得有关投资许可证之日起90日内,至少实缴注册资本的30%,剩余资本应当符合《企业法》或者其他有关法律的规定,资本可以现金或实物形式,并遵守相关法律法规。

(四)投资行业

1.禁止投资的行业

老挝禁止投资的行业包括:各种武器的生产和销售;各种毒品的种植、加工及销售;兴奋剂的生产及销售(由卫生部专门规定);生产及销售腐蚀、破坏良好民族风俗习惯的文化用品;生产及销售对人类和环境有危害的化学品和工业废料;色情服务;为外国人提供导游;政府专控的行业。

2.限制投资的行业

老挝实行国家专控的行业有石油、能源、自来水、邮电和交通、原木及木材制品、化学品、粮食、药品、食用酒、烟草、建材、交通工具、文化制品、贵重金属、教育。[①] 老挝对国产水泥、钢筋、洗洁净、PVC 管、镀锌瓦、水泥瓦实行保护政策。

3.鼓励外国投资的行业

老挝鼓励外国投资的行业包括:出口商品生产;农林、农林加工和手工业;加工、使用先进工艺和技术、研究科学和发展、生态环境和生物保护;人力资源开发、劳动者素质提高、医疗保健;基础设施建设;重要工业用原料及设备生产;旅游及过境服务。[②]

4.专为老挝公民保留的职业

(1)工业手工业部门:制陶;金、银、铜及其制品的打制;手工织布和编纺刺绣;工厂的织布、缝纫工作;竹篾、藤凉席的制作;佛像、木雕制作;玩具的制作;棉或木棉服装和被褥的制作;铁匠;电焊工。(2)金融部门:金、银、铜及其有价物品的销售。(3)商业部门:流动和固定零售;成品油零售。(4)财政部门:财务监督或提供财务服务工作。(5)教育部门:为外国人教授老挝语。(6)文化部门:老挝传统乐器制作;手工字母排版;各种广告牌的设计和制作;各种场所的装修。(7)旅游部门:导游和导游的分配。(8)交通、运输、邮电和建设部门:各种运输车辆的驾驶;建筑行业的各种载重车(推土机、自卸车等)的驾驶;铲土机、平地机、打夯机、挖土机的操作;各种信件、报纸、文件的发送;密码工作;汽车美容。(9)劳动和社会服务部门:普通工人、清洁工、保安;为外国人提供家政服务;美容、烫发和理发;文书和秘书工作。(10)食品部门:米线制品的生产。

三、投资促进方面的法律规定

投资促进是指制定投资促进政策,为外国投资者营造良好的投资环境,方便、快捷、透明、公平、合法地开展业务活动是投资促进措施制定的初衷。

(一)投资促进原则

2016 年的《投资促进法》规定了投资促进应遵循的原则如下:投资促进措施

---

① 李屏:《赴老挝贸易投资须了解的法律法规与政策要点》,载《中国工业报》2018 年第 8 版。

② 参见《对外投资合作国别(地区)指南——老挝(2019 年版)》。

应与国家社会经济发展的方向、政策、战略,国家社会经济发展规划,各时期有关部门、地区和社会经济增长的发展规划相一致,符合法律法规,改善人民生活条件;密切配合国家加强集中统一监督;确保投资者在老挝人民民主共和国法律面前平等;保护国家、集体、人民和投资者的合法权益;确保便捷、快捷、透明、高效、合法地提供一站式投资服务;确保公平的商业竞争;保障国家安全、和平与社会秩序,发展民族优秀文化,有效保护自然资源,实现绿色可持续发展。

(二)投资促进措施

政府通过制定政策创造有利的投资环境,促进对国内外所有经济部门的投资,包括基础设施建设,提供必要的信息、海关和税收政策、劳动力和土地使用权;获得资金、平等待遇,提高认识以保护使用权、用益物权、继承权、转让权和法律规定的其他权利的所有权。政府促进对全国所有部门、商业活动和其他领域的投资,但对国家安全、自然环境、当前和长期的公共卫生和民族文化有害的领域和商业活动除外。

(三)投资促进激励

在老挝,外国投资者可以获得以下支持性激励措施,对及时、足额履行纳税义务,为社区、社会发展做出贡献,并重视解决环境问题的投资者,政府可酌情给予不同形式的表彰,通过相关部门和地方当局的认证,发展老挝劳工技能;根据投资期限为投资者办理居留证和多次入境商务签证提供便利;为外国投资者及其家人、外国技术人员、专家出入老挝人民民主共和国提供便利,并为他们申请每次最多5年的多次入境签证提供便利等。

(四)特别投资促进措施

在老挝,政府效率低下是极其常见的,外商投资领域亦是如此,任何一项外商投资,都会牵涉诸多的管理部门和审批环节,文件繁多且手续烦琐,经常会出现重复审批的情况。据统计,2018年在老挝开办企业所需要的手续多达10个,而新加坡只需要2个;2018年在老挝开办企业需要经过174天,远不如2014年之前时间短,是东南亚国家开办企业花费时间最长的国家。[①]

为了提高效率,《投资促进法》专门规定了投资促进的特别措施即"一站

---

① 参见《中国-东盟年鉴(2019年)》。

式"服务,通过信息资料、投资审批、企业登记、特许经营权证的出具及各种有关投资通知的发放,全方位地向投资人提供便利的服务,关于外商投资者的申请应在法律法规规定的时间内得到及时的答复,对投资中的各种问题,采取类似"现场办公会"的形式,由"一站式"投资服务办公室会议决定。[①] 总体而言,"一站式"服务虽不能完全、彻底地解决老挝政府部门运作效率低下的问题,但在某种程度上,给予外国投资者一定的期望,即可以通过"一站式"服务尽快进入老挝市场。

四、投资保护方面的法律规定

(一)国有化或者征收

老挝保护所有根据老挝人民民主共和国法律、条约、协定进行投资的国内外投资者的合法权益,政府充分承认和保护投资者的合法投资,不对外国投资进行查封、没收或者以其他手段收归国有,政府出于公共利益需要使用设施的,应当按照转让时的市场价格、实际投资价值,通过约定的支付方式予以补偿。因政府政策、法规和法律的变化影响企业经营的,提出变更投资目标或投资活动的建议。

(二)外国投资者享有的权利

1.知识产权

政府承认并保护根据《老挝人民民主共和国知识产权法》、老挝加入的国际条约和协定注册的投资者的知识产权。

2.土地

根据老挝人民民主共和国法律法规,从土地租赁或特许经营中获得利益,土地承租人或者受让人有权按照租赁合同或者特许协议的期限使用土地,拥有其在特许权土地上的建筑物、设施和其他构筑物,并根据法律法规将其所有权转让给国民或外国人。

---

① 此类办公室由有关部门和地方政府委派代表组成,设在相应的工贸部门(负责一般经营项目的投资)、计划投资部门和经济特区、专业经济区委员会(负责特许经营权、经济特区、专业经济区投资项目)。

3.外国投资者汇回资本、资产和收入

外国投资者有权根据法律法规,在全额缴纳关税、税款和其他费用后,通过设在老挝的银行,将资本、资产和收入(如投资利润、个人现金和资产)或企业资产汇回国内,其中作为资本或货币的资产转让包括以下几种:老挝人民民主共和国银行的注册资本;投资产生的利润、股息、著作权或其他知识产权使用费、技术服务费、利息等收入,从全部或部分业务出售、经营、解散开始;可根据合同规定,从合同中获得的款项,或与之无关的款项,补偿金额或之前收到的其他金额没收或征用;合法聘用的外籍员工的收入和报酬。

4.其他

在老挝境内银行开立基普或外币账户,外国投资者在老挝的居留权管理投资业务,比如制定投资计划;采购和使用用于投资运营的材料、设备、车辆、机械和技术;进入国内和海外市场;管理劳动力;确保商业活动的秩序、安全和便利;召开会议讨论投资事项;将股份转让给他人;减少或增加投资资本等权利。

五、投资准入审批方面的法律规定

(一)管理和服务部门

老挝在外资准入审批方面的管理和服务部门为老挝工业和商务部(简称"工商部")及老挝投资促进委员会(简称"投资委"),投资委是 2016 年《投资促进法》规定的由政府设立的一个委员会,以便履行投资的促进和管理工作,[①]老挝政府在中央和地方成立各级投资管理促进委员会,下设一站式服务办公室。

(二)审批流程

对于一般投资经营类中的非管控经营投资以及设立分支机构,投资者可依《企业法》的规定向老挝工商部提交申请,即可取得企业注册许可证,工商部应自收到登记注册企业申请书之日起最迟不得超过 10 个工作日发放企业登记证。需要注意的是,非管控经营投资中投资鼓励类行业的投资者需要在工

---

① 其职能为负责审批管控经营类投资、特许经营权经营及投资开发经济特区及出口加工园区的变更、暂停或取消以及指导全国投资促进活动的开展。

商部取得企业注册许可证之后再向一站式投资服务办公室申请取得投资促进证,方可享受投资促进的优惠政策。

对于一般投资经营类中的管控经营投资、特许经营权投资、投资经济特区及出口加工业园区和设立代表处的外国投资者,应向一站式投资服务办公室提交申请,经审批获取投资。对于管控清单投资经营,须向中央级或省级一站式投资服务办公室递交申请书,一站式投资服务办公室会在收到申请 2 日内向与投资相关的行业部门和地方征求意见,有关部门在 8 日内书面答复,相关部门作出肯定答复或在 10 日内未做答复的视为同意。一站式投资服务办公室在收到相关的行业部门和地方同意意见后,在 10 个工作日内研究上报投资促进管理委员会审批。如果投资申请书没有被通过,一站式投资服务办公室必须自收到决定之日起 3 个工作日内书面通知投资申请人。投资者投资特许经营活动均应向一站式服务处提交申请。据《投资促进法》规定,审批期限为"自一站式投资服务办公室收到全套投资申请书之日起 65 个工作日,投资人获得投资许可证,如果不同意投资,一站式投资服务办公室书自作出决定之日起在 3 个工作日内书面通知投资人","投资促进管理委员会原则上决定后,在征得投资促进管理委员会同意后,一站式投资服务办公室组织由有关部门和地方参加的与投资人的备忘录或合同谈判会议,以便与投资人签订谅解备忘录或合同,具体由投资计划部门代表政府在备忘录或合同书上签字。谅解备忘录或合同书签订后,投资人必须按谅解备忘录或合同书的规定,缴纳保证金,并按规定开展信息收集、投资对社会经济及对环境自然影响的调研。如果同意,一站式投资服务办公室在 3 个工作日内书面通知投资人,投资人必须自收到通知之日起 10 个工作日内书面回复。有关谅解备忘录或合同书的谈判时间,如果投资人在自收到书面通知 30 个工作日内不予回复或不来谈判谅解备忘录或合同,则视为投资人放弃投资权"。[①]

六、投资争端解决方面的法律规定

过去的老挝整体的法律体系并不完善,立法水平有待提高,法治精神较为薄弱,有法不依、执法不严的情况较为普遍。随着这么多年的改革开放,老挝整体的法律环境已经发生了较大的变化,关于外商投资纠纷的解决机制也越

---

① 王珏:《老挝外资准入法律制度研究》,云南财经大学 2018 年硕士论文。

来越健全,《投资促进法》第 93 条从宏观上规定了与投资有关的纠纷可以通过以下形式解决:友好协商;行政争议解决;由老挝经济争端解决办公室或老挝参加的国际组织解决争端;向老挝作为当事方的国内法院或国际法院提出索赔或诉讼。近些年来,由于加入东盟合作条约、国际经济来往增多以及老挝加入世贸组织(WTO)等原因,当事人通过经济仲裁委员会解决或诉讼解决的比例有较大提高。加入东盟之后,在争端的解决机制方面,老挝接受《东南亚友好合作条约》的规制,接受条约所规定的包括斡旋、调停、调查与和解、磋商和仲裁等多种争端解决方式,2012 年 10 月,经过多年艰苦说明,WTO 正式批准老挝成为其第 158 个成员。[1]

第三节　中国对老挝经贸投资法律风险分析

一、中国在老挝经贸投资现状

自 2009 年中国和老挝成为全面战略合作伙伴以来,中国政府积极支持对老挝的投资,掀起一拨接一拨的投资浪潮,尤其随着"一带一路"倡议的推进,中国企业对老挝的投资越来越多,投资项目涉及经济合作区、铁路、电网、水电站、房地产和通信卫星等多个领域,据统计,2016 年中国超越了越南,成为在老挝最大的外国直接投资来源国,2021 年中国对老挝直接投资流量达 12.8 亿美元,[2]对老挝直接投资存量达 99.4 亿美元,[3]1989—2021 年,中国在老挝投资项目个数达 817 个,总投资额超过 158 亿美元。[4] 中国与老挝之间为了促进经贸往来和投资合作,签订了一系列的条约协定:《中老贸易协定》、《中老边境贸易的换文》、《中老避免双重征税协定》、《中老关于鼓励和相互保护投资协定》、《中老汽车运输协定》、《中老澜沧江-湄公河

---

① 朱仁显、杜达万:《老挝对外开放的环境分析》,载《东南亚纵横》2014 年 5 月。

② 参见《中国对外投资发展报告》。

③ 参见《2018 年中国对外直接投资统计公报》。

④ 参见老挝计划投资部,http://www.investlaos.gov.la,最后访问日期:2020 年 7 月 21 日。

客货运输协定》《中国、老挝、缅甸和泰国四国澜沧江-湄公河商船通航协定》《货物贸易协议》《争端解决机制协议》《经济和技术合作五年规划补充协定》《中华人民共和国政府和老挝人民民主共和国政府关于加强两国边境地区经贸合作的协定》和《中国老挝磨憨-磨丁经济合作区共同发展总体规划》等[①]。

二、中国在老挝经贸投资法律风险

中国在老挝投资越来越多并不完全意味着老挝的投资风险不大,实际情况反而是老挝的投资风险相对来说仍然很高,需要进行深入分析并采取合理措施应对。

(一)外商投资法律体系不完备

虽然现在老挝已经对外商投资构建起从宪法到一般法律到法规到政策的体系,但老挝现行外商投资法律体系仍不完备,立法技术相对来说并不成熟,现行相关法律中经常出现不统一、相矛盾的情况,例如,在 2016 年的《投资促进法》中关于对外国投资者进行税收免征和降低进口关税的规定并没有反映在《税法》中,立法内容的不协调和冲突、抵触,既会给投资者带来困惑和不便,也会给老挝投资环境带来负面影响。[②]

在立法上受狭隘的民族主义思想的影响,老挝有的地方考虑更多的是地方利益而不重视保护投资者的权益,投资者对所面对的投资环境感到不确定和模糊,老挝在电力、通信、农业等行业至今仍缺乏行之有效的关于鼓励外国投资的具体法规,使得执行力度缺乏保障。[③]

(二)政府行政效率低下

老挝新一届政府履职后,根据节约和高效的方针,对政府职能部门进行调

---

① 参见《国别投资经营便利化状况报告(2018)》。
② 李好、谢敏:《对老挝直接投资:机遇与风险分析》,载《对外经贸实务》2013 年 12 月。
③ 田广峰:《中国企业在东南亚投资的环境分析与战略研究》,中国商务出版社 2018 年版,第 179 页。

整,使很多职能部门避免工作内容上的重复,[1]但是老挝政府很长一段时间以来都懈怠懒政,各个部门之间缺乏配合,所以整体行政效率仍然不高,前面所提及的投资促进措施即"一站式"服务窗口并没有发挥好促进投资便利化的功能,烦琐的项目审批程序和诸多的审批文件给投资者带来很高的成本,消磨投资的热情,徒然给外商投资增加了投资风险。

2020 年世界银行营商环境报告显示,老挝开办企业的效率在 190 个国家(地区)中排第 181 名,老挝开办企业指标明显落后于东亚及太平洋地区平均水平。[2] 2019 年世界银行营商便利度排名,老挝在全球 190 个国家中排第154 名。[3] 这些都不难说明,老挝政府行政效率的确有待提高。(见表 5-3)

表 5-3　老挝开办企业成本对比

指标	老挝	东亚及太平洋地区	经合组织
开办企业手续(个)	9.0	6.1	5.2
时间(天)	173	22.9	9.5
成本(占人均国民收入百分比)	4.6	15.8	3.8
实收最低资本(占人均 国民收入的百分比)	0.0	3.0	6.8

(三)贪污腐败严重

贪污腐败是每个国家都不可避免的现象,世界各国也都致力于打击贪腐,为外国投资创造更好的营商环境,老挝政府也一直努力严厉打击腐败,为此分别于 1999 年和 2005 年颁布了《反腐法令》《反腐败法》,但是反腐成效不大。[4]

老挝最新一届政府非常重视反腐倡廉工作,老挝国家审计署、老挝人民革命党中央纪律委员会以及各部委机关的纪委都加大了打击腐败的力度,

---

   ① 卫彦雄:《老挝:2018 年回顾与 2019 年展望》,载《东南亚纵横》2019 年 1 月。

   ② 这一指标反映的是一位企业家要开发并正式运营一个工业或商业企业时,完成官方正式要求或实践中通常要求的所有手续的时间和费用以及最低实缴资本。

   ③ 参见《国别投资经营便利化状况报告(2018)》。

   ④ 李好、谢敏:《对老挝直接投资:机遇与风险分析》,载《对外经贸实务》2013 年12 月。

但是,老挝的腐败情况并没有得到有效改善,反而变得有些严重,像公共设施和基础设施建设、公共运输部、计划投资部、能源矿产部等领域,都是较容易滋生腐败的部门,[1]行业内贪污腐败和索贿受贿现象频发。为了能尽快获得各种许可证、办理易腐货物的进口与通关,投资方不得不进行寻租行为。[2]据透明国际发布的 2011 年全球廉洁指数排名显示,在 182 个国家中,老挝排第 154 名,被投资者视为是世界上最腐败的国家之一,而在其公布的 2019 年清廉指数排行榜,分数范围为 0(极度腐败)—100(非常清廉),老挝的得分 29 分,位列排行榜第 132 名,低于东盟其他大多数国家。在 2022 年全球清廉指数对非行捞中,老挝的得分为 31 分,较上年提高 1 分,位列排行榜第 126 名。[3]

(四)退出限制

老挝投资退出虽没有明显的限制,但是从破产办理成本来看,世界银行 2020 年营商环境报告显示,老挝投资的退出成本在 190 个国家中排第 168 名,处于较差水平。[4]

三、应对风险的措施

(一)充分的尽职调查

我们常说的尽职调查主要是指在收购过程中,收购者对目标公司的资产和负债情况、经营和财务情况、法律关系以及目标企业所面临的机会与潜在的风险进行的一系列调查,是企业收购兼并程序中最重要的环节之一,以类似的方式对要投资的国家或者行业进行充分的事前调查,很大程度上能够避免不必要的风险。

---

[1]　卫彦雄:《老挝:2018 年回顾与 2019 年展望》,载《东南亚纵横》2019 年 1 月。
[2]　付永青:《中国企业对老挝投资风险分析》,载《中国国际财经(中英文)》2017 年 9 月。
[3]　透明国际——2022 年全球清廉指数排行榜。
[4]　参见《国别投资经营便利化状况报告(2018)》。

1.法律环境的尽职调查

中国的企业往往会因为不甚了解投资东道国国内的法律而增大投资风险,产生很多纠纷,最终导致投资失败,所以在进行投资之前对东道国国内法律进行调查是十分有必要的,比如投资准入、负面清单、投资优惠政策、环境要求、限制性规定、劳资规定等方面。因为中国目前在老挝的投资主要集中在资源类项目如水电建设、矿产开发、农业开发以及制造业,这必然给当地造成环境影响,所以也要对环境保护方面和劳资规定等方面进行调查。特别注意的是老挝长期接受很多国际组织的援助,劳工法规定有些不同。[①]

2.投资项目的尽职调查

企业在对外投资的时候,除了考察当地投资环境,也要对海外投资项目进行调查,一旦项目存在风险,导致后期无法正常进行,必然会造成很大的亏损。因此,中国企业在对老挝投资之前,聘请专业律师和财务团队,对项目本身的合法性和经济可行性进行专业分析是十分必要的,对投资的项目本身进行可行性研究,尽可能地避免风险。例如,中国水利在老挝投资的南立 1-2 水电站项目,[②]投资决策前,中国水利对该项目进行了充分的调研,包括中国水利对南立项目进行可行性分析、确定项目的投资方式、调研 BOT 方式进行项目投资的相关规定等。[③]

3.优惠政策的尽职调查

对外国投资的不同行业、不同地区,老挝政府有不同的优惠政策,因而要全面细致地了解优惠政策以及这些优惠政策的申报条件、程序和要求。但需要注意的是,外商在经济特区或者工业园区开展投资活动,虽然能享受一些保税或免税的投资鼓励政策,但是企业要自行解决"三通一平"(水通、电通、路通和场地平整)等基础设施的建设投入,因而,在投资决策之前要充分统筹评估

---

① 根据老挝《劳动法》的规定,任何劳动单位的雇员的工作时间均应为每周 6 天。每天工作应不超过 8 个小时,或每周不超过 48 小时。雇主需经工会或工人代表和雇员的事先同意,才可以要求加班。加班时间应不超过每个月 45 个小时或每天 3 小时。对于合同期限不明或合同期限超过 1 年的雇佣合同下的工人,若其工作时间已超过 1 年的,工人应享受 15 天的年假。

② 此项目是中国水利在老挝投资的第一个项目,于 2007 年 9 月开工,2010 年 5 月竣工,7 月开始调试,并于同年 8 月开始正式进入了商业运营期。

③ 靳明伟:《让境外项目投资细水长流——老挝南立 1-2 水电站项目投资工作的总结与思考》,载《施工企业管理》2015 年第 1 期。

利弊关系,合理评估投资成本,做出最有利的选择。[1]

(二)选择合适的投资保险

投资带来收益的同时也意味着风险,任何投资都要向国际投资担保机构或国内投资担保机构投保,降低投资风险。

国际上的投资保险机构是多边投资担保机构(MIGA),其担保业务仅限于非商业性的投资风险,在满足一定适格条件后,投资者可向"机构"投保的险别包括货币汇兑险、征收和类似措施险、违约险、战争和内乱险。根据 MIGA 官网的投保信息,至今由老挝作为投资东道国的投资担保只有一项,为 2005 年比利时和法国的合营投资者对在老挝投资的水力发电项目投保的政治违约险,中国投资者目前没有在老挝投资项目的投保。[2]

我国目前没有对于海外投资保险制度的相关国内立法,无法对国内的海外投资保险提供法律支撑,目前,国内的海外投资保险业务主要承办机构是中国出口信用保险公司。

---

① 王钰:《老挝外资准入法律制度研究》,云南财经大学 2018 年硕士论文。

② 参见 MIGA 官网,https://http://www.miga.org,最后访问日期:2020 年 7 月 24 日。

第六章

柬埔寨经贸投资规则

柬埔寨政府对外资持欢迎和鼓励态度,为鼓励外商投资,柬埔寨政府出台了一系列政策措施,不断改善投资环境。近年来,中柬两国在各领域的合作不断深化,中柬双边经贸规模不断扩大,中国已连续多年是柬最大外资来源国,中国提出的"一带一路"倡议与柬埔寨"四角战略"以及《2015—2025 工业发展计划》高度契合,柬埔寨政府及社会各界对积极参与"一带一路"倡议有着高度共识,热情高涨,双方在经贸投资、互联互通、能源资源等重点领域合作潜力巨大。

第一节 柬埔寨经贸投资发展基本情况

一、柬埔寨概况

柬埔寨位于亚洲中南半岛南部,东部和东南部同越南接壤,北部与老挝交界,西部和西北部与泰国毗邻,西南濒临暹罗湾,湄公河自北向南纵贯全境,国土面积 181035 平方公里。柬埔寨全国分为 24 个省和 1 个直辖市(金边市),首都金边是全国的政治、经济、文化和教育中心和交通枢纽。

柬埔寨盛产柚木、铁木、紫檀、黑檀等高级木材,并有多种竹类,木材储量约 11 亿多立方米。柬埔寨森林覆盖率达 46.86%，主要分布在东、北和西部山区。[1] 柬埔寨矿藏主要有石油、天然气、磷酸盐、宝石、金、铁、铝土等。柬埔寨水资源丰富，洞里萨湖为东南亚最大的天然淡水湖，素有"鱼湖"之称，西南沿海也是重要渔场，多产鱼虾。

宗教在柬埔寨人民的政治、社会和日常生活中占有十分重要的地位，佛教为其国教，信仰小乘佛教的人占全国人口的 85% 以上。[2] 自 2004 年以来，柬埔寨政府把对基础设施的建设和改善列为"四角战略"的重要任务之一，加快恢复和重建的步伐。目前，以公路和内河运输为主的交通网络取得很大发展。

二、经济发展状况

近年来，柬埔寨对内继续保持稳定的国内政治和经济环境，对外积极融入区域、次区域合作，积极参与区域连通计划的软硬设施建设，通过完善营商环境和采取各种投资促进措施来吸引更多的投资特别是私人投资者参与国家建设，柬埔寨通过农业、以纺织和建筑为主导的工业、旅游业和外国直接投资这"四驾马车"来拉动本国经济稳步前行，据统计，截至 2022 年年末，柬埔寨外汇储备 212.68 亿美元。[3] 2022 年，柬埔寨通货膨胀率为 5.34%。[4]

截至 2021 年年末，柬埔寨政府外债累计 94.9 亿美元，主要用于交通、水利、电力、港口等基础设施建设。[5] 其中，中国累计提供贷款 46.2 亿美元，占柬埔寨外债余额 40.56%，是最大债权国；其他借款主要来源于世行、亚行、日本、韩国、法国、印度等。

---

[1]　《商务部对外投资合作国别(地区)指南——柬埔寨(2022 年版)》。

[2]　《商务部对外投资合作国别(地区)指南——柬埔寨(2022 年版)》。

[3]　商务部驻柬埔寨王国大使馆经济商务处:《2022 年柬埔寨宏观经济形势及 2023 年预测》，最后访问日期:2023 年 5 月 11 日。

[4]　世界银行数据,http://www.data.worldbank.org.cn,最后访问日期:2023 年 7 月 23 日。

[5]　《商务部对外投资合作国别(地区)指南——斯里兰卡(2022 年版)》。

表 6-1　2016—2022 年柬埔寨宏观经济情况

年份	GDP/亿美元	GDP 增长率/%	人均 GDP/美元
2016	200.2	6.9	1281.1
2017	221.8	7.0	1400.9
2018	245.7	7.5	1533.3
2019	270.9	7.1	1671.4
2020	258.7	−3.1	1577.9
2021	269.6	3.0	1625.2
2022	299.6	5.2	1786.6

注:根据世界银行统计数据整理得出。

三、产业结构

柬埔寨产业可划分为农业、以纺织和建筑业为主的工业、以旅游业为主的服务业三类。据统计,2022 年柬埔寨农业与工业占 GDP 的比重分别为 21.87% 和 37.67%。[①]

农业是一个国家发展的基础,柬埔寨自然条件优越,农业资源丰富,柬埔寨农业技术虽较为落后,农业人才水平也不高,但农业在柬埔寨的经济发展过程中一直占有重要地位,柬埔寨政府将农业列为优先发展的产业,并采取相应措施改善农业生产水平和在农业方面的投资环境。2021 年,柬埔寨农业产值达 61.12 亿美元,其中,种植业占 57.4%,水产养殖业占 24.3%,畜牧业占 11.3%。2021 年全国水稻种植面积 355 万公顷,稻谷总产量近 1221 万吨,同比增加 11.7%。柬埔寨政府高度重视稻谷生产和大米出口,2021 年出口大米 61.7 万吨,同比下降 10.7%,出口稻谷 352.7 万吨,同比增长 61.2%。2021 年橡胶种植面积 40.4 万公顷,产量 36.8 万吨,几乎全部出口,收入 6.1 亿美元。2022 年全年实际稻谷种植面积 340 万公顷,较 2021 年减少 149552 公顷,同比下降 4.21%;全年大米出口 637004 吨,同比增长 3.23%。[②]

[①]　参见柬埔寨计划部,http://www.mop.gov.kh,最后访问日期:2023 年 4 月 23 日。
[②]　《商务部对外投资合作国别(地区)指南——柬埔寨(2022 年版)》。

工业是决定一个国家经济实力的重要方面,制衣业和建筑业是柬埔寨工业的两大支柱,每年为柬埔寨 GDP 增长贡献力量。柬埔寨凭借着其他国家或地区给予的普惠制待遇和自身的劳动力优势,在制衣领域积极吸引外资投入制衣和制鞋业。柬埔寨央行报告显示,2022 年柬埔寨服装出口约 89.3 亿美元,同比增长 12.68%;鞋类出口 17.17 亿美元,同比增长 24.84%;其他纺织品出口约 21.91 亿美元,同比增长 12.01%。 服装、鞋类与其他纺织品是柬埔寨最重要的出口产品,占全国出口商品总额的 56.4% 左右。[①] 据柬埔寨工业、科学技术和创新部统计,2021 年,柬埔寨全国共有工厂 1879 家,雇用工人 98.6 万人。其中新注册登记工厂 163 家,同比下降 30.6%;新开的小型工业工厂和加工作坊 1230 家,同比增长 371.3%;继续经营的工业工厂和手工作坊 1301 家,同比增长 643.4%。2022 年在运营的大型工厂共 1982 家,较上年增长 103 家。新成立的中小企业和手工作坊共 1229 家。截至 2022 年年末,柬埔寨共有工业、手工业企业 4399 家,创造 451024 个就业岗位。据柬埔寨国土城市规划和建设部统计,2022 年,柬埔寨全国共批准 4276 个建筑项目,同比下降 0.62%,投资额 29.72 亿美元,同比下降 344.27%。[②]

柬埔寨旅游资源丰富,塔仔山、王宫、吴哥窟、西哈努克港等名胜古迹每年吸引众多人前往,受新冠肺炎疫情等全球事件影响,柬埔寨旅游业遭受巨大打击。2021 年柬埔寨共接待外国游客 196495 人次,同比下降 85%,旅游收入 1.84 亿美元,同比下降 82%,对 GDP 的贡献率为 1.8%。其中,接待中国游客 45775 人次,占 23.3%,同比下降 86.1%。2022 年柬埔寨旅游业出现强势复苏,共接待外国游客 2276626 人次,同比增长 1058.6%。其中,接待中国游客 106875 人次,占接待游客总数的 4.7%,同比增长 133.5%。[③] 柬埔寨政府高度重视沿海各省旅游业的发展,2012 年 1 月通过了《柬埔寨海滩地区开发和管理委员会王令》和《柬埔寨王国海滩地区开发规划》等议案。[④] 根据亚洲开发银行日 2023 年 4 月发布的经济展望报告预测,2023 年柬埔寨旅游业预计将

---

① 柬埔寨中央银行,http://www.nbc.org.kh,最后访问日期:2023 年 8 月 11 日。
② 《商务部对外投资合作国别(地区)指南——柬埔寨(2022 年版)》
③ 《商务部 2021 年柬埔寨宏观经济形势及 2022 年预测》。
④ 根据上述议案,柬埔寨将成立沿海发展管理国家委员会,旨在加强海滩地区的开发与管理,包括海滩与海岛开发,公路与水路连接等。目前,柬埔寨政府正在制订"暹粒吴哥和金边至西南沿海地区和东北生态旅游地区"的旅游产品多样化战略,积极开发自身独具优势的旅游资源,促进当地经济发展。

增长 7.3%。

此外,柬埔寨根据自身的产业结构优势和本国的国情制定了《2015—2025
工业发展计划》,该计划的主要目标是:到 2025 年,使柬埔寨工业由劳动密集
型向技术密集型转变,工业占 GDP 比重从 2013 年的 24.1% 提高到 30%,促
进出口产品多元化,农产品出口占 GDP 比重达 12%,重点发展高附加值新型
工业、制造业,医药、建材、包装、家具制造等领域中小企业,农业加工业,农业、
旅游业、纺织业上下游配套产业,以及信息、通信、能源、重工业、文化、历史、传
统手工业及环保产业。①

四、营商环境评价

柬埔寨政治环境较为稳定,国民经济发展较快,根据世界银行发布《2020
年营商环境报告》,柬埔寨在全球 190 个经济体中排第 144 名,比 2019 年下降
了 6 名。根据世界经济论坛《2019 年全球竞争力报告》,柬埔寨在 141 个国家
和地区中排第 106 名。根据美国传统基金会"2022 年度经济自由度指数"排
名,柬埔寨排第 106 名。② 2023 年"透明国际"发布"2022 年全球国家清廉指
数"排名,柬埔寨清廉指数为 24 分,排名为 150 名,比 2021 年上升 7 名。虽然
柬埔寨营商环境有所提高,但从上述数据分析可以得出,柬埔寨的营商环境整
体仍须继续改善。

(一)政治环境

稳定良好的政治环境能为外资提供良好的营商环境,是吸引外商投资的
关键,而恶化的政治环境则会对外商投资产生负面影响,政治环境分为内部政
治环境和外部政治环境。

在内部政治环境方面,柬埔寨从 1993 年起恢复君主立宪制度,实行多党
自由民主制,实行三权分立。柬埔寨属于多党制国家,政党政治活跃,目前,共
有 59 个政党,其中合法注册的有 42 个,这些政党派别纷繁复杂,派系矛盾尖
锐,历届大选都是柬埔寨政治的高度敏感期,虽然极端政治势力日趋没落,但

---

① 《商务部对外投资合作国别(地区)指南——柬埔寨(2022 年版)》。
② 参见《商务部对外投资合作国别(地区)指南——柬埔寨(2022 年版)》。

仍存在较大冲突隐患,已经导致柬埔寨政局稳定性日益下降。[1]

在外部政治环境方面,东道国与外商投资母国之间的关系和这个国家整体的外部关系如何,是衡量柬埔寨外商投资的外部政治环境的重要一环。近年来,柬埔寨整体的外部环境有所改善,对外关系总体良好,这也为柬埔寨带来了众多的外资,吸引了来自中国、韩国、马来西亚、英国、美国、越南、泰国、新加坡、日本等多个国家的投资,也得到了来自世界银行、世界贸易组织、亚洲开发银行、亚洲基础设施投资银行等国际组织的大力支持。从这两个方面来看,目前柬埔寨给外商前往投资营造了一个良好的外部政治环境。

2022 年 2 月,国际评级机构穆迪对柬埔寨主权信用评级为 B2 级,展望为稳定。[2]

(二)经济环境

成为东盟成员国和加入 WTO 后,柬埔寨经济发展很快。2019 年以前,柬埔寨 GDP 增幅在 7% 左右,2020 年受疫情影响出现负增长,2022 年恢复到 5.4% 的增速。[3] 据柬埔寨官方统计,2022 年全年对外贸易总额为 524.25 亿,同比增长 9.2%。[4] 其中出口总额为 224.82 亿美元,同比增长 16%;进口总额为 299.41 亿美元,同比增长 4.3%。2022 年中柬贸易额达 160.2 亿美元,同比增长 17.5%,中国连续 11 年成为柬埔寨最大贸易伙伴。[5] 中国是柬埔寨最大的进口来源国,其次是泰国和越南。据统计,柬埔寨主要出口国为美国、英国、德国、日本、加拿大等,主要进口国为中国、泰国、越南等。[6] 虽然柬埔寨发展迅猛,但目前柬埔寨的发展是相对滞后的,从基础设施、产业结构、资金、技术和人才构成的支持系统等方面来看,柬埔寨吸引外国投资存在一定的难度,不过柬埔寨政府正在努力改善经济环境。

---

① 朱陆民、崔婷:《中国对柬埔寨直接投资的政治风险及化解路径》,载《国际关系研究》2018 年 2 月。

② 《商务部对外投资合作国别(地区)指南——柬埔寨(2022 年版)》。

③ 世界银行数据,http://www.data.worldbank.org.cn,最后访问日期:2023 年 7 月 25 日。

④ 《商务部 2022 年柬埔寨宏观经济形势及 2023 年预测》。

⑤ 新华社:《中柬经贸成果丰硕、提振中澳企业信心……商务部回应迈期国际经贸热点》,最后访问日期:2023 年 2 月 10 日。

⑥ 参见柬埔寨商务部,http://www.moc.gov.kh,最后访问日期:2020 年 8 月 13 日。

(三)金融环境

随着国内政治经济环境日趋稳定,柬埔寨开始逐渐加强对财政和金融的管理,柬埔寨银行体系由国家银行和商业银行构成,对银行业的监管采用的是单一的监管体系,监管机构为国家银行。柬埔寨银行业虽然发展较快,但其商业银行业务范围相对较窄,提供的海外资本划拨、信用证开立及外汇服务相对宽松,但关于不动产抵押、贷款等服务的提供仍然比较困难,相比之下,商业银行还存在借款期限较短、利率较高等问题。

柬埔寨实施宽松的外汇政策,不实行外汇管制,只要在柬埔寨商业主管部门注册的企业均可开立外汇账户,根据柬埔寨《外汇法》规定,允许居民自由持有外汇,允许在柬埔寨有投资的投资者通过银行系统购买外汇转往国外,以进行与其投资活动有关的财务结算,自由转账包括支付进口货款、偿还国际货款本金和利息、支付专利费和管理费、汇出利润、调回投资资本、外籍员工工资收入等。[①] 2012 年柬埔寨成立了第一家人寿保险公司,截至 2018 年年底,柬埔寨境内共有普通保险公司 12 家,寿险公司 8 家。[②]

(四)法律环境

完善的法律法规可为外商投资提供保障,法律法规体系是外商投资较为看重的一环,不完善的法律法规体系是外商投资不得不面临的风险之一。近年来,柬埔寨为推动外商参与投资,制定和颁布了一系列的法律法规,柬埔寨还大力加强法律法规的执行力度,柬埔寨在法律法规体系构建方面,也做出了较大的努力,此外还与其他国家或国际组织签订了多部贸易投资协定,积极地采取各种措施给外国投资营造一个良好的法律环境。

五、外商投资现状

据统计,2022 年柬埔寨吸收吸收外资流量为 35.79 亿美元,吸收外资存量

---

① 卢光盛、卢军、黄德凯:《柬埔寨外商直接投资法律制度研究》,世界图书出版社广东有限公司 2018 年版,第 196 页。

② 参见《国别投资经营便利化状况报告(2016)》。

为 445.37 亿美元。[①] 据柬埔寨国家银行统计,截至 2021 年年末,柬埔寨前三大外资来源国为中国、韩国和新加坡,[②]其主要投资领域为基础设施、银行业、制造业和农业等。[③] 在柬埔寨的外商投资的主要投资领域为基础设施、银行业、制造业、农业等。

第二节　柬埔寨经贸投资规则分析

一、投资法律规范体系

20 世纪 90 年代以来,柬埔寨的外商投资法律法规不断完善和发展,目前,已经初步形成了外商投资的法律法规体系。

(一)立法模式

关于外国投资的立法模式,目前主要有三种,分别是内外投资统一立法、外资专门法律法规、统一的投资法典。内外投资统一立法模式是指关于投资内外一致,外国投资可直接适用东道国国内投资相关法律法规,而不为外国投资制定专门的投资法律或者投资法典,如美国等;外资专门法律法规模式是指东道国没有专门制定外国投资法典,而是以制定外国投资的专门法律或特别法规的形式代替,在这种模式中,外资专门法律和众多特别法构成东道国外国投资法律体系,如中国等;统一的投资法典,指东道国将外国投资的法律统一编撰成法典,以法典为外商投资的基准法,同时制定其他有关的国内法律作为辅助,如印尼、沙特阿拉伯等。

柬埔寨外国投资的立法模式偏向于第三种,但因其政治经济发展的特殊性,尽管柬埔寨采取统一制定投资法的模式,颁布实施统一的外商投资法,但

---

① 《2023 年世界投资报告》,载联合国贸易和发展会议,https://worldinvestmentreport.unctad.org/world-investment-report-2022/,最后访问日期:2023 年 4 月 27 日。

② 《商务部对外投资合作国别(地区)指南——柬埔寨(2022 年版)》。

③ 《2021 年世界投资报告》,载联合国贸易和发展会议,https://worldinvestmentreport.unctad.org/world-investment-report-2022/,最后访问日期:2023 年 4 月 27 日。

是考虑到柬埔寨的基本国情具有特殊性,柬埔寨国内的投资法既适用于外资,也适用于本国资本。

(二)柬埔寨外商的投资法律法规

柬埔寨的投资法律主要包括柬埔寨的投资法、投资法修正法及其补充法令和条例。1994年颁布实施的《柬埔寨王国投资法》是其该类外国投资法律法规体系的基础,之后1997年颁布的《关于执行柬埔寨王国投资法的法令》和2003年颁布的《柬埔寨王国投资法修正法案》是外国投资法律体系的主要内容。此外,1999年颁布的《关于执行柬埔寨王国投资法的法令》修正案和2005年颁布的《柬埔寨王国投资法修正法实施细则》是外国投资法律体系重要的补充。这三个层次的外商投资法律共同构成了柬埔寨外商投资法律制度的基本内容。

(三)配套的外商投资法律法规

《柬埔寨王国投资法》规定,外商投资与柬埔寨本土投资享受同等待遇。这就是说,外商投资不但在投资法中与柬埔寨本土投资地位平等,并且在其他法律法规中也与柬埔寨本土投资享有同等的地位。同样地,除了《柬埔寨王国投资法》,其他的一些法律法规也对外商投资进行了规定。虽然这些规定并没有纳入投资法中,但是作为其配套法律同样适用于外商投资。[①] 这些配套的外商投资法律法规构成了柬埔寨外商投资法律制度的重要组成部分。

1.土地法

柬埔寨于2001年颁布了新的《土地法》,对本国土地所有权、土地登记制度、违法惩罚等内容进行了规定,完善了土地管理制度,《土地法》指定土地管理城市规划和建设部作为不动产权属证明文件的核发部门,并负责国有不动产的地籍管理工作。[②] 2010年,柬埔寨颁布了《土地征用法》,规定允许国家为了公共基础设施建设项目而征收私人财产,规定征用的条件必须是为了公共

[①] 《移民法》《劳动法》《外汇法》《保险法》《税法》《审计法》《组建发展理事会之职责与运作法令》《关于限制某些投资部的措施的决定》《建设—经营—移交(BOT)合同条例》《商业管理与商业登记法》《关于在柬埔寨设立公司的注册程序及手续》《商业公司贸易活动条例》《产品、服务质量与安全管理法》《关于合同和其他责任的第38号法令》和《银行与金融机构法》等。

[②] 《中国东盟年鉴(2016年)》。

利益才可以征收,还规定了征用的手续,以确保征用程序公平合理。

根据柬埔寨相关法律规定,在柬埔寨的外国人及外国公司不得拥有柬埔寨的土地,即无法获得土地的所有权,只能依法获得土地的使用权,如租赁权、继承权、抵押权等,[①]外籍人士伪造身份证件已在柬埔寨拥有土地的,应受到惩罚[②]。虽然,根据《土地法》的规定,禁止任何外国人拥有土地,但合资企业可以拥有土地,其中外方合计持股比例最高不得超过49%,外资在柬埔寨开展业务仅可通过租赁土地的形式进行。[③]

2012年柬埔寨发布《提高经济特许地管理效率》的政府令,宣布自即日起暂停批准新的经济特许地,2014年,柬埔寨政府开始对现有经济特许地开发情况进行清查,对不按计划开发的公司,政府将收回经济特许地。[④] 投资可以通过长期租赁的方式使用土地,最长租期为70年,期满可以申请继续租赁。[⑤]

2.劳工法

柬埔寨于1997年颁布《劳工法》,规定无论是雇佣外国还是本国的员工,都需要在劳动部注册。2002年1月18日颁布了关于雇用外国人在柬埔寨王国就业的申请办法及相关规定,申请者要遵守以下规定:(1)需要雇佣外籍专业技术和管理人员的企业,必须在每年11月底前向劳工部申请下一年度雇佣外劳的指标,每个企业所雇佣的外劳不得超过企业职工总数的10%。未申请年度用工指标,将不被允许雇佣外劳。(2)雇佣外劳必须满足以下条件:雇主必须提前取得在柬工作的合法就业证;必须合法进入柬埔寨王国;必须持有有效护照;必须持有有效的居留许可证;必须有足够的适应企业需要的技能,且无传染病。[⑥] 劳动争议分为单个争议与集体争议,对于个人争议,先要经过省、市劳动监察雇员的调解,解决不了再由当地法院裁决;对于集体劳动争议,也是先要经过调解,调解失败后的通用程序是劳动仲裁委员会的仲裁,也可以

---

① 卢光盛、卢军、黄德凯:《柬埔寨外商直接投资法律制度研究》,世界图书出版社广东有限公司2018年版,第110页。

② 柬埔寨《土地法》第8条。

③ 《国别投资经营便利化状况报告(2016)》。

④ 《中国东盟年鉴(2016年)》。

⑤ 谭家才、韦龙艳:《柬埔寨投资法律制度概况》,载《中国外资》2013年12月第303期。

⑥ 《国别投资经营便利化状况报告(2016)》。

约定其他的解决方式,不服仲裁裁决的,可以向劳动部长上诉。[1]

3.税法

柬埔寨实行全国统一的税收制度,并采取属地税制,1997 年颁布的《税法》和 2003 年颁布的《税法修正法》构成了柬埔寨税收法律体系的基础。柬埔寨现行法律中规定了主要税种包括利润税、最低税、预扣税、工资税、增值税、财产转移税、土地闲置税、专利税、进口税、出口税、特种税等。[2]

4.知识产权法

1995 年柬埔寨加入世界知识产权组织,1999 年加入《巴黎公约》,自从加入知识产权保护组织以来,柬埔寨颁布了一系列知识产权保护法律法规,2002 年颁布了《商标、商号与反不正当竞争法》,2003 年颁布了《版权与相关权利法》和《专利、实用新型与工业设计法》,2008 年颁布了《育种者权利和植物品种保护法》,不断地丰富了柬埔寨知识产权法律体系,加大了知识产权保护力度。

(1)商标商号

2002 年颁布的《商标、商号与反不正当竞争法》是柬埔寨国内的第一部知识产权保护法,明确规定商标专有权的取得要通过注册的方式,但是如果申请人能够证明已在《巴黎公约》任一成员国提交该商标全境或区域注册申请的,可取得商标注册的优先权,此外,还规定了注册程序、失效、集体商标、商标许可、商号、侵权和赔偿、边境保护措施.所有权转让或变更。[3]

(2)版权

2003 年柬埔寨颁布了《版权与相关权利法》,该法旨在为作家、表演者提供与其作品相关的权利,保护文学作品、文化表演、表演者、唱片制作人、广播机构节目,以保证这些文化产品能够得到公正合法的使用。作品作者对该作品享有可针对任何人行使的专有权,包括精神权利和经济权利。[4] 作者的经济权利是指通过授权复制、公开发表或创作衍生作品等,实现其作品价值的专有权,对经济权利的保护,自作品创作完成之日起开始,至作者去世后 50 年止。

---

① 谭家才、韦龙艳:《柬埔寨投资法律制度概况》,载《中国外资》2013 年 12 月第 303 期。

② 《商务部对外投资合作国别(地区)指南——柬埔寨(2022 年版)》。

③ 《中国东盟年鉴(2016 年)》。

④ 作者的精神权利永久有效,不可剥夺,且不得扣押或设定追溯期限。

（3）专利、实用新型和工业设计

为保护在柬埔寨授予的专利、实用新型和注册的工业设计，柬埔寨于2003年颁布了《专利、实用新型与工业设计法》。专利是为保护发明所授予的权利，有效期为20年；实用新型是为了保护具备新颖性及可实现产业化的实用新型，有效期为7年；工业设计可申请注册，有效期为5年，注册后可连续延期两次，每次5年。

5.环境法

1996年，柬埔寨颁布了第一部《环境保护法》，环境保护部与柬埔寨其他有关部门制定了一系列环保规章。根据柬埔寨《环境保护法》的规定：任何私人或公共项目均需要进行环境影响评估；在项目提交柬埔寨王国政府审定前，由环境保护部予以检查评估；未经环境影响评估的现有项目及待办项目均须进行评估。企业不得拒绝或阻止检查人员进入有关场所进行检查，否则将处以罚款，有关责任人还可能被处以监禁。

二、投资准入方面的法律规定

（一）投资形式

外商直接投资是柬埔寨吸引外资的主要方式，在柬埔寨通过设立独资企业、合资企业、建设—经营—移交（BOT）等投资方式，将外资资本、技术、经营管理知识、人才等带入柬埔寨发展。

1.独资企业

独资企业是国际直接投资的一种传统投资方式，外商独资是指外国公司、企业、其他组织或者个人，依照柬埔寨王国法律在柬埔寨境内设立的全部资本由一名或几名外国投资者所拥有并由他们自己管理公司的外国投资者投资的企业。[①]

一般来讲，在国际市场竞争中处于优势地位的大型跨国公司通常是以独资企业的形式对外进行直接投资，从而最大程度地实现价格转移而获得最大的整体利益。柬埔寨的投资环境比较宽松，设立外商独资公司没有任何条件

---

① 董治良、赵佩丽、木向宏编：《柬埔寨王国经济贸易法律指南》，中国法制出版社2006年版，第30页。

的限制,除禁止或限制外国人介入的领域外,外国投资者可以以个人、合伙、公司等形式在商业部注册并取得相关营业许可。

2.合资企业

合资企业由柬埔寨实体与外籍实体组成,柬埔寨政府亦可作为合资方,除了合资企业拥有或拟拥有柬埔寨土地或土地权益以外,股东国籍或持股比例通常不受限制。[①]

3.BOT 形式

BOT 是对"建设—拥有—移交""建设—经营—移交"两种形式的简称,通常指后一种含义,用以表示以政府特许为根据,由专门机构融资建设、经营公共基础设施等公共项目,其实质是国家让渡基础设施的建设经营权而最终获得项目所有权。[②]

在 BOT 投资形式下,外国资本的注入使得东道国政府在基础设施建设中减轻了财政负担,但因 BOT 自身存在的高风险性、长期性、复杂性等特点,为了规范风险,柬埔寨于 1998 年制定了《建设—经营—移交(BOT)合同条例》,该条例适用于柬埔寨本国投资者和外国投资者。

(二)投资行业

为了吸引外资,东道国往往会采取各种措施,营造良好的经营环境,进一步开放市场,列举鼓励投资的行业鼓励外国投资者去投资,但有些行业涉及本国国民经济命脉和本国国家安全,因此,各国往往采取负面清单的形式规定外国禁止进入的行业或者限制进入的行业。

1.禁止投资的行业

2005 年颁布的《投资法修正法实施细则》附件一中的负面清单,列出了禁止投资的活动,包括:神经及麻醉物质生产及加工;使用国际规则或世界卫生组织禁止使用、影响公众健康及环境的化学物质生产有毒化学品、农药、杀虫剂及其他产品;使用外国进口废料加工发电;森林法禁止的森林开发业务;法律禁止的其他投资活动。此外,该细则还列出了"不享受投资优惠的投资活动"和"可享受免缴关税,但不享受免缴利润税的特定投资活动"。

从列举的内容来看,其禁止投资的范围不大,前两项是为了保护公众健康

---

① 《中国东盟年鉴(2016 年)》。

② 张晓君:《国际经济法》,厦门大学出版社 2017 年版,第 122 页。

而对投资领域做出的禁止,第三项和第四项是为了保护本国环境而禁止的,第五项是兜底条款。

2.限制投资的行业

对外商投资有限制的领域有宝石开采、电影产业、酿酒、香烟、出版业、利用当地原材料加工的木制品等。这些领域由有关部门管制或如果有外商参与必须经过柬埔寨政府的批准或柬埔寨国家的参股。

3.鼓励投资的行业

《柬埔寨王国投资法》第12条列举了9种情形下的鼓励投资行业,包括创新和高科技产业、创造就业机会、出口导向型、旅游业、农工业及加工业、基础设施及能源、各省及农村发展、环境保护、在依法设立的特别开发区投资。投资优惠包括免征全部或部分关税和赋税。[①] 这种正面清单式的列举投资鼓励行业,在2003年新投资法修改负面清单后,除负面清单上禁止或限制进入的行业,所有行业均不设限,均可进入。

三、投资保护方面的法律规定

(一)投资待遇

外国投资者的投资待遇是指东道国对外国投资者和外国投资给予的法律上的待遇标准,投资待遇的主要标准为非歧视性,外国投资者的投资待遇是外国投资法的重要内容。柬埔寨的外国投资者待遇主要有最惠国待遇、国民待遇、公平公正待遇。

1.国民待遇

国民待遇原则主要针对东道国政府的法律、行政法规和其他措施。根据国民待遇原则,东道国有义务保证其法律法规及其执行对本国人和外国人一视同仁,而不论相关的法律法规属于何种性质或涉及何种经济领域,[②]在签订国际条约的时候国民待遇都是这些协定的核心条款。在柬埔寨,除了土地所有权方面外国投资受到一定的限制,柬埔寨对外资和内资基本给予同等的待遇,这就意味着,柬埔寨针对外国投资者的国民待遇,并不是完全的国民待遇,

---

① 《中国东盟年鉴(2016年)》。

② 张晓君:《国际经济法》,厦门大学出版社2017年版,第125页。

它是带有限制条件的国民待遇,即次国民待遇。而且,在实际投资中,由于柬埔寨国内经济和市场较为混乱、法律法规体系不完善等原因,导致柬埔寨很难实施国民待遇,反而是实施了一些有差别的对待,尤其是外国投资者进入柬埔寨之后,一些政府政策的执行者就开始针对外商投资者实行差别对待,即开始利用职务之便大肆索贿、故意刁难外商投资者等。[①]

2.最惠国待遇

最惠国待遇标准是指东道国对外国投资者实行的待遇不低于其已给予或将给予第三国投资者的待遇。在国际投资关系中,最惠国待遇标准赋予各外国投资者在东道国平等竞争的法律机会,寻求来自不同国家的外国投资者之间在东道国的平等竞争地位。[②] 给予其他国家最惠国待遇一般是通过与其他国家签订双边或多边投资协议来实现的,目前有超过 20 个国家与柬埔寨签订了投资协定,这些国家成为柬埔寨外商投资最惠国待遇的主要对象,其中包括中国、韩国、越南等。

3.公平公正待遇

公平公正待遇是对国民待遇和最惠国待遇的补充和修正,也是常见的投资待遇之一,但目前,国际社会对公平、公正的投资待遇的定义不尽相同,主要有以下几种:以独立的、未附条件的公平公正待遇为主,践行的国家有中国、英国等;依据国际法赋予投资者包括公平公正待遇在内的权利,例如北美自由贸易协定;将公平公正待遇等同于国际最低待遇,在国际投资仲裁中较为常见。[③] 就柬埔寨而言,主要是以第一种为主,第三种为辅,柬埔寨虽然在《柬埔寨王国投资法》及其修改修订法令中,并没有明确表示给予外国投资者公平、公正的待遇,但在一些双边的投资协议中规定了柬埔寨应给予签约一方的投资者公平、公正待遇。[④]

---

① 林锐鑫、高培鹏:《最惠国待遇在国际投资法中的主要法律问题》,载《中国法学》2001 年增刊。

② 赵耀:《柬埔寨王国投资法律风险防范》,法律出版社 2013 年版,第 26 页。

③ Grozdanic H., *The Extraordinary Chambers in the Courts of Cambodia in a Hybrid System*, The Effects of Politics: Law and History, 2010, p.5.

④ 卢光盛、卢军、黄德凯:《柬埔寨外商直接投资法律制度研究》,世界图书出版社广东有限公司 2018 年版,第 110 页。

(二)国有化与征收

国有化、征收及其补偿标准是国际投资法的重要内容之一,东道国基本上都会对这方面的问题进行规定,以保护外国投资者的权益,但关于国有化、征收及其补偿标准,各个国家之间的规定不尽相同,有的国家明确规定对外国投资不实行国有化或者征收,有的国家对国有化或征收的条件做了严格限制。通常,各国都会在投资法中规定国有化或征收的事项,在双方协商的基础上,给予投资者适当补偿,有的国家还在投资法中规定补偿的计算方法和补偿的期限。[①] 对所有的投资者,不分国籍和种族,在柬埔寨法律面前一律平等,《柬埔寨王国宪法》第 44 条没有直接禁止国家将私有财产国有化,而是有条件征收,即是为了公共利益才发生征收,并且还要支付公平、公正的补偿,《柬埔寨王国投资法》第 9 条规定,柬埔寨不实施对投资者的私有财产有负面影响的国有化政策。

(三)争端解决

除了投资环境和投资保护以外,投资者在东道国产生纠纷后的争端解决机制也是外国投资者非常看重的事项,直接关系到外国投资者的投资收益问题,而东道国的争端解决机制常常与其本国的法律和政策相关。在《柬埔寨王国投资法》颁布之前,柬埔寨法律体系不健全,法制不完善,外国投资者一旦在柬埔寨发生投资争端,很容易面临求告无门的困境。近年来,随着柬埔寨不断完善本国投资法律体系,通过一系列的方式改善投资环境,尤其注重投资争端的解决,现在争端解决体系已经基本形成。目前,柬埔寨投资争端的解决方式主要有调解、谈判、诉讼、仲裁等。

如果在柬埔寨国内解决投资争端,《柬埔寨王国投资法》中规定,外国投资者在柬埔寨发生投资纠纷,可以采取协商、协调的方式解决,如果未果,可以将纠纷提交柬埔寨投资管理机构发展理事会来处理,或者通过柬埔寨国内法律程序来解决;如果是通过国际争端解决机构解决投资争端的话,柬埔寨是东盟的成员国,根据《中国-东盟全面经济合作框架协议争端解决机制协议》的规定,投资者与东道国发生投资纠纷可以采取磋商、仲裁等方式来处理;此外,柬

---

① 董治良、赵佩丽、木向宏编:《柬埔寨王国经济贸易法律指南》,中国法制出版社 2006 年版,第 38 页。

埔寨是《华盛顿公约》的成员国,当投资者与政府发生投资纠纷时,可以利用投资争端中心(IDSID)来解决。

(四)投资利润汇出问题

外国投资者最关心的问题之一就是投资利润的汇出,将投资所获得的回报汇往国外对外国投资者是十分重要的,许多国家的投资法都对投资利润的汇出作了规定,这种规定有两种,一种是允许外资原本及利润自由汇出,一种是对外资原本及利润的汇出有一定的限制,对于广大发展中国家来说,由于外汇资金短缺,往往都建立了较为严格的外汇管理制度,限制外资自由出入和自由兑换,这种外汇管制措施可能导致外国投资者将其投资利润及本金汇出的风险。[①] 相比其他发展中国家,柬埔寨的外汇管制要宽松得多,对投资者利润和本金的汇出给予了充分的自由,[②]《柬埔寨王国投资法》第 11 条规定,政府允许外国投资者从银行购买外汇汇往国外,但必须是用以清算与投资活动有关的债务。随着柬埔寨外国投资保障制度的不断完善,为外国投资者提供了更加切实可行的法律保障,为投资者免除了后顾之忧,促进了外资的引进。

四、投资注册企业的法律规定

(一)柬埔寨外资准入审批制度

柬埔寨发展理事会(CDC)是柬埔寨设立的唯一负责重建、发展和投资工作的机构,同时也是审批各项重要投资项目的重要参与者。这一机构主要职能是参与有关重要项目的审批以及参与制定国家经济发展目标;此外还负责调配国家相关资源等。这一机构设置不同岗位来进行管理工作,包括主席、副主席等,各岗位负责不同工作,但相互促进工作的有效进行。理事会下设两个委员会,即柬埔寨投资委员会(CIB)和柬埔寨重建与发展委员会(CRDB),前者分管私人业务领域的投资项目,后者则分管国家公共领域的投资项目。各委员会各司其

---

① 余劲松:《国际投资法》,法律出版社 2014 年版,第 173 页。

② 江苏漫修律师事务所:《"一带一路"建设中的涉柬埔寨法律服务》,苏州大学出版社 2018 年版,第 75 页。

职,工作内容从日常事务到相关的投资项目的审批。对于重大项目特别是与政治有关的项目或者投资金额较大的项目需要交于更高审批机构决议,例如国家的部分基础设施项目,包括建设—经营—移交项目(BOT)、建设—拥有—运营—移交项目(BOOT)。政府通过基础设施的经营权暂时转授给承包商,并由承包商出资进行建设,但对于这一基础设施并不是长期经营,有一定的期限,期限一到,企业必须将其归还移交到本国政府手中。这种 BOT 方式通常是因为国家财政无法支持国家经济发展所需的基础设施的建设,例如矿物质的地下勘察和开采以及自然资源等项目的开发等。

(二)审批程序

相较于全球其他国家,柬埔寨国家为境外投资者提供了较为优越的投资环境,但部分投资领域也是柬埔寨较为严格把控的区域。根据《柬埔寨王国投资法》相关规定,投资商在投资非经济特区的私人投资项目时,需要通过柬埔寨设立的发展理事会审批机构进行申请,需要提到的是,在投资商提交投资项目申请材料时,柬埔寨发展理事会在审批中也需要遵循相关的规定,例如必须在投资申请之日起 31 个工作日内完成审批工作。只有通过以后才可以获准投资。申请流程也较为严格,包括起草项目合同、审查项目所需要的经济技术是否成熟,以及提交项目实施的可行性研究报告;另外还需要申请备案和陈述项目,之后还要提供补充文件。提交的投资项目申请获准后,向金融机构缴纳相应的保证金;后续就可以进行登记注册,工商部会给投资商企业颁布投资许可证。投资商需要在之后的 6 个月内开展此项目,待项目完成 1/3 后可退回之前缴纳的保证金。

五、政策优惠

(一)优惠政策框架

柬埔寨给予内外资同等的待遇,《投资法》及其修正法为外国投资提供了保障和相对优惠的税收、土地租赁政策,此外,外国投资同样可享受美、欧、日等 28 个国家和地区给予柬埔寨的普惠制待遇(GSP),经柬埔寨发展理事会批准的合格投资项目可取得的投资优惠包括:(1)免征投资生产企业的生产设备、建筑材料、零配件和原材料等的进口关税;(2)企业投资后可享受 3～8 年的免税期(经济特区最长可达9年),免税期后按税法交纳税率为9%的利润税;(3)利润用于再投资,免征利润税,分配红利不征税;(4)产品出口,免征出口税。[①]

(二)行业鼓励政策

柬埔寨行业鼓励政策主要体现在农业和旅游业两个方面。在达到标准的外国投资者投资的农业项目上,柬埔寨政府的鼓励措施是项目在实施后,从第一次获得盈利的年份算起,可免征盈利税的时间最长为8年;如连续亏损则被准许免征税。如果投资者将其盈利用于再投资,可免征其盈利税;政府只征收纯盈利税,税率为9%;分配投资盈利,不管是转移到国外,还是在柬国内分配,均不征税;对投资项目需进口的各种建筑材料、生产资料、物资、半成品、原材料及所需零配件,均可获得100%免征其关税及其他赋税,但该项目必须是产品的80%供出口的投资项目。[②] 关于旅游业,柬埔寨旅游业发达,大多数的省市地区都把发展旅游业作为首要工作之一,将旅游产业定位为"优先发展行业"、"支柱产业"和"特色产业",充分利用自身优势来发展经济。

(三)地区鼓励政策

柬埔寨于2005年颁布了《关于特别经济区设立和管理的148号次法令》,开始实施特别经济区,柬埔寨发展理事会下设的柬埔寨特别经济区委员会是负责特别经济区开发、管理和监督的一站式服务机构,经济区开发商和区内投资企业可享受的优惠投资政策见表6-2。

表6-2 特别经济区享受的优惠政策

受益人	优惠政策
经济区开发商	1.利润税免税期最长可达9年; 2.经济区内基础设施建设使用设备和建材进口免征进口税和其他赋税; 3.经济区开发商可根据《土地法》取得国家土地特许,在边境地区或独立区域设立特别经济区,并将土地租赁给投资企业。

---

① 参见《商务部对外投资合作国别(地区)指南——柬埔寨(2022年版)》。

② 参见《商务部对外投资合作国别(地区)指南——柬埔寨(2022年版)》。

续表

受益人	优惠政策
区内投资企业	1.与其他合格投资项目同等享受关税和税收优惠； 2.产品出口国外市场的，免征增值税。产品进入国内市场的，应根据数量缴纳相应增值税。
全体	1.经济区开发商、投资人或外籍雇员有权将税后投资收入和工资转账至境外银行； 2.外国人非歧视性待遇、不实行国有化政策、不设定价格。

注:根据柬埔寨发展理事会发布数据整理得出。

第三节　中国对柬埔寨经贸投资法律风险分析

一、中国对柬埔寨的投资现状

中国对柬埔寨的投资,具有领域广泛、互利共赢的特点,投资行业多集中于电站和电网等基础设施、农业、制衣、矿业等行业,对外投资的主力是民营企业,在对柬埔寨的投资企业中大约有 2/3 是民营企业。2021 年中国对柬埔寨直接投资流量约 4.67 亿美元,中国对柬埔寨直接投资存量约 69.6 亿美元。[1] 中国企业在自身发展的同时,也对当地经济发展、税收、就业等做出重要贡献。[2] 中国与柬埔寨签署的协定包括:《中柬贸易协定》、《中柬文化协定》、《中柬旅游合作协定》、《中柬关于成立经济贸易合作委员会协定》、《中柬农业合作谅解备忘录》、《中柬关于旅游规划合作的谅解备忘录》、《中柬领事条约》、《关于柬埔寨精米输华的植物卫生要求议定书》和《关于柬埔寨木薯干输华的植物检验检疫要求议定书》等。根据中国-东盟自贸区协议,中柬双方于 2009 年 10 月 1 日起正式启动降税程序,中国于 2010 年 1 月 1 日率先对柬埔寨绝大部分产品实现零关税,柬埔寨 2011 年实行降税,

---

[1] 《2021 年度中国对外直接投资统计公报》。

[2] 《国别投资经营便利化状况报告(2016)》。

并将于 2013 年、2015 年进一步实施降税安排,最终于 2015 年对中国 90%
以上产品实现零关税。

二、中国对柬埔寨的投资法律风险

(一)投资政策法规不完善

柬埔寨颁布的《柬埔寨王国投资法》及《柬埔寨王国投资法修正法案》对于
外资公司的设立条件、审批要求、形式、投资领域、参股比例、利润汇出等做出
了一系列的规定。但截至目前,柬埔寨对于商标注册、使用及技术转让等知识
产权问题尚无法律法规。柬埔寨虽然对矿产、劳工、税收等方面颁布了相关的
法律法规或者政策,但很多是原则性的规定,操作层面自由裁量性较大,很大
程度上增加了企业的法律风险。在司法层面,柬埔寨无经济法庭,投资和经营
纠纷通过司法渠道难以解决。同时,柬埔寨存在司法腐败现象,柬政府虽然加
大反贪力度,但效果有限。此外,柬社会信用体系不健全,投资陷阱较多,企业
一旦遭遇纠纷,维权较为困难。

(二)经济政策有所波动

2015 年,柬埔寨进一步深化改革,出台《2015—2025 年工业发展规
划》,加大对外交往力度,积极融入区域一体化和东盟一体化建设,继续以农
业、制衣业和建筑业为主导的工业、旅游业和外国直接投资来拉动宏观经济
的发展。但是,执政党人民党与反对党救国党矛盾尖锐,反对党进入国会
后,柬经济政策有所波动,政府加强了对重大项目立项前在环保、项目价格、
预期经济效益等方面的审查,立项论证过程明显加长,对投资者权益保护力
度有所减弱。

(三)行政效率环境

柬埔寨政府部门相互交叉,各部门审批环节多,各类配套制度、法规普
遍缺失导致行政效率低下,而且从上到下缺乏一个集中管理和服务的机构。
以世界银行 2020 年营商环境报告中的开办企业为例来考察柬埔寨政府的
行政效率,这一指标反映的是一位企业家要开办并正式运营一个工业或商
业企业时,官方正式要求或实践中通常要求的所有手续,完成这些手续所需

的时间和费用,以及最低实缴资本。2020 年,柬埔寨在 190 个参评国家中排第 187 名,处于落后地位。[①]

(四)投资贸易便利度不够

在投资方面,中柬尚未签订避免双重征税协定。在贸易方面,中柬目前仅签署大米、木薯两类产品关于检验检疫的出口议定书,这两类产品可以直接对华出口,但大米出口面临国内配额限制。玉米、香蕉、芒果等多种柬优势农产品不能直接对华出口,限制了我国企业在柬进行农业投资的品种范围。

(五)投资者权益保障不足

柬埔寨的法律体系并不完善,社会信用体系也不健全。企业一旦遭遇纠纷,维权较为困难,而且我国在柬埔寨的企业多为民营企业,规模较小,法律意识较为淡薄,投资决策之前对当地法律及政策了解不足。当产生投资纠纷或欺诈时倾向选择"花钱消灾",或寻找中间人、代理人等方式,不仅无法有效维护自己合法权益,反而可能带来更大损失。

三、投资建议

(一)进行市场调研及风险评估

投资者一旦有了投资意向,需要做足准备工作方可实施。对市场环境展开调研,对投资项目进行评估,并作出专业的可行性分析,对目前存在以及今后可能会出现的各类风险点有一个全面的认识。除此之外,应当对我国及柬埔寨涉及的各类法律条款及政策有一个深刻的把握,避免出现由于双方法律规定不一致而陷入法律纠纷的泥沼。法律及政策的调查研究应当涵盖投资准入、外汇、税收等与之相关的所有内容。

(二)留意柬埔寨政府吸引外资的政策措施

外资是柬埔寨经济增长的重要动力,但受大选后政治社会局势不稳影响,

---

① 《世界银行 2020 年营商环境报告》。

柬埔寨经济对外资吸引力有所下降。虽然未来柬埔寨局势趋向稳定,但外商投资信心的恢复可能需要一定时间,因此需要关注柬埔寨政府怎样通过优惠政策吸引外资。

(三)积极投保降低投资风险

任何投资都存在一定的风险,风险防控是一个企业必须引起重视的,企业应积极利用保险、担保、银行等金融机构和其他专业风险管理机构保障自身利益。企业在开展对外投资合作过程中要积极地投保,使用保险公司提供的包括政治风险、商业风险在内的信用风险保障产品,也可使用其他商业担保服务。

(四)合法解决投资纠纷

中国企业在柬埔寨进行投资活动时,应当充分利用当地的外国投资法,把握当地对外来投资所设定的优惠与便捷条件,但同时也应当受当地法律约束,按照当地法律规定进行交易往来,避免出现各类违反法律的现象。在投资过程中一旦发生争议与纠纷,中国企业可以诉诸国际法及国内法的救济。其中,国际法涵盖了国际条约、中柬双边投资保护协定、中国-东盟投资协定等。协商是双方争议出现时有效解决争议的首选,若无法有效协商时,可利用法律来解决问题。目前可以通过向柬埔寨法院起诉的方式,或通过 ICSID 进行争议解决。中国企业应当对不同方式进行权衡,根据实际状况选择一个能够让自己合法权益受到最大化保护的手段来化解纠纷。

第七章

泰国经贸投资规则

泰国社会总体较为稳定,政策透明度较高,经济发展水平位于东盟国家前列,商品在东盟国家享受零关税待遇,对周边国家具有较强辐射能力,经商环境开放包容。在中泰两国政治互信不断加深、中国-东盟自贸区建成并不断深化,以及"一带一路"倡议全方位推进的大背景下,两国经贸合作已进入历史最好时期,中泰之间的投资合作已逐步形成多层次、多渠道、全方位的合作格局。

第一节　泰国经贸投资发展基本情况

一、泰国概况

泰国地处中南半岛中部,东南临太平洋泰国湾,西南临印度洋安达曼海,西部及西北部与缅甸交界,东北部与老挝毗邻,东连柬埔寨,南接马来西亚。泰国的自然资源主要有钾盐、锡、钨、锑、铅、铁、锌、铜、钼、镍、铬、铀等,还有重晶石、宝石、石油、天然气等。

泰国属大陆法系,以成文法作为法院判决的主要依据,其中司法机构由宪法法院、司法法院、行政法院和军事法院构成,泰国历史最悠久的政党是民主党,成立于1946年,其政策趋向于维持君主立宪制度,维护泰国中产阶级利益。泰国奉行独立自主的外交政策和全方位外交方针,重视周边外交,积极发展睦邻友好关系,维持大国平衡,重视区域合作,2012 年至 2015 年担任中国-东盟关系协调国,积极推进东盟一体化和中国-东盟自贸区的建设,支持东盟与中日韩合作。泰国政府重视经济外交,推动贸易自由化,积极参与大湄公河次区域经济合作,发起并推动亚洲合作对话(ACD)机制,积极参加亚太经济合作组织(APEC)、亚欧会议(ASEM)、世界贸易组织(WTO)、东盟地区论坛(ARF)和博鳌亚洲论坛(BFA)等国际组织活动,积极发展与伊斯兰国家关系,谋求在国际维和、气候变化、粮食安全、能源安全及禁毒合作等地区和国际事务中发挥积极作用。

二、经济发展状况

自 2010 年以来泰国经济一直呈正增长,2010 年更是实现了 7.51% 的高增长,但 2013 年以来受国内的政治动荡和全球经济复苏乏力的影响,泰国经济增长开始出现回落。尤其近几年,受到新冠疫情的影响,泰国经济出现剧烈波动。泰国国家经济与社会发展委员会(NESDB)数据显示,2018 年泰国GDP 增长率达到了 4.22%,2019 年下跌至 2.11%,受新冠肺炎疫情影响,2020 年经济出现剧烈下滑,GDP 增长率为 −6.07%,2021 年恢复到 1.49%。2022 年经济逐渐复苏,以泰铢计算的 GDP 增长率达到 2.39%。不过由于泰铢与美元的平均汇率出现大幅度下滑,导致泰国 2022 年 GDP 换算成美元后降至 4953.4 亿美元,跌破 5000 亿美元大关。据泰国国家统计局公布数据,2022 年泰国 GDP 构成中,农业占 6.36%、工业占 31.60%、第三产业占比63.08%。①

表 7-1　2017—2022 年泰国宏观经济数据

年份	GDP/亿美元	GDP 增长率/%	人均 GDP/美元
2017	4563.6	4.18	6436.8
2018	5067.5	4.22	7124.6
2019	5439.8	2.11	7628.6

---

① 世界银行数据,http://www.data.worldbank.org.cn,最后访问日期:2023 年 7 月25 日;泰国国家统计局官网,http://www.nso.go.th,最后访问日期:2023 年 8 月 2 日。

续表

年份	GDP/亿美元	GDP 增长率/%	人均 GDP/美元
2020	5004.6	−6.07	7001.8
2021	5055.7	1.49	7060.9
2022	4953.4	2.59	6908.8

注:根据世界银行公布的数据整理得出。

根据泰国财政部数据,2022 年财年(2021 年 10 月—2022 年 9 月),泰国财政收入 26643 亿泰铢(约合 736 亿美元),公共支出 30121 亿泰铢(约合 881.7 亿美元),预算赤字为 3478 亿泰铢(约合 101.8 亿美元)。[①] 根据泰国央行数据,2023 年 4 月,泰国外汇储备为 2264.9 亿美元,核心通胀率为 3.79%,低于世界和亚洲的平均水平。泰国未偿还对外债务为 3018 亿美元,占 2022 年 GDP 的 60.9%。2017 年,泰国荣登彭博新闻社发布的国际痛苦指数排名中最不痛苦国家榜首,2018 年泰国因失业率极低再次蝉联该排名冠军。新冠疫情后,泰国的失业率有所上升,2022 年泰国的失业率为 1.3% 左右,在世界范围内仍然处于较低水平。[②]

三、产业结构

农业是泰国的支柱性产业,全国耕地面积约 1500 万公顷,占国土总面积 31%。[③] 农产品是泰国重要出口商品之一,主要农产品包括稻米、天然橡胶、木薯、玉米、甘蔗、热带水果。泰国是世界第一大橡胶生产国和出口国以及第一大木薯和大米出口国,木薯产量世界第三,60% 用于出口。2021 年,泰国出口大米 611 万吨,出口额 1070 亿泰铢;出口木薯 1038 万吨,出口额 1200 亿泰铢。

据世界银行公布的数据,2022 年泰国制造业占 GDP 比重约 27.02%,主要制造业门类有汽车装配、电子、纺织、食品加工、建材、石油化工等。近年来,受新冠肺炎疫情的影响,泰国的汽车出口有所下降。根据泰国工业联合会统

---

① 参见泰国财政部,http://www.mof.go.th,最后访问日期:2023 年 4 月 23 日。

② 参见泰国中央银行,http://www.bot.or.th,最后访问日期:2023 年 4 月 23 日。

③ 《商务部对外投资合作国别(地区)指南——泰国(2022 年版)》。

计,2022 年泰国汽车产量 1883515 辆,其中泰国国内销售 849388 辆,整车出口 1000256 辆。泰国汽车出口量大于内销量,自 2012 年始,泰国最大出口商品为汽车,主要的五大出口目的地分别是澳大利亚、菲律宾、沙特阿拉伯、印度尼西亚和马来西亚。① 2021 年,泰国是全亚洲仅次于日本和韩国的第三大汽车出口国。近年来,中国上汽、长城汽车等也在泰国投资设厂。②

旅游业是泰国服务业的支柱产业,泰国旅游资源丰富,每年接待数以千万计的游客,曼谷、普吉、帕塔亚、清迈、清莱、华欣、苏梅岛都是泰国境内非常著名的旅游景点。据统计,2019 年到访泰国的外国游客达 3900 万人次,同比增长 4%;旅游业收入 622.89 亿美元,同比增长 3.1%。2020 年受新冠肺炎疫情影响,泰国旅游业遭受巨大打击,访泰游客总计只有 670 万人次,同比下降了83.2%,旅游业总收入为 3320 亿泰铢(折合人民币约 730 亿元),同比大幅下降了 84.9%。2021 年到访的外国游客 42 万人次,同比下降 93.62%;外国游客旅游业收入 24 亿泰铢。③ 随着新冠疫情的结束,泰国旅游业也处于复苏阶段。2022 年第一季度泰国国外游客数量 44 万人,同比增长 2.1%,创造旅游收入约 342 亿泰铢,增长 1.4%。④

四、发展规划

泰国通过基础设施建设、加大投资力度、吸引外国游客等措施来保持经济稳定增长。2016 年 9 月,泰国内阁通过了由国家经济和社会发展委员会办公室提交的"十二五总体经济发展规划",该计划总投资额 3 万亿泰铢,涉及 40个重大基建项目。泰国政府于 2015 年提出东部经济走廊(EEC)计划、于2016 年正式提出"泰国 4.0"高附加值经济模式,吸引外商对东部经济走廊地区进行投资。⑤ 2023 年,内阁会议通过了第 3 个国家旅游发展计划,该计划针对后疫情时代泰国旅游业的发展制订了 5 年计划,用于推动后疫情时代泰国

---

① 世界银行数据,http://www.data.worldbank.org.cn,最后访问日期:2023 年 7 月25 日。

② 《商务部对外投资合作国别(地区)指南——泰国(2022 年版)》。

③ 《商务部对外投资合作国别(地区)指南——泰国(2022 年版)》。

④ 参见泰国国家旅游局,http://www.tourism.go.th,最后访问日期:2023 年 4 月23 日。

⑤ 《商务部对外投资合作国别(地区)指南——泰国(2022 年版)》。

旅游业的复苏。[①]

五、营商环境评价

截至 2021 年 12 月 31 日,国际评级机构穆迪对泰国主权信用评级为 Baa1,展望为正面。[②] 2022 年,泰国清廉指数在 180 个国家中排 101 名。[③] 世界经济论坛发布的《2019 年全球竞争力报告》显示,泰国在全球最具竞争力的 141 个国家和地区中排第 40 名。世界银行发布的《2020 年全球营商环境报告》显示,在 190 个经济体中,泰国的营商环境排第 21 名,较 2019 年上升了 6 名。世界知识产权组织发布的 2022 年全球创新能力指数排名显示,泰国排第 34 名。[④]

(一)政治环境

新国王玛哈·哇集拉隆功登基,使得饱受政治纷争之苦的民众对其充满期待和厚望。签署新宪法、推进全国大选、稳定政局、发展经济是新国王的首要任务。2017 年 5 月 6 日,哇集拉隆功国王正式签署新宪法,是泰国第 20 部宪法。新宪法的通过为今后的大选铺平了道路,之后泰国将加紧制定并通过与选举相关的法律,已于 2019 年举行政变后的首次国会选举,实现还政于民。当然,与选举相关的法律能否顺利通过还具有不确定性,且政治发展仍然充满变数。2014 年泰国军人政府上台后,受到国际社会的谴责,国内政治环境欠佳,经济发展受到一定影响,当年泰国经济增长明显放缓,人均收入相对于全球人均收入的 53.6%。为了维持稳定的政治局面,军政府以镇压红衫军、禁止党派活动与集会等严格措施维持相对稳定的局面。同时,修订的新宪法赋予了军方对政治强大的影响力,进一步加强了军方和官僚体系的权力,为未来泰国政治发展埋下隐患,未来政治走向仍有变数。

---

① 参见中华人民共和国商务部,http://www.mofcom.gov.cn,最后访问日期 2023 年 4 月 26 日。

② 《商务部对外投资合作国别(地区)指南——泰国(2022 年版)》。

③ 透明国际——2022 年全球清廉指数排行榜。

④ 参见《国别投资经营便利化状况报告(2017)》。

(二)行政效率环境

以世界银行发布的《2020 年营商环境报告》中的开办企业为例来考察泰国政府的办公效率。泰国在 191 个国家(地区)中排第 47 名。这一指标反映的是一位企业家要开发并正式运营一个工业或商业企业时,完成官方正式要求或实践中通常要求的所有手续的时间和费用以及最低实缴资本,泰国开办企业指标明显高于东亚及太平洋地区平均水平。[①]

(三)法律环境

泰国属大陆法系,以成文法作为法院判决的主要依据,泰国法律经过不断地完善,体系已经较为健全。泰国的最高法律是宪法,宪法之外还有法律、皇家法令、紧急法令、部级条例、部级通告、其他政府通告以及地方政府规定。泰国的司法系统由宪法法院、司法法院、行政法院和军事法院构成。泰国最高的司法审判机关是最高法院,最高法院大法官是最高执法者,由国王任命,但目前泰国的最高法院的决定尽管属于终审判决,但不构成判例,对今后判决也不产生直接约束力。另外,由于商业法是源于刑法而不是民法项下,因而常常对侵权行为采取严厉的惩罚措施。

(四)经济环境

1.宏观经济增长波动性明显

泰国近几年的宏观经济波动较大,2014 年以来,泰国国内局势并未发生根本改观,军事政变又加剧经济增长的不确定性,使得当年经济增长形势并不乐观,这种情况在 2015 年得到一定改善。政局趋稳有助于实体经济和消费信心的恢复,随着国内投资环境的改善和公共投资的增加,2016—2017 年泰国经济继续保持中速增长,但 2019 年经济增长又呈现波动。由于新冠疫情的影响,2020 年泰国的经济更是波动明显,2021 与 2022 年逐步回升。[②]

2.通货膨胀水平温和

2014 年,泰国军政府上台后实施价格冻结,导致商品价格暴跌,加上国际

[①]　参见《国别投资经营便利化状况报告(2017)》。

[②]　世界银行数据,http://www.data.worldbank.org.cn,最后访问日期:2023 年 7 月 25 日。

油气价格下行,泰国经济面临通缩压力,2015 年通缩率达到了 0.9%。2016年,由于私人消费的增长,多数商品和服务的价格开始回升,泰国通货紧缩风险得到控制,2016 年末通胀率为 1.1%,全年平均通胀率仍为 0.2%。2017 年得益于发达经济体乐观的金融市场情绪,国际大宗商品价格有所恢复,全球经济预期偏向积极,随着发展中国家城市化进程的发展,对大宗商品的需求将会增长,泰国通货膨胀率预计会有所提升。根据泰国央行数据,2021 年 3 月,泰国核心通胀率为 0.08%。2023 年 7 月,泰国核心通货膨胀率为 0.86%。[①]

(五)金融环境

自 1991 年 4 月 1 日起,泰国充分放宽了对外汇交易的管制,泰国外汇管制法规定对所有居民持有的外汇在携带入泰国时没有数量限制,但在带入境后的 7 天内须出售或存入泰国的商业银行。对投资者带入泰国的外汇如投资基金、离岸贷款等没有限制,但这些外汇需在收到或进入泰国 7 天内出售或兑换成泰铢,或存入一家授权银行的外汇账户。外资公司向其海外总部汇出利润将征收 10% 的汇款税,汇出款项的公司在汇款 7 天内须付清税金。[②]

(六)社会环境

泰国的社会治安虽然较为稳定,但是仍然存在恶化风险。根据世界经济论坛发布的《2019 全球竞争力报告》,泰国恐怖主义影响指标在 141 个国家中排第 134 名,暴力犯罪影响指标排第 95 名,得分均低于世界平均水平。这表明泰国国家安全受恐怖主义威胁的可能性仍很大,社会稳定性受到威胁。

泰国南部地区安全局势依然不容忽视,泰国政局动荡带来的集会、游行和示威频繁,泰国南部地区不时发生炸弹袭击等恐怖活动。泰南三府(北大年府、陶公府、也拉府)爆炸事件不断,严重影响南部投资环境。除了一直动荡的南三府,2016 年 8 月 12 日,泰国南部素叻、普吉、董里等府发生多起爆炸,影响旅游业和直接投资。此外,泰国易受极端气候造成的灾害影响,近年来,受极端气候影响,泰国干旱和水灾造成更多不确定因素。

[①]　泰国中央银行,http://www.bot.or.th,最后访问日期:2023 年 8 月 12 日。

[②]　中国民生银行研究院宏观经济研究团队:《泰国投资机遇及风险分析》,载《中国国情国力》2018 年第 3 期。

六、外商投资现状

泰国凭借优良的投资环境使其在吸收外资方面取得了显著成绩,自 2001 年以来,虽然受到国内政治动荡和金融危机的影响,但整体上仍保持较高水平。伴随着中国-东盟自贸区的全面建成及东盟经济共同体的建成,泰国吸收外资进入快速增长期。

联合国贸发会议《2023 年世界投资报告》统计,截至 2022 年年末,泰国共吸收外资 100.34 亿美元。吸收外资存量为 3061.63 亿美元。泰国主要投资来源有日本、中国、美国、印度、韩国及欧盟、东盟等国。据泰国 BOI 统计,受政府出台的十大重点产业、产业集群、东部经济走廊等一系列投资促进政策的影响,2021 年泰国 FDI(foreign-direct-investment)申请项目 783个,吸引外资超 6400 亿铢,主要投资来源有日本、中国、欧盟等国。①

第二节　泰国经贸投资规则分析

一、投资法律体系

(一)立法模式

由于经济发展水平、产业结构、政治体制等存在差异,造成了各国在外国投资立法上也有所不同,泰国作为发展中国家,为吸引更多的投资,政府积极采取各种措施来创造优良的投资环境,与其他发展中国家一样给予外国投资者很多的优惠政策,但同时泰国为了保护本国的产业,综合本国的国情,规定某些行业依然由本国企业经营或者限制性地允许进入某些行业,不过相比其他发展中国家,泰国的投资法律体系已经较为完备,泰国投资法结构由《投资促进法》《外国人经营法》《外国企业经营法》和《工厂法》等法律构成,这种专门投资法律和国内法律法规的相关内容规定可以保持外国投资方面的法律内

---

① 《商务部对外投资合作国别(地区)指南——泰国(2022 年版)》。

容的不断更新,有效保护外国投资者的利益,吸引更多的外国资本。

(二)法律体系

1.投资促进法

泰国于 1991 年颁布了《投资促进法》(第二版),为完善投资促进的法律,根据国家行政改革委员会建议并经其同意,对其进行了第三次修订。泰国《投资促进法》共 7 章:第一章是委员会、顾问和工作人员,作了基础性的规定;第二章是投资优惠申请与审批,规定了审批的要求以及获得审批的情形;第三章是对外国投资者权益的规定,涉及入境居留、土地、劳工、税收、优惠等方面;第四章是关于机械设备、原材料及必需材料,外国投资者在一定条件下可以获得优惠;第五章是保护和保证原则,泰国政府对外国投资在国有化、竞争、投资优惠、手续等方面做出的保证;第六章是优惠权益的取消,在泰国所获得的投资优惠在一定条件下委员会是有权力取消的;第七章是附则。[①]

2.外商企业经营法

泰国实行市场经济,外贸依赖程度和对外开放程度都很高,目前泰国现行的《投资促进法》是外国投资者到泰国投资参考的法律指南,相关的外国投资法律还有 1972 年颁布的《外国人经营法》,1978 年泰国对该法的内容作出部分修改,1998 年泰国内阁通过了修改后的《外商企业经营法》,逐渐替代了1972 年《外国人经营法》。

这部《外商企业经营法》明确规定了禁止、限制和鼓励外国投资者投资经营的项目,在此规定方面类似我国的《外商投资产业指导目录》。2000 年泰国投资促进委员会颁布和实施了一些新的投资政策,例如,泰国将投资区域分为第一区、第二区、第三区,不同区域享受的投资优惠政策不同。[②] 2007 年泰国再次对《外商企业经营法》加以修改,修改的内容包括限制外国投资者在企业中所占股权比例等。[③]

---

① 彭江、陈功主编:《"一带一路"沿线国家贸易投资法》,厦门大学出版社 2018 年版,第 180～189 页。

② 张大友、张中美、李松朋主编:《泰国法律制度概论》,西南交通大学出版社 2017 年版,第 271 页。

③ 漆思剑:《泰国外国投资优惠法律政策研究》,载《河北法学》2007 年第 12 期。

3.土地法

《泰国土地法》由泰国内务部颁布,包括土地分配、土地所有权的授予和界定、相关文件的发布等内容,明确对于宗教用地、外国人用地、部分行业法人用地的限制条件,并对土地调查、土地交易和费用及处罚条例都做出明确规定,此外,内务部又分别于1999年和2008年颁布3条关于《土地法》的修订案,分别对外国人用地、土地相关费用及处罚条款进行调整。除1954年《土地法》之外,《泰国工商不动产租赁法》《泰国工业区法》等法律都有涉及外国人在泰用地的规定。①

1954年《土地法》对外国人拥有土地做出规定:"外国人可根据双边条约关于允许拥有房地产权的规定,并在本土地法管辖下拥有土地。"根据该法,外国人及外籍法人根据内务部法规,经内务部部长批准可拥有土地,以作为居住和从事商业、工业、农业、坟场、慈善、宗教等活动需要之用。并针对不同用途对外国人最多可持有的土地面积做了规定。②

为了适应经济与社会发展的需要,内务部于1999年5月19日又颁布《土地法》修订案(Land Code Amendment Act No.8),对《土地法》中有关外国人及外籍法人产业问题做了修改,允许外国人及外籍法人在符合某种规定条件下可以拥有土地产业。其规定主要内容包括:"凡需在泰持有土地的外国人,必须按内务部规定从国外携入不少于4000万株,并经内务部长批准,可以拥有不超过1莱(泰面积单位,1莱=1600平方米)的土地,作为其居住用地。"上述外国人还必须满足以下条件:(1)其在泰投资必须是有益于泰本国经济社会发展或满足泰投资促进委员会(BOI)规定可予以投资促进的项目;(2)投资持续时间不少于3年;(3)持有的土地应在曼谷市区、芭堤雅或其他《城市规划法》规定的居住用地范围内。对于在泰投资可观并使泰经济受益的外国企业,其在泰经营期间若适用《泰国投资促进法》第27条、《泰国工业园管理局法》第44条或《泰国石油法》第65条的规定,在持有泰

---

① 《中国东盟年鉴(2016)》。
② 《国别投资经营便利化状况报告(2017)》。

国土地方面可享受一定特权和豁免。[①]

按照泰国法律规定,只允许外国人在符合上述条件情况下拥有用于居住的土地,或满足条件的外国企业有限制地拥有用于企业经营之用的土地。外国企业不得自由开展对泰土地的投资业务。此外,即便泰国人占多数(按股权人和股权计算)的合资企业,泰国政府也出台有关条例防范以此为名义从事土地经营的行为。

4.环境保护法

泰国关于环保的基本法律是 1992 年颁布的《国家环境质量促进和保护法》,此外泰国自然资源和环境部还发布了系列关于大气和噪声、水、土壤等方面的一系列公告。泰国有关环保法律法规对于空气和噪声污染、水污染、土壤污染、废弃物和危险物质排放等标准都有明确的规定,对于违法违规行为有相应的处罚。[②] 此外,1975 年泰国第一次提出关于环境影响评估(EIA)的强制要求,目前,相关规定详见 1992 年《国家环境质量促进和保护法》第 46 条。在泰国自然环境委员会的批准下,泰国自然资源和环境部有权规定必须进行 EIA 的项目规模和类型。可能对自然环境造成影响的大型项目,必须向自然资源和环境政策规划办公室提交 EIAS 报告,接受审核和修改。EIAS 报告必须由在自然资源和环境政策规划办公室注册认可的咨询公司出具。[③]

5.税法

泰国关于税收的根本法律是 1938 年颁布的《税法典》,财政部有权修改《税法典》条款,税务厅负责依法实施征税和管理职能。[④] 泰国对于所得税申

---

① (1)《泰国投资促进法》第 27 条规定:在获得董事会批准的情况下,投资人可拥有超出其他法律规定范围的土地进行投资活动;在投资人是外籍人的情况,若其在泰投资活动停止或将土地转让给他人,土地局有权收回土地。(2)《泰国工业园管理局法》第 44 条规定:在获得董事会批准的情况,工业经营者可在工业园区内拥有超出其他法律规定范围的土地用于工业活动。在投资人是外籍人的情况,若其在泰商业活动停止或转让给他人,须将土地退还给泰工业园管理局或转让给其企业受让者。(3)《泰国石油法》第 65 条规定:委员会有权批准特许权获得者拥有超出其他法律规定范围的土地用于石油经营。

② 王霁虹、徐一白:《泰国投资基建项目的法律环境》,载《国际工程与劳务》2016 年 12 月。

③ 《商务部对外投资合作国别(地区)指南——泰国(2022 年版)》。

④ 中国驻泰国使馆经商参处:《泰国投资政策与经商成本》,载《中国经贸》2012 年 3 月。

报采取自评估的方法,对于纳税人故意漏税或者伪造虚假信息逃税的行为将处以严厉的惩罚。[1]

二、投资形式

在泰国投资可以以股权投资、上市公司、收购、基础设施 PPP 模式等方式进行。关于股权投资,外籍人对泰国开展投资经营活动的方式可按照泰国法律在泰国注册为某种法人实体,具体形式有独资企业、合伙企业、私人有限公司和大众有限公司等,或者是成立合资公司。关于上市,泰国法律规定,只有大众有限公司才有资格申请登记加入证券交易市场,泰国没有关于外资公司在泰国上市的特殊限制,在泰国注册成立的大众有限公司,符合泰国证券交易委员会(SEC)和股票交易所(SET)的有关规定,即可申请上市。关于收购,泰国没有关于跨国并购的专门法律法规,收购行为通常有全资并购、股票收购和资产收购等三种方式。收购私人有限公司,须符合《民商法典》有关规定,而收购上市公司,必须符合《证券交易法》和泰国证券交易委员会的有关规定。

近年来,泰国经济和社会基础设施建设的投资需求很大,在 2014 年内阁审批出台的泰国 8 年基础设计建设规划中,PPP 项目占比 20%,泰国政府重点打造的东部经济走廊(EEC)五大基础设施项目也均属于 PPP 项目。交通、供水及污水处理、垃圾处理、科学及行政等领域的公共基础设施,是泰国基础设施 PPP 项目涉及的主要领域,泰国的 PPP 模式主要为特许经营类,对于特许经营的具体年限无统一标准,一般根据项目本身需要确定,但一般不超过 30 年。隶属于泰国财政部的司局级部门的国企政策办公室(SEPO)是泰国 PPP 项目的规划和发布部门,根据国家宪法和国家社会经济发展规划制定发布 PPP 项目战略规划。[2]

---

[1] 目前泰国的直接税有 3 种,分别为个人所得税、企业所得税和石油天然气企业所得税。间接税和其他税种有:特别营业税、增值税、预扣所得税、印花税、关税、社会保险税、消费税、房地产税等,泰国并未征收资本利得税、遗产税和赠与税。

[2] 2017 年 12 月 17 日,为鼓励私营部门投资公共服务领域,泰国发布了《2017—2021 五年 PPP 战略规划》[PPP Strategic Plan B.E. 2560—2564(2017—2021)],计划开发 55 个潜在 PPP 项目,共计总投资额约 1.62 万亿泰铢(约合人民币 3209 亿元)。泰国欢迎中国企业参与其 PPP 项目的设计、投资、建设和运营。

三、投资准入方面的法律规定

(一)投资主管部门

泰国主管投资的部门是泰国投资促进委员会(BOI),主要职能是负责根据《投资促进法》制定投资政策,投资促进委员会办公室具体负责审核和批准享受泰国投资优惠政策的项目和提供投资咨询服务等。

(二)投资行业

为促进经济的发展,各国会制定各种投资措施吸引外资,但这并不意味着外资的进入毫无界限。出于国家安全和公共利益的考虑,各个国家都会慎重考虑允许外国资本进入的领域和限制外资的领域,像涉及国家公共资源、土地和公共利益的领域,不允许外国投资者进入;涉及公共利益的行业,例如能源、基础设施、金融机构等部分,需要经过投资准入部分特许经营许可才可以进入。但针对一些新兴产业部门、能够引进先进技术的领域,国家都会采取鼓励和优惠措施。泰国有关法律规定在泰国外国投资项目分为禁止、鼓励和限制三大类。

1.禁止性投资的行业

报业、广播电台、电视台;种稻、旱地种植、果园种植;牧业;林业、原木加工;在泰领海、泰经济特区的捕鱼;泰药材炮制;涉及泰国古董或具有历史价值之文物的经营和拍卖;佛像、钵盂制作或铸造;土地交易。[1]

2.限制性投资的行业

限制性的投资项目主要有外国投资者需要经过泰国内阁的最终裁定,商业部部长根据内阁的最终裁定后作出相应的批准后才可以进入的领域,包括地下盐、枪械弹药、军用交通工具等 11 种项目。这些项目一般可能会损害泰国的文化习惯和环境保护,甚至是国家安全。此外,还有 10 种以保护新型产业为目的的限制项目,往往都是本国人对外国人未具竞争能力的投资业务,包括水产养殖、艺术加工等,此 10 种产业是需要外国投资者经过外国人经商营业委员会的最终裁定,商业部注册厅长根据裁定做出相应批

---

[1]　《商务部对外投资合作国别(地区)指南——泰国(2022 年版)》。

准后才可以进行投资的领域。[1]

3.鼓励投资的行业

泰国投资促进委员会(BOI)将鼓励投资的行业分为七大类:农业及农产品加工业,矿业、陶瓷及基础金属工业,轻工业,金属产品、机械设备和运输工具制造业,电子与电气工业,化工产品、塑料及造纸业,服务业及公用事业等。每个大类下还细分为许多小类,BOI对一些重点鼓励投资的行业都规定了特别的优惠条件,如经济树木种植(不包括桉树)、研发、软件开发、生物科技、互联网云服务、创意产品及电子产品的开发设计、替代能源、工程设计、产品和包装设计、高等技术培训及专业培训机构等都属于特别重视的项目。[2]

(三)投资比例

泰国对外商投资比例存在一定的限制,主要表现在下列四方面:(1)根据《外资企业限制法》规定,设立在泰国政府规定范围的外资企业,泰方的投资要占多数。(2)泰国投资者的投资比例占半数以上,作为外资企业享受纳税优惠的条件之一。(3)不论是新开办的外资企业还是对老企业进行技术改造的外资企业,投资委员会都要求泰国投资者的投资比例占绝大多数。(4)产品出口比例较高的外资企业,外国资本占多数也是可以的,当产品100%出口时,外资可高达100%。

(四)特殊经济区域的规定

为提高工业园内投资者的竞争能力,2007年泰国工业园管理局(IEA)第四次修改《工业园机构条例》,[3]根据《工业园机构条例》,泰国的工业园分为一般工业区和自由经营区(原出口加工区)两大类,在一般工业区投资的外国投资者,不必向BOI提交申请,就可以获得工业园内的土地所有权和引进外国技术人员、专家来泰国工作的权利。

---

① 张大友、张中美、李松朋主编:《泰国法律制度概论》,西南交通大学出版社2017年版,第273页。

② 《商务部对外投资合作国别(地区)指南——泰国(2022年版)》。

③ IEA(工业园管理局):泰国工业部下设的政府部门,负责发展工业园区和科技园区等工业地产。

此外,IEA 还向工业园内的投资者提供便利设施和一条龙服务,如运输服务、仓库培训中心和医疗服务等。在自由经营区的投资者,还可以享有更多的优惠政策,如无条件向国外出口产品,享受更大的进口物件和原材料便利,除 BOI 鼓励投资政策提供的优惠条件外,还可以享受更多的税务优惠。

四、投资保护

外国投资者对外进行投资时最关心的问题之一便是投资的保护和合法权益保障,对外国投资者给予法律上的待遇标准对外国投资保护来说是非常重要的。外国投资者的待遇是指东道国对外国投资者给予的法律上的待遇标准,包括外国投资者的法律地位、外资企业的法律地位、投资者财产的保护等,在泰国,没有明确规定给予投资者什么待遇,但在泰国与外国签订的双边协定或多边条约中一般都规定了要给予双方投资者国民待遇、最惠国待遇、公平公正待遇等。[①] 此外,为更大程度地解决外国投资者的后顾之忧,泰国《投资促进法》中对国有化和征收、竞争、同类产品的垄断、价格控制、优惠、获得帮助等以法律的形式作出了保证。[②]

五、优惠政策

(一)优惠政策框架

1997 年泰国发生金融危机以来,为适应世界经济及投资形势的变化,吸引更多的外资,BOI 先后多次公布新的鼓励政策和措施。修改优惠政策的重点放在放宽对投资领域的限制、重点扶持产业政策、进一步减免设备和原材料进口关税、进一步减免企业所得税、放宽对外国人持股比例的限制、准许外国人购买房地产和鼓励出口措施等方面。[③] 为进一步促进泰国经济可持续发

---

① 例如泰国与中国签订的《促进和保护投资协定》以及中国-东盟自由贸易区签订的《投资协议》中,明确规定要给予双方投资者国民待遇、最惠国待遇、公平公正待遇。

② 《投资促进法》第 43 条规定:"国家不鼓励投资企业转化为国有企业";第 44 条规定:"国家将不再设立与受鼓励投资企业相竞争的另一经营企业";第 45 条规定:"国家不垄断对与受鼓励投资人所生产或组装产品同类或相似产品的售卖。"

③ 申华林主编:《东盟国家法律概论》,广西民族出版社 2004 年版,第 232 页。

展,增强经济竞争力,鼓励创新、高附加值、绿色科技相关产业及研发的投资,根据泰国投资促进委员会(BOI)2015—2021 年的投资促进战略制定了相关投资的优惠政策。

关于外国投资的优惠政策以行业优惠为基础,地区优惠为辅助,行业优惠是按行业的重要性给予不同程度的优惠政策,地区优惠是按项目所在地区及价值的不同给予额外的优惠。关于投资优惠政策的形式,主要有两种,一种是税务上的优惠,一种是非税务上的优惠,税务上的优惠主要包括免缴或减免企业所得税、免缴或减免机器进口税、免缴出口所需的原材料进口关税等,非税务上的优惠主要包括允许引进专家技术人员、允许企业以公司名义获得永久土地所有权、允许外资独立持股、允许汇出外汇以及其他保障和保护措施等。

(二)行业鼓励政策

BOI 将鼓励投资的行业分为 A1、A2、A3、A4、B1、B2 六类,最高可获"8 免 5 减半"的税收优惠并附加其他非税收优惠权益。

A1 类:知识型产业,以增强国家竞争力的设计和研发行业为主,包括:垃圾发电、创意产品设计及开发中心、电子设计产品、研究发展项目等。此类行业享受的优惠权益包括:免 8 年企业所得税,并且无投资额度的限制;免机器/原材料进口税及其他非税收优惠权益。

A2 类:发展国家基础设施的行业,具有高附加值的高科技行业,并且在泰国投资较少或者尚未有投资的行业,包括:使用天然原材料生产具有活性成分的产品、生产技术纤维或功能纤维、应用高新科技生产汽车配件、生产活性药物成分等。此类行业享受优惠权益包括:免 8 年企业所得税,免机器原材料进口税及其他非税收优惠权益。

A3 类:对国家发展具有重要意义,并且在国内相关投资极少的高科技行业,包括:生产生物肥料、有机肥料、纳米有机化肥、生物农药,工业区环境保护项目等。此类行业享受优惠权益包括:免 5 年企业所得税,免机器/原材料进口税及其他非税收优惠权益

A4 类:技术不如 A1 和 A2 类先进,但能增加国内原材料价值以及加强产业链发展的行业,包括利用农副产品及农业废弃物生产的产品,生产再生纤维、热处理工艺、机械及机械装备,生产以无菌纸为原料的产品等。此类行业享受优惠权益包括免 3 年企业所得税,免机器人/原材料进口税及其他非税收

优惠权益。

B1/B2 类:没有使用高科技,但对产业链发展仍具有重要性的辅助产业。B1 类享受优惠权益包括:免机器/原材料进口税及其他非税收优惠权益。B2 类享受优惠权益包括:免原材料进口税及其他非税收优惠权益。

2015 年 11 月,泰国内阁通过了工业部提交的未来十大重点产业建议,十大重点产业设有配套投资促进优惠政策,十大重点产业包括泰国原有优势产业,包括新一代汽车制造、智能电子、高端旅游与医疗旅游、农业和生物技术、食品深加工,以及未来产业,包括工业机器人、航空和物流、生物能源与生物化工、数字经济、医疗中心。

(三)地区鼓励政策

泰国目前重点鼓励投资的地区为东部经济走廊、南部经济走廊和边境经济特区,此外,在 20 个人均收入较低的府投资也可享受到一些额外优惠。这 20 个府是胶拉信、猜也奔、那空帕农、南、汶干、武里喃、帕、马哈沙拉堪、莫拉限、夜丰颂、益梭通、黎逸、四色菊、沙功那空、萨缴、素可泰、素辇、廊磨南蒲、乌汶以及庵纳乍能。[①]

(四)工业园区优惠政策

泰国的工业园区优惠政策是根据区域划分的,给边远地区享受更多的优惠政策,在经济水平较高的地区,给予的优惠政策较少。[②]

对于位于第一区的外资企业,泰国政府一般给的优惠条件不多,仅是针对一些特定的产品的生产设备的进口税减免,免缴 1 年的原材料进口税和 3 年的企业所得税。

第二区相对第一区经济欠发达,相对第一区就有更多优惠政策。在第二区设立的企业,从企业正式设立以来的 7 年内可以免缴生产设备的进口税及企业所得税,免缴用于企业产品的生产出口所需要的原材料进口税 1 年。

在第三区的企业所获得的优惠条件最多,在第三区设立的企业,且向投资

---

①　参见 BOI 网站,http://www.boi.go.th/index.php? page=policies_for_investment_promotion,最后访问日期:2020 年 8 月 15 日。

②　张大友、张中美、李松朋主编:《泰国法律制度概论》,西南交通大学出版社 2017 年版,第 279 页。

促进委员会申请并获得到投资鼓励优惠的工业区内的企业,从企业正式设立以来的八年中可以免缴生产设备的进口税及企业所得税,免缴用于企业产品的生产出口所需的原材料进口税五年。

六、争端解决

当投资产生争端时,一般通过协商、调解、仲裁、诉讼的方式解决,在泰国出现投资争端时也不例外,其中仲裁是常用的方式,泰国《仲裁法》规定,若争端以仲裁的方式解决,需要判断投资争端的性质,这需要普通法院或行政法院对提交仲裁的书面协议的效力进行裁定,如果一方当事人将争议事项提交法院诉讼,另一方当事人可以根据合同仲裁条款提出反对。

解决纠纷适用哪国法律,需依照当事人双方的约定而定,如泰国《仲裁法》规定,当事人双方协议按照仲裁法的规定来裁决,当涉及某个国家,如没有相应的法律规定和相关的调理时,应当引用该国相关的和不矛盾的法律条例。

此外,东盟于 1987 年 12 月第 2 次政府首脑会议批准的东盟六国《关于促进和保护投资的协定》,共 14 条,其中第 9 至 11 条规定了争端解决的内容:缔约国之间对协定的解释和适用发生的任何争端,应尽可能在争端方之间友好解决,并将结果汇报给东盟经济部长;如果争端未能解决,可交给东盟经济部长解决,还可以将投资者与国家之间的投资争端的调解和仲裁机构提交给国际投资争端解决中心(ICSID)、联合国国际贸易法委员会(UN-CITRAL)、设在曼谷的地区仲裁中心或者东盟内的地区仲裁中心,或者是任何争议双方同意、为了仲裁的目的而指定的机构。而国家与他国投资者之间的投资争端,由于通常与东道国要求修改合同或采取征收、国有化措施有关,因此主要依靠国内法进行救济或提交仲裁。该协定还对解决争端的程序作了详细的规定。[①]

如果中国企业在泰国出现商务纠纷,中国企业可将纠纷案件向泰国商业部贸易发展促进厅或商业发展厅进行投诉,并获得解决方案,贸易纠纷如需仲裁解决,中国企业可联系泰国贸易院进行仲裁咨询。此外,使用法律要看合同是否约定了适用中国法律还是泰国法律。如无约定,由于起诉要在被告所在

---

① 陈志波、米良编:《东盟国家对外经济法律制度研究》,云南大学出版社 2006 年版,第 148 页。

地,因此使用被告所在地法律,如约定纠纷采用仲裁方式,要使用仲裁机构所在地法律。

第三节　中国对泰国经贸投资法律风险分析

一、中国对泰国经贸投资现状

据中国海关统计,2021 年,中泰两国贸易额增长 33%,达到 1312 亿美元,历史上首次突破千亿美元大关。[①] 截至 2021 年年末,中国对泰国直接投资存量达到 99.17 亿美元。[②] 2020 年,泰国对华投资 1.1 亿美元,同比增长 2.7%。2022 年,中国成为泰国第一大投资来源国,投资申请金额达 773.81 亿泰铢。

中泰两国建交以来,先后签署了多项政府间合作协议。在经贸领域,双方签订了《促进和保护投资协定》、《贸易经济和技术合作谅解备忘录》、《双边货币互换协议》、《中泰战略性合作共同行动计划(2012—2016 年)》、《关于可持续发展合作谅解备忘录》和《关于开展泰国"东部经济走廊"建设合作的谅解备忘录》。在投资领域,双方签订了《中华人民共和国政府和泰王国关于促进和保护投资的协定》、《关于避免双重征税和防止偷漏税的协定》、《关于民商事司法协助和仲裁合作的协定》和《中泰关系发展远景规划》等。2022 年 11 月,中华人民共和国主席习近平与泰国总理巴育举行会晤,两国领导人共同签署《中泰战略性合作共同行动计划(2022—2026)》《中泰共同推进"一带一路"建设的合作规划》以及经贸投资、电子商务、科技创新领域合作文件。双方发表了《中泰关于构建更为稳定、更加繁荣、更可持续命运共同体的联合声明》。

---

① 《2021 年中泰两国贸易额首次突破千亿美元》,载人民网,http://www.people.com.cn,最后访问日期:2022 年 10 月 3 日。

② 《2021 年度中国对外直接投资统计公报》。

二、中国对泰国投资风险分析

(一)投资准入风险

为了保护本国国家安全和维护本国的国家利益,泰国对一些行业的准入做了禁止性和限制性的规定,这在很大程度上会对中国企业去泰国投资产生一定风险,当中国企业在考虑自身的经营范围时,还需要先了解清楚自身的经营范围在泰国是否属于可以进入的产业,需经过哪些审批手续。关于行业转入禁止和限制的法律条文比较复杂,审批手续的烦琐会给中国企业在泰国投资的入门环节造成极大困扰。

(二)生产经营风险

泰国《劳工法》和《外籍劳动者工作法》规定,严格限制中国企业只能雇佣当地人,泰国一般禁止外籍普通劳工到本国工作,但允许有条件地输入技术和管理人员,泰国要求所有在泰国工作的外国人在工作前都需取得工作许可,[①]这在很大程度上给中国企业的经营活动带来了消极的影响。这主要是从保护部门的新兴产业角度出发的,包括水产养殖、艺术品加工等 10 种行业成本的上升,员工之间难以形成默契,在生产效率上也是造成事倍功半,影响到产品质量和生产经营稳定性。

同时,泰国《土地法》关于土地所有权与使用权的规定也极大地限制了外国投资者的土地所有权和买卖权中的部分权利,这会造成中国企业在投资准入之后的投资经营阶段,在用工、产品销售和土地使用等环节产生一定的风险,大大增加企业的经营成本。

三、投资建议

(一)客观评估投资环境

从前述分析可以看出,泰国的投资环境较好,地理位置优越,交通便利,基

---

① 《商务部对外投资合作国别(地区)指南——泰国(2022 年版)》。

础设施较为完善,是东南亚地区经济、金融中心和航空枢纽,泰国整体上社会治安状况良好,中泰两国地缘相近、文化相通,政治外交关系友好,但是泰国近几年来政局持续动荡,对其投资环境带来一定影响。

首先,政局的动荡会影响外国投资者的信心,一些投资者选择观望或停止扩大投资规模;其次,由于政府高层经常变动致使其行政效率较低,投资项目审批程序复杂,周期较长。因此,目前中国企业赴泰开展投资合作须考虑政治风险因素,不少项目特别是大型投资项目审批周期较长,有的项目历时数年尚无结果,且手续繁杂,前期投入费用较高,投资者须有心理和财力方面的充分准备。[①]

(二)了解泰国法律法规,依法经营

泰国法律体系与中国不同,泰国司法过程耗时较长,存在较多人为因素,须重视防范法律风险。中国投资者前往泰国投资之前,要充分了解和遵守当地有关法律法规和政策规定,做到依法经营,必要时可聘请当地律师,避免陷入一些不必要的法律问题,最大限度降低法律风险。

(三)全面了解投资市场

1.泰国投资市场的竞争相当激烈

除了泰国企业自身投资能力比较好,很多发达国家的外资企业也看好泰国的投资环境和未来投资收益,对赴泰国投资表现积极,比如日本、美国、欧盟、新加坡等。因此,具有传统优势的产业市场几乎均已被先期投资者占领,我国企业实力虽然后来居上,但从市场格局、资金实力和技术水平以及国际投资经验等方面综合分析的话,中国企业赴泰国投资面临的挑战依然较大。

2.泰国最新发展战略

2015年泰国政府提出未来重点发展的十大产业,近期又重点提出发展"东部经济走廊"等战略。中国在汽车制造、农业技术、食品加工、航空物流、数字经济等方面具有比较优势,在旅游方面是泰国最大的游客来源国,在其他方面与泰国发展方向吻合,因此泰国"十大重点产业"等战略的提出对中泰深化经济合作具有较大的正面意义,可与"一带一路"倡议和国际产能合作战略进行有效对接,如果时机把握得当可对中国产业转移和升级换代产生积极影响。

---

① 《国别投资经营便利化状况报告(2017)》。

(四)注重履行社会责任

"一带一路"倡议提出后,中国进入"走出去"战略的新阶段,在不断提高开放型经济水平的要求下,如何在对外投资的过程中使双方共同获益,实现共赢,除了进一步优化营商环境来加强经贸投资往来合作,还要在这个过程中积极展现中国"品牌"。因此,中国企业在泰国投资经营时也要积极履行社会责任,这不单是对企业自身品牌、信誉和社会形象的投资,而且也有利于平衡国家之间、企业之间、企业与社会之间的各种利益关系,并将对企业的经营产生积极影响。在泰中资企业可以通过环保、教育、社保、节约资源、劳动保护等各类社会公益活动积极地融入当地社会,树立中资企业的良好形象。

(五)保险抵御风险

对外投资时,必不可少的一项风险抵御保护罩是对外投资保险,企业在开展对外投资合作过程中应积极地寻求保险、担保、银行等金融机构和其他专业风险管理机构推出的投资保障项目来最大程度地保护自身利益。国内关于投资保险可以在中国出口信用保险公司进行投保,使用中国出口信用保险公司提供的包括政治风险、商业风险在内的信用风险保障产品。中国出口信用保险支持企业对外投资合作的保险产品包括短期出口信用保险、中长期出口信用保险、海外投资保险和融资担保等,对因投资所在国(地区)发生的国有化征收、汇兑限制、战争及政治暴乱、违约等政治风险造成的经济损失提供风险保障。国际上关于投资保险可以通过多边投资担保机构(MIGA)对相关投资进行投保,其担保业务仅限于非商业性的投资风险,在满足一定适格条件后,投资者可向机构投保的险别包括货币汇兑险、征收和类似措施险、违约险、战争和内乱险。

第八章

越南经贸投资规则

越南坚持革新开放,以发展经济为重心,加快融入国际社会和世界市场,在 2006 年 11 月加入世界贸易组织后,越南给予外资企业国民待遇,政府大力清理国内法律法规,力求与国际接轨,为加大吸引外资力度,越南多次修订《投资法》,国内市场进一步开放,营商环境不断改善。

第一节　越南经贸投资发展基本情况

一、越南概况

越南位于中南半岛东部,北与中国广西、云南接壤,中越陆地边界线长 1347 公里,西与老挝、柬埔寨交界,东和东南濒临中国南海。① 越南自然资源丰富,种类多样,矿藏资源分为能源类、金属类和非金属类等 50 多种:能源矿藏主要有煤、石油和天然气;金属矿主要有铁、铬、铝、铜、镍、铅、钛矿等;非金属矿藏主有磷灰石、硫化矿、高岭土等。越南盛产大米、玉米、橡胶、椰子、胡椒、腰果、咖啡和水果等作物。

---

① 《商务部对外投资合作国别(地区)指南——越南(2022 年版)》。

越南现行宪法是第五部宪法,国会是国家最高权力机关,司法机构由最高人民法院、最高人民检察院及地方法院、地方检察院和军事法院组成。越南共产党是越南唯一合法政党,1930年2月3日成立,同年10月改名为印度支那共产党,1951年更名为越南劳动党,1976年改用现名。越南奉行全方位、多样化、愿与各国交友的外交路线,保持与传统周边邻邦的友好关系,积极参与国际事务,已同180个国家建交,同近200个国家和地区保持经贸往来,并于2006年加入世界贸易组织(WTO)。

越南社会治安总体状况良好,军队、警察等强力部门对社会秩序具有绝对控制力,虽然没有恐怖袭击事件,但也存在盗抢现象。河内、胡志明市、海防等主要城市摩托车和汽车拥有量大,交通事故较多,存在地方黑恶势力控制资源和偷窃现象,近年来我中资企业部分在建项目工地受到当地不法分子侵扰、偷盗和抢劫案件时有发生。

二、经济发展状况

自越共"六大"推行革新开放和自计划经济向市场经济转型方针政策之后,越南的国民经济逐渐取得较快的增长。2008年后受全球金融危机影响,越南经济增速回落至5%左右的水平。2018年,越南GDP达5535.3万亿越南盾(约合3101亿美元),人均GDP达5850万盾(约合3267美元),GDP总量同比增长7.46%,创2008年以来新高。2019年经济增长仍保持在7%以上。受新冠肺炎疫情影响,2020年越南GDP总量达6293.14万亿越南盾(约合3466亿美元),GDP增长率为2.87%。2021年,GDP增长率为2.6%。2022年,越南GDP总量升至4088亿美元,GDP增长率达到8.02%,人均达到4164美元。

表8-1 2017—2022年越南宏观经济数据

年份	GDP/亿美元	GDP增长率/%	人均GDP/美元
2017	2813.1	6.94	2992.1
2018	3101.1	7.46	3267.2
2019	3343.7	7.36	3491.1

续表

年份	GDP/亿美元	GDP 增长率/%	人均 GDP/美元
2020	3466.2	2.87	3586.3
2021	3661.4	2.56	3756.5
2022	4088.0	8.02	4163.5

注:根据越南统计局官网公布数据整理得出。

三、产业结构和优势

2022 年,越南农林水产业同比增长 3.36%,工业建筑业同比增长 7.78%,服务业同比增长 9.99%,对 GDP 增长贡献度分别为 12.98%、41.83%% 和 45.19%,占 GDP 比重分别为 11.88%、38.26% 和 41.33%。经济增长的主要拉动力分别是加工制造业(同比增长 8.10%)、批发零售业(同比增长 15.56%)和金融、银行和保险业(同比增长 6.87%)。[1]

越南盛产大米、橡胶、胡椒、椰子、火龙果、西瓜、芒果、腰果、茶叶、咖啡等农产品。2021 年,越南在种植面积减少 3.83 万公顷的情况下,生产水稻 4388 万吨,同比增产近 110 万吨。其他主要物产包括玉米 443 万吨、甜薯 122 万吨、甘蔗 670 万吨、木薯 1070 万吨、花生 42.69 万吨、大豆 5.92 万吨、各种蔬菜 1840 万吨。2020 年越南出口大米约 620 万吨,出口额 32 亿美元;出口蔬果 35.2 亿美元。2020 年,全国森林面积约 1000 万公顷,新增造林面积 26.05 万公顷,开采木材 1690 万立方米。[2]

2021 年,越南工业产值同比增长 4.82%,加工制造业产值同比增长 6.37%,电力生产与配送行业产值同比增长 5.24%,供水和污水、垃圾处理行业产值同比增长 4%,采矿业产值同比下降 6.21%。[3] 越南主要工业产品有电子产品、计算机、手机、机械设备、汽车、摩托车、纺织服装、石油天然产品、橡胶产品、塑料制品等。

---

① 世界银行数据,http://www.data.worldbank.org.cn,最后访问日期:2023 年 7 月 25 日。

② 《商务部对外投资合作国别(地区)指南——越南(2022 年版)》。

③ 《商务部对外投资合作国别(地区)指南——越南(2022 年版)》。

2021年,受新冠肺炎疫情影响,越南国内市场需求下降,全年商品零售和服务消费总额约4789.5万亿越南盾(约合2150亿美元),同比下降3.8%,排除价格因素实际下降6.2%。[①] 2022年以来,越南旅游业逐步复苏,全年接待国际游客逾350万人次,旅游总收入约208亿美元。[②]

越南汽车企业以进口部件进行组装为主,国产化率较低,仅5%~10%。截至2021年年末,全国汽车相关生产企业有360家,其中汽车装配企业50家,底盘、车身和行李箱生产企业45家,汽车零配件生产企业214家,以及多家其他相关企业。2021年,越南汽车消费量为41万辆。[③]

近年来,越南手机、计算机及零部件生产出口的主导作用逐渐凸显。2021年,越南手机及零部件出口额575亿美元,电子、电脑及零部件出口额508亿美元,合计达1082亿美元左右,占出口总额的32%。三星、LG、微软、富士康等大型企业均在越南投资设厂。其中,三星投资额近185亿美元,2021年越南三星营收约742亿美元,出口额655亿美元,约占越南对外出口总额的20%。[④]

近年来越南电力需求增长较快,长期以来电力供不应求的情况有所缓解。工贸部是政府电力主管部门,国有越南电力集团(EVN)是集全国电力生产、供应和分配调度于一体的电力中枢企业。截至2021年底,越南电力总装机容量76620兆瓦,居东盟第2位(仅次于印度尼西亚),在世界排名第23位。为适应清洁能源发展趋势,减少环境污染,越南政府鼓励对太阳能、风能等清洁能源领域的投资。越南为发展风电及太阳能发电出台多项优惠政策,该领域得到快速发展。未来,将按照修订后的越南第七个电力发展总体规划设定目标,2030年前实现新能源发电占总发电量比重为10.7%的目标。[⑤]

越南原油储量约44亿桶,居世界第28位,天然气储量1万亿立方米。越南原油开采规模排名世界第36位,石油出口在东南亚排名第4位。2020年越南开采原油1147万吨,开采天然气91.6亿立方米。[⑥]

---

① 《商务部对外投资合作国别(地区)指南——越南(2022年版)》。

② 中华人民共和国外交部官网,http://www.fmprc.gov.cn,最后访问日期:2023年4月20日。

③ 《商务部对外投资合作国别(地区)指南——越南(2022年版)》。

④ 《商务部对外投资合作国别(地区)指南——越南(2022年版)》。

⑤ 《商务部对外投资合作国别(地区)指南——越南(2022年版)》。

⑥ 《商务部对外投资合作国别(地区)指南——越南(2022年版)》。

四、发展规划

2020 年 6 月 3 日,越南政府总理颁布第 749 号决定,批准到 2025 年面向 2030 年国家数字转型计划。该计划提出,到 2030 年建成稳定繁荣的数字化国家,对政府管理方式、企业生产经营、生活方式和就业进行根本性革新,建设安全、人文和广泛的数字化环境。2021 年 10 月,越南政府总理颁布第 1856 号决定,批准《2021 至 2030 年面向 2050 年绿色增长国家战略》,提出推动绿色增长的立场、目标和任务举措,同时成立绿色增长国家指导委员会,常设机构设在计划投资部。

(一)经济方面

越南政府总理颁布第 749 号决定,到 2025 年,数字经济占 GDP 比重要达到 20%,在各领域、行业占比至少 10%,劳动生产效率至少平均提升 7%,信息和通信技术发展指数(IDI)、全球竞争力指数(GCI)进入全球前 50 位,创新指数(GII)进入前 35 位。到 2030 年,数字经济占 GDP 的比重要达到 30%,在各领域、行业占比至少 20%,劳动生产效率至少平均提升 8%,信息和通信技术发展指数(IDI)、全球竞争力指数(GCI)进入全球前 30 位,创新指数(GII)进入前 30 位。《2021 至 2030 年面向 2050 年绿色增长国家战略》提出了更加具体的发展要求。一是减少 GDP 碳排放强度。至 2030 年 GDP 碳排放强度比 2014 年下降至少 15%,至 2050 年下降至少 30%。二是推动建设绿色经济。2021—2025 年,单位 GDP 触及能源消耗量年均下降 1.0%~1.5%,可再生能源占初级能源总供应量比重为 15%~20%,数字经济产值占 GDP 的 30%,森林覆盖率达 42%;到 2050 年,每 10 年各阶段单位 GDP 触及能源消耗量平均下降 1.6%,可再生能源占初级能源总供应量比重提高至 25%~30%,数字经济产值 GDP 占比达 50%,森林覆盖率达到 42%~43%。三是推进绿色生活方式。到 2030 年,城市固体生活垃圾回收并按标准化处理占比达95%,直接填埋占比 10%;城市污水回收并按标准化处理比例在二类以上城市达到 50%,其他城市达到 20%;公共交通承运比率在特别类城市和一类城市分别达到 20% 和 5%,使用清洁能源公交在特别类城市和一类城市分别达到 15% 和 10%;政府绿色采购占总量的 35%,至少 10 个城市沿智慧城市方向批准建成绿色都市。到 2050 年,城市固体生活垃圾回收并按标准化处理占比达 100%，直接填埋占比 10%；城市污水回收并按标准化处理比例达到 100%；公共交通承运比率在特别类城市和一类城市分别达到 40% 和 15%，使用清洁能源公交的比率在特别类城市和一类城市分别达到 100% 和 40%；政府绿色采购占总量的 50%，至少 45 个城市沿智慧城市方向批准建成绿色都市。四是实现绿色转变过程。到 2030 年人类发展指数（HDI）达到 0.75 以上，100% 省市实行升级空气环境质量管理，至少 70% 的人口使用达到国家标准的洁净用水；到 2050 年，人类发展指数（HDI）达到 0.8 以上，至少 70% 的人口使用达到国家标准的洁净用水。①

(二)社会方面

越南致力建设民主、和谐、公平和文明的社会。到 2025 年，农业劳动占社会劳动总量的比重达 25% 左右；受训的工人比率达 70%。2025 年城镇失业率低于 4%；贫困保持每年 1.0%～1.5% 的下降；每万人拥有 10 名医生和 30 张病床；健康保险参保率达 95% 的人口；平均寿命约达 74.5 岁；新农村达标率 80% 以上。2021—2025 年，森林覆盖率达 42%。②

(三)重点产业

在能源和电力领域，越南出台《越南国家电力第八个电力发展规划（2021—2030 年》；在交通运输领域，越南出台《2021—2030 年公路建设规划》以及《到 2030 年、展望 2050 年交通运输发展战略规划》；在煤炭领域，越南出台《至 2020 年、展望 2030 年煤炭发展规划》；在纺织工业领域，越南出台《至 2020 年、展望 2030 年纺织工业发展规划》。

(四)第四次工业革命国家战略

2019 年 8 月，越南计划投资部公布了第四次工业革命国家战略草案，提出拟于 2025 年以前成立 5 家市值 10 亿美元的科技公司，至 2030 年增至 10 家。根据草案，到 2025 年，用于研发的社会总投资额预计占 GDP 的 1.5%，届时在工业领域优先发展产业的专利数量方面，越南将跻身全球前 30 强。此外，越南计划于 2025 年成立至少 5 家公司，到 2030 年成立 10 家公司，其使用

---

① 《商务部对外投资合作国别(地区)指南——越南(2021 年版)》。
② 《商务部对外投资合作国别(地区)指南——越南(2022 年版)》。

工业 4.0 技术或新一代技术如 5G、物联网、人工智能、数据分析等生产的产品和提供的服务能够出口至七国集团。越南期望到 2025 年,20％的公司可使用工业 4.0 技术,并计划到 2030 年将这个比例提升至 40％。在工业领域优先发展产业中,能够应用至少一种工业 4.0 技术的企业,在 2025 年比例将达到25％,到 2030 年达到 50％。技术转型优先发展的领域包括公共管理、公共设施、医疗保健、教育、制造业、农业、物流、贸易、信息技术、金融和银行等。越南力争在全球创新指数排名中能够至少上升到第 30 位,而目前其排名位于全球第 42 位。

(五)重点区域及周边国家跨境合作区域发展

口岸经济区建设方面,越南提出《口岸经济区至 2020 年发展及展望 2030年规划》,与中国签署《关于建设发展跨境经济合作区的谅解备忘录》,目前双方正在商定《关于建设跨境经济合作区的共同总体方案》,重点推动 6 个沿海重点经济区的建设,集中加速南部、北部、中部三大重点经济区发展,制定《2010—2020 年三个重点经济区经济社会发展规划》。其中,北部重点经济区包括河内市、海防市、广宁省、海阳省、兴安省、北宁省和永福省;中部包括顺化省、岘港市、广南省、广义省以及平定省;南部包括胡志明市、同奈省、平阳省、巴地-头顿省、平福省、西宁省、隆安省和前江省。

五、营商环境

2022 年 4 月,国际评级机构惠誉对越南主权信用评级为 BB,展望为正面;2022 年 5 月,国际评级机构标准普尔对越南主权信用评级为 BB,展望为稳定。截至 2021 年 4 月,国际评级机构穆迪对越南主权信用评级为 Ba3,展望为正面。[①]

(一)政治环境概述

现阶段越南政局基本保持稳定,越共"十二大"顺利完成权力交接,国家政策延续性有所保障。国内没有反对党对越共领导地位构成威胁,短期发生"颜色革命"和内部动乱可能性低。但新一届政府需要面对国际竞争压力和发言

---

① 《商务部对外投资合作国别(地区)指南——越南(2022 年版)》。

权不断上升的市民社会的挑战,政策意见分歧仍然会存在于越共之中,不过现任越南政府不断加快政改进程,并将革新开放作为工作重中之重。为加快国有企业改革,2017年8月,越南政府召集多个政府部门召开会议,就制定2017至2020年需出售资本的国企名录征求意见。根据越南计划与投资部的方案,2017年至2020年有436家国企实行撤资计划,撤资总额为64.4万亿越南盾,约合28.4亿美元。

(二)经济金融环境

受益于外资大量涌入、国内需求持续强劲以及固定投资不断增长等因素,越南经济保持了高速发展,经济开放程度不断增大。由于通胀压力增加,预计越南央行可能会实施偏紧的财政政策。未来越南经济增长仍将保持强劲,发展前景向好。越南未来的经济风险从长期来看主要在于经济能否长期保持较高增长速度及外资大量流入能否实现本国的产业升级。短期来看,对经济中占主导地位的国有企业的改革能否成功十分关键。

金融市场稳定性财政金融管制较为严格。目前,越南不允许外资银行经营越南盾业务,对外资银行在越南设立的分行按子行进行管理,大大限制了银行贷款额度,越南也不允许外资银行发放外汇贷款,不允许办理离岸业务(偿付业务)。同时,越南对外汇管制较为严格,外籍人员没有证明材料不能将现金存入银行,这给在越人员带来了巨大困扰。很多在越内销公司赚取越南盾后需购汇再汇回国内,但每年均有两到三次购汇困难。越方规定,在越外籍企业需在税务部门检查和稽查并获得完税证明后方可汇至海外,但据企业反映,税务检查较为频繁,稽查往往三到五年才进行一次,这给在越工程承包类和生产型企业带来了巨大困难。因而企业在获取利润后,一部分须通过贸易形式带回,其他大部分不得不通过地下钱庄进行操作,给企业带来了巨大金融风险。此外,由于外籍劳务人员入境和停留有诸多限制,中资银行向在越中方人员办理银行卡、证时也面临一些瓶颈。例如,银行要根据申请人签证时间来办理信用卡,这大大降低了申请人办卡的意愿,其不得不用现金进行消费。因此,表面上看是签证和卡片问题,实际上也给在越外籍人员的生活和工作带来诸多不便。

(三)政策法律环境

越南法律体系建立在大陆法系基础上,较为健全,有中央、省、市三级执法体系,对境外投资有相应的法律给予保护。

1.争议解决法律制度

越南解决争议的法律法规相对健全，包括民事诉讼法、行政诉讼法、仲裁法等，可以采取协商、调解、仲裁、诉讼等方式。但中国与越南法律存在差别，所以在合同中须明确纠纷处理办法，一般选择第三国仲裁机构进行仲裁，关于违约和赔偿，越南合同法律将违约金作为维护当事人利益的保障，因此违约金再高也可以得到全额支持。与诉讼相比，仲裁虽然有很多优越性，如成本相对低廉、程序相对简单快捷、气氛相对和谐轻松、裁决更容易令当事人双方接受等，但是在越南通过仲裁解决纠纷的方式很少采用，主要是因为越南关于仲裁的法律和仲裁机构很不健全，使人们对仲裁解决方式缺乏信心，而且由于对仲裁机构作出的裁决缺乏公认和强制的履行机制，因此仲裁裁决的履行基本依赖于义务人的善意和自觉。2003 年 7 月 1 日，越南颁布《商事仲裁法令》，该法令的颁布使得可选择仲裁解决的纠纷范围扩大到广义的商事活动过程中发生的一切纠纷，法令体现了当事人的协商自主权，例如各方可自主选择仲裁员，可协商选择仲裁程序，可商定各方以及仲裁员的一些权利和义务，可商定各种时效等，在一定程度上改善了仲裁在越南的适用现状。①

2.司法层面

越南具备完善的法院体系及内部运行架构。中央设最高人民法院，地方分设省级（直辖市）、郡级（郡相当于中国城市行政划分的城区）、县及乡镇级人民法院。越南在册律师约 9000 人，主要集中于河内市（约 2500 人）和胡志明市（约 4000 人）。律师团几乎在全国各省市均有设立，指导和监督律师事务所在当地的法律事务。如在越投资经营遇到纠纷，可委托当地律师诉诸当地司法部门，如出现判决或执行不公，则向上级主管部门及相关政府监察部门投诉，或直接依据合同规定采取国际仲裁方式解决，同时，报告驻越使馆领事部门或经商机构予以配合。

（四）基础设施环境

越南交通基础设施较为落后。越南交通基础设施落后主要表现为高速公路里程短，且收费高，公路路面退化严重，大约有 40% 路面状况较差；铁路设施老旧落后，运行时速不足 90 公里和费用竞争力不足，米轨仍承担主要运力，

---

① 吴远富、韦长福、[越南]阮秋庄等：《越南商务与投资法律实务》，广西科学技术出版社 2005 年版，第 115～116 页。

港口配套设备差,装卸效率不高。据越南官方统计,未来 10 年越南需要 5000 亿美元资金发展基础设施,这些资金需要投入电力和供水项目、港口、机场和其他基础设施领域。越南的公共财力仅能满足 40% 的基建资金需求,剩余的 60% 即 3000 亿美元,需要从私人企业和通过外国投资筹集。未来越南政府将重点发展城市铁路交通及连接城内与郊区的铁路运输,优先改造和升级一批铁路线路。因电力供应紧张,政府多次提高电价。2015 年 3 月 16 日,越南工商部宣布将用电价格上调 7.5%,这是继 2015 年 3 月 11 日越南宣布调整成品油价格后的另一价格上调动作。2017 年 12 月,国有电力企业即越南电力公司将电力价格提高了 6.1%。越南集中调整油价和电价,都是为了提高电力企业积极性,增加电力供给,减少停电现象。

(五)行政效率环境

越南政府行政机构庞大,在越中资企业普遍反映越南职能部门执法明晰度有待进一步加强。以税务为例,企业反映执法部门检查过于频繁,时间追溯范围跨度太大,检查十年甚至二十年单据的情况也时有发生,有时还存在多层级、多部门重复执法、重复罚款的现象。国际非政府组织"透明国际"公布的 2022 年全球清廉指数排行榜中,越南在全球 180 个国家和地区中排第 77 名。虽然相较前几年,越南的排名度已有较大的提升,但是因缺乏司法独立、有效的执法政策等原因,腐败及信息的不透明、不公开形势仍相对严峻。为加强反腐工作,近年来越南成立了中央防治腐败指导委员会,并由政府总理亲自担任委员会主席,但收效不大。

六、外商投资现状

截至 2021 年 12 月 20 日,越南新增吸收外资协议金额(包括新批、增资及注资购股)达 311.5 亿美元,同比增长 9.2%,2021 年外资实际到位资金约 197.4 亿美元,同比下降 1.2%。[①] 联合国贸发会议发布的《2023 年世界投资报告》显示,2022 年,越南吸收外资存量为 179 亿美元,同比增长 14.3%。截至 2022 年年末,

---

① 《商务部对外投资合作国别(地区)指南——越南(2022 年版)》。

越南吸收外资存量为 2104.7 亿美元。[①]

第二节　越南经贸投资规则分析

一、投资法律体系

(一)立法模式

越南外国投资法的立法模式主要经历了两个阶段。在产生初期,越南按照内外有别的原则,分别就内资和外资进行了立法。其中,《外国投资法》在1987 年颁布后,分别于 1990 年 6 月、1992 年 12 月、1996 年 11 月、2000 年 5月进行修订。2000 年 5 月外国投资法修改法实施细则于 2000 年 7 月 31 日公布(政府第 24/2000/ND-CP 号议定书)。2003 年 3 月 19 日又颁布了关于修改第 24/2000/ND-CP 号议定书的第 27/2003/ND-CP 号议定书。

随着国内经济发展,为了吸引更多外国资本,越南政府选择放弃了内资和外资分别立法的模式,采纳了与美国、英国、法国、德国、荷兰、意大利等发达国家相同的内、外资合并立法的模式。甚至,外国资本还享有比本国资本更广的投资领域。同时,在内外资合并立法的基础上,越南政府仍然专门针对外商直接投资制定和出台实施细则或特殊政策。如针对 2005 年《投资法》出台后吸引外商直接投资不足的问题,越南计划投资部提出了多个应对之策,完善吸收外商直接投资方面的法律体系,向一致、公开、透明、可预见的方向迈进。这种方式与传统的第二种不同,即不单独制定统一的、系统的外国投资法,而是以一个或几个关于外国投资的专门法律或特别法规法令作为外国投资的基本法或法群,辅之以其他相关的法律构成外国投资法律体系。因为 2005 年《投资法》明确适用于内外投资商,只是在该统一立法下分别针对内、外资制定或出台实施细则或特殊政策。

越南投资主管机关为国家计划投资部外国投资局,其隶属于国家计划投

---

① 《2023 年世界投资报告》,载联合国贸易和发展会议,https://worldinvestmentreport.unctad.org/world-investment-report-2022/,最后访问日期:2023 年 4 月 27 日。

资部对外投资机构,直接管理和促进外国在越南的投资项目,同时也直接审阅越南在外国投资等事宜。[①]

(二)法律体系

2015 年实施的《越南社会主义共和国投资法》对《外国投资法》的内容重新进行了整合,突出了优惠政策与投资扶持部分内容及在越南投资的形式和手续,该法经过多次补充和修订,对外商投资越来越开放,同时投资程序得到简化与投资形式多样化也为吸引外资添砖加瓦,在一定程度上为越南创造了更加优良的投资环境。

1.投资法

《越南社会主义共和国投资法》包括 7 章、76 个条款。第一章是总则,规定了适用范围、适用对象、术语解释、负面清单与有条件投资领域及其修订程序等内容。第二章是投资保障,规定了对财产所有权、投资经营活动、财产汇出、在法律变更时的保障以及投资争端的解决。第三章是投资优惠和投资扶持,分为两节,投资优惠部分规定了投资优惠适用的形式、行业、地区、手续以及投资优惠的延长,投资扶持部分规定了投资扶持的形式、对特定区域(工业园区、出口加工区、高新技术区、经济特区)基础设施发展的支持、为上述特定区域工作人员提供住房与公共设施。第四章是对在越南进行投资活动的有关规定,共四节:第一节规定了投资形式;第二节规定了对重大投资项目的审批程序;第三节规定了投资许可的核发、调整与撤回程序;第四节规定了项目执行的程序。第五章是对对外投资活动的规定,分为四节:第一节是一般规定,规定了对外投资的原则、形式以及资金来源;第二节规定对外投资政策的决定程序;第三节规定核发、调整以及撤销对外投资许可的程序;第四节规定对外投资项目的执行。第六章是国家对投资活动的管理,具体包括国家对投资活动管理的内容、管理责任、投资监督与评估、建设国家投资信息系统、国内与国外投资活动等报告制度。第七章为法律实施。[②]

---

① 江苏省南通市司法局、上海对外经贸大学编:《"一带一路"国家法律服务和法律风险指引手册》,知识产权出版社 2016 年版,第 63 页。

② 彭江、陈功主编:《"一带一路"沿线国家贸易投资法》,厦门大学出版社 2018 年版,第 124~170 页。

2.土地法

越南《土地法》规定土地所有权属于国家,不承认私人拥有土地所有权,但集体和个人可对国有的土地享有使用权。国家统一管理土地,制定土地使用规章制度,规定土地使用者的权利和义务。外国投资者不能在越南购买土地,但可以租赁土地并获得土地使用权,使用期限一般为50年,特殊情况可申请延期,但最长不超过70年。外国投资者需要租赁土地进行投资时,可与项目所在地的土地管理部门联系,办理土地交接和租用手续,投资者租用土地,当地政府部门可协助进行征地拆迁,但补偿费用由投资者负责,投资者获得土地使用权后,如在规定期限内未实施项目,或土地使用情况与批准内容不符,国家有权收回土地,并撤销其投资许可证。①

3.外汇法

越南国家银行对外汇流入与外汇流出的管理都十分严格,提供外汇兑换服务的机构只有银行、非银行信贷机构和其他授权机构,越南居民与非居民在购买、转账或携带外汇出境时,需要提供相关支持文件,通过进出口或境外收入方式获得外汇的居民,需要将其外汇转入外汇账户中,此账户必须开设于越南授权信贷机构下。

外国投资者必须在授权信贷机构开设直接投资外汇账户,如越南盾为投资货币,外国投资者必须在其账户的授权信贷机构开设直接投资越南盾账户,通过直接投资活动获得的收入,外国投资者可以购买外汇且在购买外汇后的30天转账到国外,如果居民发行股份、投资资金证明或其他形式证券,必须在授权信贷机构开设外汇账户。非居民组织可以在越南发行证券但其处理与证券发行有关的越南盾收入和支付交易等时必须开设越南盾账户。②

4.劳工法

越南《劳动法》规定雇主和劳动者之间必须以书面形式签订劳动合同,合同应包括工种、工作时间、工作场所、休息时间、薪资、合同期限、劳动安全、劳动卫生、社会保险等内容。

外资企业雇用当地劳务的规定,根据越南《投资法》和《关于驻越公司越南的外资企业的劳动法》有关规定,外资企业可以通过中介机构录用当地劳动

---

① 《国别投资经营便利化状况报告(2018)》。

② 江苏省南通市司法局、上海对外经贸大学编:《"一带一路"国家法律服务和法律风险指引手册》,知识产权出版社2016年版,第65～66页。

力,并可根据生产需要及有关法律规定增减劳动力数量,聘用劳工时须优先聘用越南公民,只可聘用外国劳工从事越南劳工未能胜任的技术管理工作,但应培训越南劳工取代之。劳工使用者、越南劳工和外国劳工必须遵守《劳工法》和有关法律规定,相互尊重各自的名誉、人格和风俗习惯。外资企业必须尊重越南劳工参加政治组织和社会组织的权利。外资企业、合营各方聘用越南劳工必须通过越南劳动提供单位。劳动提供单位自接到外资企业、合营各方要求提供劳工的要求起,在 15 天期限之内仍不能提供,则外资企业、合营各方可直接聘用越南劳工。外资企业、合营各方有聘用外籍劳工的需求,必须按《劳动法》的规定在劳动、拥军、社会厅或者工业区管理委员会办理手续,申办劳动许可证。[①] 劳资双方出现纠纷时,由双方通过协商解决,如无法协商解决,则提交法院处理,企业应为工会的成立创造便利条件。

5.环保法

越南现行《环境保护法》鼓励保护、合理使用和节约自然资源,严禁破坏和非法开发自然资源;严禁采用毁灭性的工具和方式开发生物资源;严禁不按环保技术规程运输、掩埋有毒物质、放射性物质、垃圾和其他有害物质;严禁排放未处理达标的垃圾、有毒物质、放射性物质和其他有害物质;严禁将有毒的烟、尘、气体排放到空气中;严禁进口或过境运输垃圾;严禁进口未经检疫的动植物;严禁进口不符合环保标准的机械设备。

二、投资形式

根据《越南社会主义共和国投资法》,外国投资者可选择投资领域、投资形式、融资渠道、投资地点和规模、投资伙伴及投资项目活动期限。

(一)直接投资与间接投资

《越南社会主义共和国投资法》规定外国投资商到越南投资可以以合作经营(BCC)、联营公司(JVC)、外商独资企业(FOC)、BOT(建设—经营—移交)或 BTO(建设—移交—经营)合同或 BT(建设—移交)等方式进行直接投资,也可以进行间接投资,如购买股份、股票、债券和其他有价证券;通过证券投资

---

① 陈志波、米良编:《东盟国家对外经济法律制度研究》,云南大学出版社 2006 年版,第 96 页。

基金进行投资;通过其他中介金融机构进行投资;通过对当地企业和个人的股份、股票、债券和其他有价证券进行买卖的方式投资。

(二)外资并购

根据越南总理 2016 年 12 月 28 日批准的第 58/2016 号决定,越南政府计划在 2016—2020 年间完成 137 家国有企业的股份制改革,包括银行、航空、通信、造船、汽车、电力、水泥、交通等重要行业,鼓励外商参与,允许外商购买股份和参与管理,仅保留 103 家国有全资企业(未包括农林业、国防、安全等领域企业)。外商可通过购买上市企业的股票或购买股份制企业的股权等方式进行并购。外资并购登记材料包括:企业并购书面申请(含并购及被并企业的名称、地址及法人代表信息、企业并购活动简况)、被并购企业董事会及企业所有者关于出售企业的决定、并购合同、合并后企业的规章草案、外资法律资格的确认书。办理手续者须提交上述材料一式两份,并且提供介绍信或居民身份证、护照,越南主管职能部门确认材料合规后,将在 15 个工作日内予以反馈。

越南尚未出台专门针对国外并购及合并程序的单独法律,对这类行为的规定笼统分布在《越南民事法》《越南企业法》《越南投资法》《越南竞争法》和《越南证券法》领域法律及规定中。①

(三)建设开发区、出口加工区或工业园区的规定

建设工业区必须与业经批准的工业区发展总体规划相符合。成立工业园

---

① 《越南民事法》第 94 条、第 95 条规定:同类企业间按规定通过协商或国家相关职能部门审批合并或兼并,其权利和义务随之转移至合并或兼并后的企业。《越南投资法》第 21 条规定外国投资者可通过合并、并购当地企业方式进行直接投资。《越南竞争法》第 17 条定义合并与并购企业是一种经营者集中行为,法律禁止占有 50% 以上市场份额的合并、并购行为。《越南证券法》规定,证券公司并购须获得国家证券委员会的批准。《越南企业法》第 152 条、第 153 条对企业兼并规定:一家或多家同类企业可按相关程序兼并或合并至第三家企业,其合法权益随之转移至兼并或合并后企业;如兼并或合并后的市场占有份额达到 30%~50%,需书面报告竞争管理局;禁止市场占有份额超过 50% 的兼并和合并行为;第 145 条对私人企业出售规定:私人企业可以出售,买方企业需履行重新注册义务;卖方企业需履行所有出售前的责任和义务;出售和购买行为都不能损害劳动者权益。

时,投资者向越南政府主管部门提供书面申请、各省级人委会关于批准工业区建设细节规划的决定、工业区基础设施投资发展项目的投资许可证。申请成立材料包括书面提案、建设经济区的必要性和法律依据、经济区投资总额、成立时间及融资方案、环评报告等,一式四份,其中原件交与工业区、加工区、经济区管理委员会(管委会)或者计划投资厅(如该地区成立管委会)。管委会或计划投资厅在收到上述材料并确认合规后,须在 5 个工作日以内上报省级人民委员会,而后经省级人民委员会确认材料合规后在 10 个工作日以内根据规定予以批复。

三、投资行业

(一)禁止性投资行业

在越南,实行投资负面清单制度,以下几类行业禁止进入:(1)危害国防、国家安全和公共利益的行业;(2)危害越南文化历史遗迹、道德和风俗的行业;(3)危害人民身体健康、破坏资源和环境的行业;(4)处理从国外输入越南的有毒废弃物、生产有毒化学品或使用国际条约禁用毒素的行业。

(二)限制性投资行业

在越南,实行投资负面清单制度,以下几类行业属于限制性投资行业:(1)对国防、国家安全、社会秩序有影响的行业;(2)财政、金融行业;(3)影响大众健康的行业;(4)文化、通信、报纸、出版等行业;(5)娱乐行业;(6)房地产行业;(7)自然资源的考察、寻找、勘探、开采及生态环境行业;(8)教育和培训行业;(9)法律规定的其他行业。

(三)特别鼓励性投资行业

在越南,以下几类行业属于特别鼓励性投资行业:(1)新材料、新能源的生产;高科技产品的生产;生物技术;信息技术;机械制造;配套工业;(2)种、养及加工农林水产;制盐;培育新的植物和畜禽种子;(3)应用高科技、现代技术;保护生态环境;高科技研发与培育;(4)使用 5000 人以上劳动密集型产业;(5)工业区、出口加工、高新技术区、经济区及由政府总理批准重要项目的基础设施建设;(6)发展教育、培训、医疗、体育和民族文化事业的项目;(7)其他需鼓励的生产和服务项目：25％以上的纯利润用于研究与发展。

(四)鼓励性投资行业

在越南，以下几类行业属于鼓励性投资行业：(1)新材料、新能源的生产；高科技产品的生产；生物技术；信息技术；机械制造；配套工业；(2)种、养及加工农林水产；制盐；培育新的植物和畜禽种子；(3)应用高科技、现代技术；保护生态环境；高科技研发与培育；(4)使用 500～5000 人劳动密集型产业；(5)基础设施建设；(6)发展教育、培训、医疗、体育和民族文化事业的项目；(7)发展民间传统手工业；(8)其他需鼓励的生产和服务项目。

四、投资的保护与促进

(一)财产所有权保障

《越南社会主义共和国投资法》对外国投资者的财产所有权予以保护，第2 章第 9 条规定，投资者的合法财产不被国有化，不以行政手段没收，如出于国防、安全或国家利益、紧急情况、防御自然灾害的理由，确有必要由国家征购、征用投资者的财产，投资者可依照关于征购、征用财产的法律及其他相关法律规定获得赔付或补偿。

(二)投资经营活动保障

《越南社会主义共和国投资法》为外国投资者的经营活动进行保障，第2章第 10 条规定国家不强迫投资者履行以下几种要求：(1)优先购买、使用国内商品和服务，或必须购买、使用国内生产商、服务供应商的商品和服务；(2)商品或服务出口必须达到一定比例；限制出口商品和服务或限制在国内生产商品、提供服务的种类、数量和价值；(3)商品进口的数量和价值与商品出口的数量和价值相当，或必须在出口方面自行平衡进口所需的外汇；(4)商品生产要达到一定的国产化比例；(5)国内研究和开发要达到一定的水平或具有一定的价值；(6)在国内或国外的具体地点提供商品及服务；(7)在国家职能部门所要求的地点设立总部。

此外，该法第 10 条第 2 款规定根据不同时期的社会经济发展定向、外汇管理政策和外汇平衡能力，越南政府总理决定对属于国会、政府总理职权范围内的投资项目和其他重要基础设施发展投资项目的外汇需求予以保障。

(三)向国外转汇资产的保障

在依法对越南国家财政充分履行了义务之后,外国投资者可将以下资产转汇往国外,主要包括投资资金、投资结算款项、投资经营活动取得的收入、投资者的合法金钱和其他财产。

(四)法律变更时的投资经营保障

当法律发生变更时,《越南社会主义共和国投资法》为外国投资者提供投资经营保障,第 2 章第 13 条规定:如新颁行法律规定的投资优惠高于投资者已享有的优惠时,投资者可在项目实施的剩余时间内享受新法律规定的投资优惠;如新颁行法律规定的投资优惠低于投资者已享有的优惠时,投资者可在项目实施的剩余时间内享受原法律规定的投资优惠。本条第 2 款不适用于因国防、国家安全、社会秩序、治安和道德、公共健康及环境保护的原因而变更法律条文规定的情况。投资者因本条第 3 款之规定而不能继续享受投资优惠的,参照以下某项或某些措施:(1)在投资者的应税收入中扣除实际损失;(2)调整投资项目的活动目标;(3)协助投资者挽回损失。对于本条第 4 款规定的投资保障措施,投资者须在新法律生效之日起 3 日内提出书面申请。

五、优惠政策

(一)优惠框架

2015 年 7 月越南对投资法进行了较大幅度的补充修改,出台了新的《投资法》,该法主要对外商投资者界定、外资企业设立程序、外资购买本国企业股票以及实行一站式行政审批政策等作出新的规定。同时,大力简化行政审查手续,给予外商投资更大的优惠幅度。联合国贸发组织评价越南为东盟最具外资吸引力的国家。

(二)行业鼓励政策

越南鼓励外商投资的行业主要包括:科学和技术发展研究;高新技术应

用;复合型材料、新建筑材料、稀有材料生产;再生能源、清洁能源、废料发电;生物科学发展;环保;教育培训、医疗、文化、体育和环境等;高级钢铁生产;节能产品生产;服务农林渔业的机械设备生产;灌溉设备生产;家禽、家畜、水产品饲料精制。

此外,越南还鼓励外商到高新技术开发区投资建厂。根据规定,入驻高新技术园区的企业应符合以下条件:高科技产品的销售额占营业收入的70%以上;生产技术需达到先进程度;产品可以出口或替代同类进口产品;产品质量达到 ISO 9000 标准;人均产值达 4 万美元以上;等。越南对此类投资项目提供以下政策优惠:(1)外商投资高新技术产业,可长期适用 10% 的企业所得税税率(园区外高科技项目为 15%,一般性生产项目为 20%~25%),并从盈利之时起,享受 4 年免税和随后 9 年减半征税的优惠政策。(2)在高新技术企业工作的越南籍员工与外籍员工在缴纳个人所得税方面适用同等纳税标准。(3)外国投资者和越南国内投资者适用统一租地价格;投资者可以土地使用权价值及与该土地使用面积相关联的财产作抵押,依法向在越南经营的金融机构贷款;对高新技术研发和高科技人才培训项目,可根据政府规定免缴土地使用租金。(4)在出入境和居留方面,外籍员工及其家属可申请签发与其工作期限相等的多次入境签证;越南政府依据有关法律规定为外籍员工在居留、租房购房等方面提供便利条件。(5)高新技术项目投资者根据其他投资优惠政策法规文件的规定享受最高的优惠政策待遇。[①]

(三)地区鼓励政策

1.特别鼓励优惠政策与鼓励优惠政策

越南政府鼓励投资的行政区域分为经济社会条件特别艰苦地区和艰苦地区两大类,分为享受特别鼓励优惠及鼓励优惠政策。

2.优惠政策

A 区享受 4 年免税优惠(从产生纯利润起计算,最迟不超过 3 年),免税期满后 9 年征收 5%,紧接 6 年征收 10%,之后按普通项目征税;B 区享受 2 年免税优惠(从产生纯利润起计算,最迟不超过 3 年),免税期满后 4 年征收 7.5%,紧接 8 年征收 15%,之后按普通项目征税。A 区免固定资产进口关税及从投产之日起免前 5 年原料、物资或半成品进口关税;B 区出口产品生产加工可免征出口关

---

① 张晓君主编:《东盟国家外国投资法研究》,厦门大学出版社 2018 年版,第 328 页。

税或退税。租用 A 区土地最长减免 15 年;B 区最长减免 11 年。

第三节　中国对越南经贸投资法律风险分析

一、中国与越南经贸投资现状

近年来,中越经贸关系发展迅速,中国已连续 15 年成为越南第一大贸易伙伴。2011 年 10 月,两国签署《中越经贸合作五年发展规划》。2013 年 10 月,双方签署《关于建设发展跨境经济合作区的谅解备忘录》。2016 年 9 月,中越双方签署《中越经贸合作五年发展规划补充和延期协定》,并重签《中越边境贸易协定》。2017 年 11 月,双方签署"一带一路"倡议与"两廊一圈"规划发展战略对接协议,并就电子商务、基础设施合作、跨境合作区谈判等签署相关协议,制定五年规划重点项目清单。2021 年 9 月,中越双方签署《关于成立中越贸易畅通工作组的谅解备忘录》。目前,两国政府有关部门正在就"一带一路"与倡议"两廊一圈"发展战略对接制定细化落实方案。

(一)双边贸易

中越两国经贸合作发展迅速,双边贸易连年上新台阶。越南是中国在东盟第一大贸易伙伴和全球前十大贸易伙伴。据中国海关统计,2021 年中越双边贸易额达 2302 亿美元,同比增长 19.7%。其中,中国对越南出口 1379.3 亿美元,同比增长 21.2%,自越南进口 922.7 亿美元,同比增长 17.6%。据越方统计,2021 年越中双边贸易额为 1659 亿美元。其中,越南对中国出口 560 亿美元,同比增长 14.5%,自中国进口 1099 亿美元,同比增长 30.5%。[①] 中国是越南第一大贸易伙伴、第一大进口来源地和第二大出口目的地。中国对越南出口商品主要类别包括:机械器具及零件;电机、电气、音像设备及其零附件;钢铁制品;针织或钩编的服装及衣着附件;车辆及其零附件,但铁道车辆除外;矿物燃料、矿物油及其产品;等。中国自越南进口商品主要类别包括:矿物燃料、矿物油及其产品;沥青等;手机及手机零配件;食用蔬菜、根及块茎;橡胶及

---

① 《商务部对外投资合作国别(地区)指南——越南(2022 年版)》。

其制品；机械器具及零件；电机、电气、音像设备及其零附件；棉花；等。

(二)中国对越投资

另据越南计划投资部统计数据，受新冠肺炎疫情影响，中国对越南投资增长减缓。2021年，中国对越南新增投资协议金额29.21亿美元，比上年同期增长18.7%。其中，新批准项目204个，协议金额16.6亿美元，项目和金额同比分别下降40.4%和增长5.1%；原项目117个，增资协议金额10.4亿美元，项目和金额同比分别下降12.7%和增长113.1%；433个股权并购项目，金额2亿美元，项目和金额同比分别下降46.1%和48.7%。截至2020年年末，中国累计对越南投资3325个项目，协议金额213.3亿美元，分别占越南吸收外资项目总数和协议总额的9.6%和5.2%，在139个对越南投资的国家和地区中排第7名。[①]

据中国商务部统计，2021年中国对越南直接投资流量为22.08亿美元。截至2021年年末，中国对越直接投资存量108.52亿美元。中国对越南投资主要集中在加工制造业、房地产和电力生产等领域。较大的投资项目包括：铃中出口加工区、龙江工业园、深圳-海防经贸合作区、天虹海河工业区、赛轮（越南）有限公司、百隆东方、天虹集团、申州国际、立讯精密、歌尔科技、蓝思科技、越南光伏、永兴一期火电厂等。[②]

二、中国对越南投资风险

(一)政治风险

投资即存在风险，越南国内的政治风险主要表现为两种，一种是越南国内政府的制度不透明，行政效率低下，一种是国家对外商投资活动的征收风险。

在对越投资过程中，必然涉及投资审批程序，需要办理各种投资手续，这些活动都需要政府部门的参与，越南自改革开放以来，实施政治体制改革，虽然在改革中做了很多努力，也有些成效，但其政府机构职能重叠、效率低下、法

---

① 《商务部对外投资合作国别(地区)指南——越南(2022年版)》。
② 《商务部对外投资合作国别(地区)指南——越南(2021年版)》。

律执行透明度不高的局面仍然存在。[①]

征收有直接征收与间接征收之别,前者是国家(即东道国)以一种直接透明的方式(例如国家收购等)将外国投资者资产一次性收归国家所有,而后者在国际投资法中的定义一直没有得到国际社会的明确与统一。当今国际社会中的直接征收已经得到规制,目前关于征收方面的仲裁都是有关间接征收的,几乎所有的仲裁庭都面临要明确阐述政府何种措施是合法的问题和政府在什么情况下采取了"等同于征收"措施的问题。[②] 由于间接征收本身的特点,对间接征收的界定及间接征收规则的制定都显得不那么容易,各种现象表明,间接征收规则正在呈现出扩大化趋势。[③] 越南在其《投资法》中虽然规定了国家不会对外国投资进行征收,中国企业对越直接投资可以得到最大限度的保护,但仍需要注意其间接征收的情形,因为越南《投资法》对征收只作原则性的概括规定,无详细明确的法律规制,故而变相对外资企业进行间接征收的情况时常存在,如要求中国企业按比例将其项目股份转让给越南当局或合作方,类似的政治风险必须引起重视。

(二)地域性投资法律风险

为了促进各省市利用外资发展本地区经济,越南中央政府将很多权力下放给地方政府,地方政府为了更好地吸引外资,纷纷出台了税收、土地以及产业政策等多种优惠政策。由于越南各地区的经济发展水平、发展目标和战略规划等各不相同,因此越南不同省市、工业园区、经济特区的各项外资政策和规章制度存在很大的差异。而且越南一些地方政府出台的吸引投资的优惠政策缺少法律依据,一些地方政府投资法律框架落后,投资法律更新速度缓慢,已经在投资法中规定的优惠措施不能及时实施,使外商投资企业利润受损。如果出现政府换届更迭,很可能存在政策变更的风险,因此企业在投资经营过程中,要事先全面调查和了解与之进行经营合作的企业所在地区的投资法律政策,避免不必要的法律风险。

[①] 王锦意:《中国-东盟框架下涉外投资的法律风险防范研究——以越南〈投资法〉为视角》,载《法制与经济》2017 年 5 月。

[②] Kaj Hober: Investment Arbitration in Eastern Europe: Recent Cases on Expropriation, *The American Review of International Arbitration*, 2003, Vol.14, pp.377-571.

[③] 寇顺萍、徐泉:《国际投资领域"间接征收"扩大化的成因与法律应对》,载《河北法学》2014 年第 1 期。

（三）海外投资保护制度不健全

我国长期致力于"引进来、走出去"的发展政策,改革开放至今,外国来华投资热潮不减,随着"一带一路"倡议的不断推进,中国对外投资速度加快,规模也越来越大,但在对外投资的法律保护制度方面,尚未形成一个统一的对外投资法律保护体系。当中国投资者对外投资过程中其合法权益受到侵害时,缺乏健全的保护机制,长久下去会对我国的经济利益产生影响。在对外投资的行政管理方面,监管主体主要有商务部、发展与改革委员会及外汇管理局,在颁布部门规章及权力划分方面存在诸多不协调,往往一个部门的规章已修改或废止,另一个部门规章仍有效,让投资者无所适从。在监管方面,虽然现今中国对外投资大多进行了"备案制"的改革,"核准制"下对外投资活动进一步减少,但仍然改变不了中国在对外投资监管上重前期核准、轻后期监管的局面,这也为部分投资者在后期为避免审批手续而擅自启动投资项目提供了法律空白,甚至导致国有资产的大量流失。

三、应对措施

（一）完善顶层设计,加大谈判力度

2017年11月,在习近平主席对越南进行国事访问期间,中越两国政府成功签署《关于共建"一带一路"倡议和"两廊一圈"框架对接的谅解备忘录》。应该以此为契机,进一步完善顶层设计,发挥现有的双边经贸联委会、经贸合作工作组、基础设施合作工作组、金融合作工作组等合作机制,实现两国发展战略对接真正落地。此外要建立两国政府投资主管部门间专门针对投资的对话工作机制,真正落实两国领导人的共识到实处,并定期召开会议回顾过去一段时间内两国投资合作所取得的成果和存在的问题,共同讨论问题发生原因和处理办法,协调国内有关部门解决阻碍两国投资合作发展的不利因素,促进投资合作健康、稳定发展。

利用区域全面经济伙伴关系协定（RECP）协议的成果,在投资准入和优惠待遇及货物贸易市场准入、服务贸易市场准入及优惠待遇方面,为企业创造便利条件。特别是利用各类多边合作机制的平台,为企业对外投资遭受的不公平待遇和障碍提出交涉,有效保护企业正当权益。

(二)加强行业内部协调

应发挥国内行业商协会协调作用,深入研究越南行业发展现状及趋势,跟踪行业相关政策变动。必要时以行业为整体,与越南有关部门就违反国际惯例和两国间协定的做法进行交涉,争取合法权益。鼓励在越企业加入当地的中资商会,通过商会平台交流经验,开拓视野,提高经营能力。通过商会交换信息,加强互补行业类企业间合作。定期提供探讨越南投资相关政策发布、解读会议等交流机会,帮助企业掌握最新政策变动情况。

(三)充分了解越南投资法和投资环境

外国投资者在对越南进行投资活动之前,应该对越南的投资环境和与投资活动有关的越南投资法律情况进行充分了解,全面排查投资可能遇到的法律风险。这里的投资环境包括越南的社会情况、文化特点、劳动力素质、商业习惯、政府廉洁性、行政效率、行业发展状况、市场竞争情况、上下游企业状况、消费者的消费习惯、越南各界对外商投资的态度等。与投资活动有关的投资法律情况包括越南中央政府出台的指导外商投资活动的总的纲领性法律文件(如《投资法》)和投资政策、投资选址所在地和与投资活动有关地区的投资政策和投资法规。注意比较各地区之间投资法律的差异。在信息的获得方面,企业可以通过网络调查法、文献资料法、实地调研法、相关企业访谈法等方式进行一手资料和二手资料的收集,也可以通过咨询法律服务机构、专业风险管理机构等获得专业的服务。调研活动要注意分阶段,调研内容要尽量覆盖到投资经营活动的每一个环节,可行性分析报告要考虑到投资过程中可能遇到的所有问题。这是企业进行投资活动的第一步,也是投资法律风险的第一道防线。①

(四)防范投资合作风险

中国企业在越南进行投资合作的过程中,投资前要进行充分的调查,寻找专业人士分析和评估相关风险,包括对项目或贸易客户及相关方的资信调查和评估,对项目所在地的政治风险和商业风险分析和规避,对项目本身实施的

---

① 王耀华、李忠:《越南投资法律风险及防范措施研究》,载《管理观察》2017年第11期。

可行性分析等,投资进行中时要做好风险规避管理工作,切实保障自身利益。

　　除此之外,企业还应该积极地利用保险、担保、银行等保险金融机构和其他专业风险管理机构的相关业务保障自身利益,包括贸易、投资、承包工程和劳务类信用保险、财产保险、人身安全保险等,银行的保理业务和福费廷业务,各类担保业务(政府担保、商业担保、保函)等。建议企业在开展对外投资合作过程中使用中国政策性保险机构——中国出口信用保险公司提供的包括政治风险、商业风险在内的信用风险保障产品,中国出口信用保险公司是中国唯一承办政策性出口信用保险业务的金融机构,公司支持企业对外投资合作的保险产品包括短期出口信用保险、中长期出口信用保险、海外投资保险和融资担保等,对因投资所在国(地区)发生的国有化征收、汇兑限制、战争及政治暴乱、违约等政治风险造成的经济损失提供风险保障。也可使用中国进出口银行等政策性银行提供的商业担保服务。如果在没有有效风险规避情况下发生了风险损失,也要根据损失情况尽快通过自身或相关手段追偿损失。通过信用保险机构承保的业务,则由信用保险机构定损核赔、补偿风险损失,相关机构协助信用保险机构追偿。

第九章

缅甸经贸投资规则

第一节 缅甸经贸投资发展基本情况

一、投资吸引力

从投资环境吸引力的角度,缅甸的竞争优势主要体现在以下几方面:一是国内政局相对稳定;二是具有丰富的自然资源和文化遗产;三是地理位置优越,毗邻中国、印度、东盟三大人口密集的新兴市场,是连通东亚和东南亚的重要通道,市场潜力大;四是劳动力资源丰富且成本相对较低;五是在欧盟和美国相继对其解除制裁后,缅甸作为最不发达国家,目前仍享有欧盟、美国等发达国家给予的普惠制待遇(GSP);六是基础设施等传统产业以及电子商务、移动支付等新业态均有较大发展空间;七是近年来政府吸引外资的意愿和对外开放力度不断增强,缅甸新《投资法》、《投资细则》和《公司法》等系列法律的颁布实施使外商投资环境逐步有所改善。

世界银行发布的《2020年营商环境报告》显示,在纳入评价的190个经济体中,缅甸排第165名,比2019年排名提升6名。部分单项排名如下:开办企业第70名,执行合同第187名,申请信贷第181名,纳税第129名,电力供应第148名,跨境贸易第168名。

二、宏观经济

(一)经济增长率

因受新冠肺炎疫情与国内政治危机的影响,缅甸经济近年来不容乐观。2021 年,缅甸 GDP 总量下滑至 651.2 亿美元,同比减少 17.91%。2022 年GDP 总量达 593.6 亿美元,同比增长 3.00%。从第一、二、三产业分布看,农业、工业和服务业占 GDP 比重分别为 20.3%、41.1%、38.6%。[①]

(二)预算收支及赤字

2019/2020 财年,缅甸预算收入为 25.19 万亿缅元,预算支出为 32.21 万亿缅元,财政赤字 7.02 万缅元,较上一财年 3.2 万缅元赤字扩大一倍。[②]

(三)通货膨胀

据世界银行公布数据,2022 年,缅甸国内贸易受到阻碍,缅币贬值、国外进口商品价格升高等因素导致食品和非食品价格急剧上涨,通货膨胀率达10.5%。

(四)失业率

国际劳工组织数据显示,2020 年缅甸总失业率达到了 1.5%。

(五)债务余额

根据《2022 年缅甸年鉴》,2019/2020 财年,缅甸政府外债余额 113 亿美元,内债余额 30.60 万缅元。2019 年,缅甸外债余额占出口额的 59%,占 GDP总量的 17.2%,债务本息偿付额占出口额的 3.7%,多边债务占外债余额的19.7%,外汇储备与外债余额的比率为 54.2%。根据世界银行 2022 年 10 月出版的《国际债务统计》,截至 2020 年年末,缅甸外债余额(包括公共外债、政

---

① 世界银行数据,http://www.data.worldbank.org.cn,最后访问日期:2023 年 7 月25 日。

② 《商务部对外投资合作国别(地区)指南——缅甸(2022 年版)》。

府担保的外债、公共部门担保的私营主体外债和未担保的私营主体外债）133.48 亿美元。其中,使用 IMF 信贷额度 7.26 亿美元,长期外债 125.54 亿美元,短期外债 0.68 亿美元。[①]

(六)外汇储备

根据国际货币基金组织公布的数据,截至 2020 年年末,缅甸外汇储备约66 亿美元,约为 4.2 个月的预期进口额。[②]

据《2021 年缅甸年鉴》数据,截至 2020 年年末,缅外汇储备约 10.188 万亿缅元,其中黄金储备约 0.587 万亿缅元,外币储备约 9.601 万亿缅元。

二、重点/特色产业

(一)农业

农业是缅甸国民经济基础,也是民盟政府优先发展的重要产业之一。目前,缅甸乡村人口约占总人口的 70%,其中大多以农业和畜牧业为生。缅甸的主要农作物包括水稻、小麦、玉米、豆类等常规作物,和橡胶、甘蔗、棉花、棕榈等工业用作物。近年来,豆类已超过大米成为缅甸出口创汇的最主要农产品,2022 年 9 月,亚洲开发银行发布报告称,缅甸农业生产受到供应链中断、农业投放和能源价格上涨、融资渠道有限等不利因素影响,农业生产预计将收缩 3.5%,由于这些限制,农业出口在 2022/2023 财年的前 10 个月将下降30%。[③] 在新冠肺炎疫情冲击下,缅甸农产品出口逆势增长。

(二)加工制造业

近年来,随着欧盟及美国相继对缅甸解除经济制裁,缅甸劳动力资源丰富且成本较低的优势不断凸显,加之欧美给予缅甸的普惠制待遇,以纺织制衣业为代表的劳动密集型加工制造业在缅甸蓬勃发展。2018/2019 财年,缅甸纺织品出口额达 48.3 亿美元,占缅甸同期出口总额的 28.3%,出口额位居各行

---

① 《商务部对外投资合作国别(地区)指南——缅甸(2022 年版)》。
② 《商务部对外投资合作国别(地区)指南——缅甸(2022 年版)》。
③ 《商务部对外投资合作国别(地区)指南——缅甸(2022 年版)》。

业之首。截至 2022 年 8 月 31 日,缅甸制造业领域吸引外资 132.16 亿美元,占吸引外资总额的 14.32%。[1]

(三)能源

2019/2020 财年缅甸油气行业产值为 4.266 万亿缅甸,对 GDP 贡献率 3.78%。缅甸计财部数据显示,2021 年缅甸天然气出口创汇 31.507 亿美元。1988/1989 财年至 2020/2021 财年,外债在缅甸石油和天然气领域投资超过 227.73 亿美元。[2] 中国石油(CNPC)、北方石油(Northpetro)以及泰国国家石油(PTT)、韩国的大宇(DAEWOO)、法国的道达尔(Total)、越南石油(Petro Vietnam)等公司都已与缅甸签署油气勘探开发区块协议。

(四)交通通信业

近年来,缅甸交通通信业发展较快。截至 2022 年 8 月 31 日,外国企业在缅甸交通通信领域投资额为 113.45 亿美元,占外商在缅甸投资总额的 12.29%。[3] 其中,通信业发展态势尤为迅猛。2018 年,越南军队电信集团通过与缅甸当地企业合资,进军缅甸电信市场。缅甸通信业继实现从 2G 到 4G 的跳跃式发展后,继续保持高市场化、高竞争度的蓬勃发展态势。

(五)旅游业

缅甸风景优美,名胜古迹多,主要景点有世界闻名的仰光大金塔、文化古都曼德勒、万塔之城蒲甘、茵莱湖水上村庄以及额布里海滩等。政府大力发展旅游业,积极吸引外资,建设旅游设施。根据缅甸酒店和旅游部统计数据,2022 年,入境缅甸的外籍旅客人数为 233487 人。2019 年,入境缅甸旅游的外籍游客人数超过 436 万人。2020 年受新冠肺炎疫情影响,入境缅甸的外籍旅客人数为 90 万人左右。2021 年同时受到缅甸的政治局势影响,入境缅甸的外籍旅客人数仅为 13 万人左右。[4]

---

[1] 《商务部对外投资合作国别(地区)指南——缅甸(2022 年版)》。
[2] 《商务部对外投资合作国别(地区)指南——缅甸(2022 年版)》。
[3] 《商务部对外投资合作国别(地区)指南——缅甸(2022 年版)》。
[4] 《2022 年缅甸旅游统计》。

(六)其他产业

受经济及科技发展水平所限,缅甸钢铁、化工、汽车、工程机械、船舶和海洋工程等产业发展滞后,尚未实现规模化发展。

三、缅甸的对外经贸关系

(一)吸引外资

根据缅甸投资与公司管理局统计,截至 2022 年 8 月,缅甸批准外资945.02 亿美元,前 5 位累计直接投资来源地为新加坡、中国大陆、泰国、中国香港地区、英国。其中,批准中国大陆对缅投资 217.67 亿美元,占缅甸外资总额23.58%。[①]

表 9-1   中国企业在缅甸投资占比

直接投资年份	中国/百万美元	世界/百万美元	占比/%
2017	428.18	4409	9.71%
2018	−197.24	2892	−6.82%
2019	−41.94	2509	−1.67%
2020	250.80	1907	13.11%
2021	18.46	2067	0.89%

注:根据缅甸国家统计局网站公布数据整理得出。

(二)国际援助

通过加强与国际社会的合作,缅甸吸引了大量国际援助,主要形式包括无偿援助项目和技术援助项目。这些国际援助主要来自外国政府、国际金融机构和国际组织。

据缅甸国际发展合作政府网站数据,2011 年 11 月至 2021 年 4 月,缅甸共接受 88 个外国政府或机构提供的 1822 个官方发展援助项目(含优惠性质

---

① 《商务部对外投资合作国别(地区)指南——缅甸(2022 年版)》。

贷款),援款承诺总额 167.8 亿美元,援款支付总额 84.2 亿美元。[①]

《缅甸时报》2019 年 5 月 25 日报道,缅甸投资与对外经济关系部丹昂觉司长介绍,亚行将向缅甸提供 18 亿美元贷款和援款实施基础设施等领域的发展计划。亚行按照《关于缅甸合作发展战略(2017—2021)》,正在缅甸基础设施、教育、卫生和农村发展领域开展工作。亚行于 2019 年 5 月 18 日表示,2020—2022 年将提供 17.71 亿美元优惠贷款和 7000 万援款继续支持缅甸在基础设施、教育、卫生及城镇农村领域的发展。亚行与缅相关部委共同起草了《国家项目计划(2020—2022)》,该计划与《缅甸可持续发展计划》一致。[②]

第二节　缅甸经贸投资规则分析

一、对外国投资的市场准入规定

(一)投资主管部门

缅甸投资委员会是主管投资的部门,其主要职能是根据《缅甸投资法》的规定,投资委对申报项目的资信情况、项目核算、工业技术等进行审批、核准并颁发项目许可证,在项目实施过程中提供必要帮助、监督和指导,同时也受理许可证协定时限的延长、缩短或变更的申请等。

缅甸投资委员会由相关经济部门领导组成,国家投资与对外经济关系部下属的投资与公司管理局主管公司设立及变更登记、投资建议分析及报批、对投资项目的监督等日常事务。为提高外商在缅投资注册效率,缅甸投资委员会于 2013 年在仰光,2014 年在曼德勒、内比都开设国内外投资注册等业务的一站式窗口。窗口单位有计划与财政部、商务部、税收部门、缅甸央行、海关、

---

① 《商务部对外投资合作国别(地区)指南——缅甸(2022 年版)》。

② 参见中华人民共和国驻缅甸联邦共和国大使馆经济商务处网站,http://mm. mofcom.gov.cn/article/jmxw/202005/20200502967707.shtml,最后访问日期:2020 年 7 月 15 日。

移民局、劳工部、工业部、投资与公司管理局、投资委等，为获准的国内外企业提供注册、延期及其他。

（二）投资行业的规定

2016 年 10 月颁布的《缅甸投资法》及 2017 年 3 月发布的《缅甸投资法实施细则》对在缅投资有关事宜作出了规定。《缅甸投资法》禁止对以下项目进行投资。

表 9-2　禁止投资项目

编号	项目类型
1	可能带入或导致危险或有毒废弃物进入联邦的投资项目
2	除以研发为目的的投资外，可能带入境外处于试验阶段或未取得使用、种植和培育批准的技术、药物和动植物的投资项目
3	可能影响国内民族地方传统文化和习俗的投资项目
4	可能危及公众的投资项目
5	可能对自然环境和生态系统带来重大影响的投资项目
6	现行法律禁止的产品制造或服务相关项目

根据《缅甸投资法》有关规定，缅甸投资委员会将制定并及时修订限制投资的行业。2017 年 4 月，投资委员会发布的限制投资行业分为四类：只允许国营的行业；禁止外商经营的行业；外商只能与本地企业合资经营的行业；必须经相关部门批准才能经营的行业。

表 9-3　限制投资行业

类型	内　　容
只允许国营的行业	根据政府指令进行的安全及国防相关产品制造业、武器弹药制造及服务、仅限政府制定邮政运营主体运营的邮政服务及邮票发行、航空交通服务（包括航班信息服务、警告、航空咨询服务、航空管理）、导航、自然林管理、放射性物质可行性研究及生产、电力系统管理、电力项目监管等 9 项

续表

类型	内　　容
禁止外商投资的行业	使用缅语或缅甸少数民族语言的新闻出版业、淡水渔业及相关服务、动物产品进出口检验检疫、宠物护理、林产品加工制造、依据矿业法开展的中小型矿产勘探开采及可行性研究、中小型矿产加工冶炼、浅层油井钻探、签证及外国人居留证件印制发行、玉石和珠宝勘探开采、导游、小型市场及便利店等 12 项
外商只能与本地企业合资经营的行业	渔业码头及渔业市场建设、渔业研究、兽医、农业种植及销售和出口、塑料产品制造及国内销售、使用自然原料的化学品制造及国内销售、易燃品制造及国内销售、氧化剂和压缩气体制造及国内销售、腐蚀性化学品制造及国内销售、工业化学气体制造及国内销售、谷物加工产品制造及国内销售、糕点生产及国内销售、食品(牛奶及奶制品除外)加工及销售、麦芽酒生产及国内销售、酒精及非酒精饮料生产加工及国内销售、饮用纯净水生产及国内销售、冰块生产及国内销售、肥皂生产及国内销售、化妆品生产及国内批发、住房开发销售及租赁、本地旅游服务、海外医疗交通服务等共 22 项
必须经相关部门批准的行业	需经内政部批准的使用麻醉品和精神药物成分生产及销售药品行业,需经信息部批准的使用外语出版刊物、广播节目等 6 个行业,需经农业畜牧与灌溉部批准的海洋捕捞、畜牧养殖等 18 个行业,需经交通与通信部批准的机动车检验、铁路建设及运营等 55 个行业,等等,共有 10 个部委辖下的 126 个行业

(三)投资方式的规定

外商在缅投资可以根据缅甸公司法设立子公司、海外法人(相当于分公司或代表处,缅甸公司法不再区分前两者的注册形式)。在不违反限制投资行业有关规定的前提下,外商可以自由选择采取独资、合资、合作或者并购等方式进入缅甸。缅甸公司法对于公司股东出资形式没有限制,现金、设备或技术投资等都可以作为股东出资方式。缅甸并不禁止外国投资者以二手设备出资,但在向缅甸投资委员会申报投资许可以及设备进口清单时应当列明设备有关情况。同时,缅甸法律法规并不禁止自然人在当地开展投资合作。但出于项目风险隔离以及规范操作的考量,通常投资者会设立项目公司进行项目的落地操作。

(四)安全审查

缅甸目前缺少外资并购安全审查的明确机制,但是达到法律要求(如投资金额较大等)的所有外商投资都应当根据《缅甸投资法》获得缅甸投资委员会的许可,缅甸投资委员会在审核相关投资时可能就相关安全问题进行审查。2015 年颁布的《竞争法》禁止经营者从事限制市场竞争行为,包括通过并购、业务整合、购买和兼并其他企业、设立合资公司或其他缅甸竞争委员会指明的行为等,意图在特定时间内极端提升市场支配地位,或意图降低只有少数企业的相关市场的竞争程度。但由于相关部委以及缅甸竞争委员会尚未明确相关规定的有关细节,目前没有正在实施的经营者集中审查制度。

为更好地吸引外资,便利投资流程,缅甸投资委员会设立了一站式服务中心,其中包括不同行业主管部门派驻的相关人员,可以对于投资者感兴趣的问题提供法律政策方面的指引。除此以外,建议投资者在进行并购之前充分了解并购对象,通过专业中介机构对并购对象进行法务、财务和税务尽职调查。考虑到缅甸市场的特殊性,建议投资者亲自前往缅甸深入并购对象业务和市场一线,实地考察了解并购对象公司内部治理、客户和市场相关情况。必要时可以与在缅的相关商协会进行沟通,侧面了解并购对象的经营情况和商誉。由于缅甸缺少相关的投资审查机制,缅甸政府也鲜有公开相关信息,因此近年缺少在当地开展并购受到阻碍(特别是投资审查受阻)的案例。

(五)BOT/PPP 方式

在缅甸开展 PPP,主要模式有 BOT(建设—运营—转让),BT(建设—转让),BTO(建设—转让—运营)等。缅甸 PPP 模式主要以 BOT 模式存在于电站、高速公路、机场等基础设施建设项目中,特许经营年限从 30 年到 50 年不等,满足特定条件可延期,但一般不超过 70 年。目前在缅甸开展 PPP 合作模式的外资企业主要来自中国、日本等国。

2018 年 11 月 30 日,缅甸总统府发布《关于建立项目银行的公告》(2018 年 02 号公告),该公告对 PPP 项目的立项、招标、管理单位等做了明确规定。但由于目前该项目银行尚未完成最终设立,因此相关规定实施情况还有待进一步观察。

缅甸主要政府部门及其职责:缅甸计划与财政部(MOPF)下设 PPP 中心,负责确定项目库里的项目哪些适合以 PPP 方式以加强政府内部评估、策划、采购、实施、执行、监管项目的能力。PPP 中心将向其他政府部门提供 PPP 能力建设支持,发起评估程序,进行预可研,进行成本—效益,成本—效率分析,进行采购,评估私人主体提出的项目建议,风险分配评估,对 PPP 的模式和结构以及合同主要条款提出建议,协调促进。PPP 中心还将负责制定享受政府支持的政策标准,符合标准的 PPP 项目将获得如政府担保或可行性缺口补助资金等支持,并向项目实施部门提供建议和支持来推进 PPP 项目的招投标、签约和管理。电力能源部、建设部、交通通信部等具体 PPP 项目实施部门将负责酝酿 PPP 项目,管理 PPP 项目招标和瑞士挑战法项目(包括选择中标方),为签署 PPP 协议做准备,管理 PPP 合同,等。

二、缅甸对外国投资优惠

(一)优惠政策框架

《缅甸投资法》规定了按照投资地域区分的免税政策划分三类地区:第一类为最不发达地区(简称一类地区),第二类为一般发达地区(简称二类地区),第三类为发达地区(简称三类地区)。在一类地区投资的企业至多连续 7 年免征所得税,二类地区至多免征 5 年,三类地区至多免征 3 年。在联邦政府批准后,投资委员会将根据情况调整该地区分类。所得税豁免仅适用于依委员会通知所指定的鼓励投资行业。

根据《缅甸投资法》,取得缅甸投资委员会许可或认可的企业,可以长期租赁土地,租赁期限最长可达 70 年。

根据《缅甸投资法》,取得缅甸投资委员会许可或认可的企业,可以向缅甸投资委员会申请享受税收优惠政策,如所得税、进口设备关税等减免。此外,投资委将视情况审批以下税务减免情形:

(1)在投资项目建设期或筹备期间对确需进口的机械、设备、器材、零部件及无法在本地取得的建筑材料和业务所需材料,豁免和(或)减少关税或其他境内税种;

(2)对出口导向的投资项目为生产出口产品而进口的原材料和半成品,豁免和(或)减少进口关税或其他境内税种;

(3)对为生产出口产品而进口的原材料和半成品,退还进口关税(或)其他境内税种;

(4)若经委员会批准增加投资致使投资期限内原投资项目规模扩大,在投资项目建设期或筹备期间对确需进口的机械、设备、器材、零部件、无法在本地取得的建筑材料和业务所需材料的关税或其他境内税种的豁免和(或)减轻,亦相应调整扩大。

经投资者申请,委员会审核后,可以授予下列税收减免优惠:

(1)若将已获投资许可或投资认可的投资项目所得利润,在1年内再投资于同一类项目或相似类型项目,则其所得税可以获得减免;

(2)为所得税纳税评估目的,自投资项目开始运营的年度起,以一个低于投资中所使用的机械、设备、建筑物或资产规定寿命的期限进行加速折旧的权利;

(3)自应纳税所得额中扣除与投资项目有关并为联邦经济发展实际需要的研发费用的权利。

(二)行业鼓励政策

2017年4月1日,缅甸投资委员会发布《鼓励投资行业分类》(2017第13号通知),共计20类行业被列为缅甸鼓励行业,工业区或工业园区,新的市区,公路、桥梁、铁路线,海港、河港、无水港的建设,发电、输电和配电等属于鼓励行业。在鼓励清单范围内的行业,可以享受所得税的减免优惠。

2017年6月,缅甸投资委员会再次发布通知鼓励投资者投资10个行业,并且缅甸投资委员会及地方政府部门将对投资者提供必要协助。这10个行业包括:农业及相关服务行业,包括农产品加工业;畜牧业及渔业养殖;有助于增加出口的行业;进口替代行业;电力行业;物流行业;教育服务;健康产业;廉价房建设;工业园区建设。

(三)地区发展鼓励政策

《缅甸投资法》规定:在一类地区投资可最多享有7年免所得税待遇,包括13个省邦的160余个镇区;在二类地区投资可最多享有5年免所得税待遇,包括11个省邦的122个镇区;在三类地区投资可最多享有3年免所得税待遇,包括曼德勒省的14个镇区和仰光省的32个镇区。投资于符合《鼓励投资行业分类》所规定行业的项目可享受以上免税待遇。

(四)特殊经济区域规定

为吸引外来投资,缅甸于2014年1月23日修订出台了新的《缅甸经济特区法》,于 2015 年 8 月 27 日发布了《缅甸经济特区细则》。

《缅甸经济特区法》第 29 条对投资人应享有的特殊待遇作了明确表述,如投资人在该特区内可从事的行业有:(1)原料加工、机械化深加工、仓储、运输、服务;(2)投资项目所需的原材料、包装材料、机器零配件、机械用油可以从国外进口;(3)向缅甸国内或出口生产的产品;(4)经特区管委会批准,投资人和国外服务商可以在特区内设办事处;(5)经特区管委会同意,从事其他法律不禁止的经济业务。《经济特区法》还规定了对投资者和投资建设者的优惠政策。投资者在免税区开始商业性运营之日起的第一个 7 年期间,免除所得税;在业务提升区开始商业性运营之日起的第一个 5 年期间,免除所得税;在免税区和业务提升区投资的第二个 5 年期间,减收 50% 所得税;在免税区和业务提升区投资的第三个 5 年期间,如在一年内将企业所得的利润重新投资,对投资的利润减收 50% 所得税。投资建设者在经济特区开始商业性运营之日起的第一个 8 年期间,免除所得税;在第二个 5 年期间,减收50% 所得税;在第三个 5 年,如在一年内将企业所得的利润重新投资,对投资的利润减 50% 所得税。

2016 年 4 月,缅甸发布《国家全面发展 20 年规划》,其中包括建设两条连接经济特区和边境口岸的经济走廊,即"迪拉瓦经济特区—妙瓦底边境口岸"经济走廊和"皎漂经济特区—木姐边境口岸"经济走廊。缅甸希望通过经济走廊建设,推动沿线中心城市发展,连接缅甸及周边区域生产网络,并辐射全球市场。[①]

(五)缅甸对中国企业投资合作的保护政策

中国企业在缅甸投资合作的相关保护政策主要包括中缅双方关于投资保护的相关协定以及其他相关保护政策等。例如,2001 年 12 月 12 日,中国和缅甸签订《中华人民共和国政府和缅甸联邦政府关于鼓励促进和保护投资协定》,协定对给予彼此国家投资者最惠国待遇、国民待遇及例外,对征收、损害及损失补偿等内容作出了明确规定。

---

① 祁欣、杨超、经蕊等:《缅甸新政后经贸合作新变化与投资机遇》,载《国际经济合作》2017 年第 1 期。

表 9-4　中缅双方关于投资保护的相关协定

类型	相关协定
双边投资保护协定	《中华人民共和国政府和缅甸联邦政府关于鼓励促进和保护投资协定》
避免双重征税协定	尚未签署
其他协定	1971 年,中缅政府签署贸易协定,双方给予最惠国待遇 1994 年,《中华人民共和国政府和缅甸联邦政府关于边境贸易的谅解备忘录》 1995 年 6 月 29 日,《中华人民共和国政府和缅甸联邦政府关于农业合作的协定》 1997 年 5 月 28 日,《中华人民共和国政府和缅甸联邦政府关于成立经济贸易和技术合作联合工作委员会的协定》 2000 年 2 月 3 日,《中华人民共和国政府和缅甸联邦政府农业合作谅解备忘录》 2001 年 12 月 12 日,《中华人民共和国政府和缅甸联邦政府渔业合作协定》 2001 年 7 月,《中缅两国关于开展地质矿产合作的谅解备忘录》 2004 年 3 月 24 日,《中华人民共和国政府和缅甸联邦政府关于促进贸易、投资和经济合作的谅解备忘录》 2004 年 7 月 12 日,《中华人民共和国政府和缅甸联邦政府关于信息通讯领域合作的谅解备忘录》 2006 年 2 月,《中缅航空运输协议》等

其他相关保护政策包括:

1.中缅经贸联委会

自 2005 年 6 月在仰光举行第一次会议以来,中缅经贸联委会,中缅经济、贸易和科技合作联委会已经成为中缅双边经贸合作的一个重要机制。2019 年 6 月 12 日,商务部部长助理李成钢与缅甸计划与财政部副部长貌貌温在内比都共同主持召开中缅经济、贸易和技术联委会第五次会议。中缅双方围绕落实两国领导人重要共识,对接两国发展战略,推进"一带一路"倡议和中缅经济走廊建设,推动包括中缅边境经济合作区在内的重大经贸合作项目,以及促进双边农产品贸易,发展替代种植,落实对缅援助等共同关注的议题深入交换意见,取得了广泛共识和积极成果。①

2.中缅农业合作委员会

根据 2014 年 11 月李克强总理访问缅甸期间签署的《中缅关于深化两国全面战略合作的联合声明》,双方决定成立中缅农业合作委员会,作为中缅农业合作的重要机制。中方支持缅甸农村和农业发展,决定继续向缅方提供小额农业优惠贷款,为缅甸农村地区民生改善提供帮助。中方鼓励中资企业参与缅甸农业开发,将继续帮助缅方培训农业技术管理人员。2016 年 6 月,中国农业部副部长余欣荣在缅甸首都内比都与缅甸农业、畜牧与灌溉部副部长吞温共同主持召开了中缅农业合作委员会第一次会议,并签署了会议纪要。会议明确双方将进一步完善农业合作机制,加强农业技术交流,扩大农作物优良品种示范推广,推进跨境动植物疫病联防联控,增进农业领域能力建设合作,务实推动农业投资合作。②

3.中缅电力合作委员会

根据 2014 年 11 月李克强总理访问缅甸期间签署的《中缅关于深化两国全面战略合作的联合声明》,双方同意建立两国政府间电力合作机制,支持两国企业本着公平、透明、安全、环保的原则开展电力项目合作。2016 年 2 月 1 日至 2 日,中缅电力合作委员会第三次会议在缅甸首都内比都召开,中国国家能源局副局长刘琦出席了此次会议。会后,双方共同签署了《中缅电力合作协议第三次会议纪要》和《中国国家能源局与缅甸电力部关于电力物资援助的协议》。③ 中缅电力合作有利于促进缅甸电力发展,同时对于推进"一带一路"区域互联互通,加快区域经济发展具有重要意义。

三、在缅甸解决商务纠纷的主要途径

缅甸外商投资争议解决机制主要分为两类:一类是国内救济机制,如国内诉讼等;另一类是国际性质的救济机制,如双边投资协定中的投资争端解

---

① 参见中华人民共和国商务部网站,http://www.mofcom.gov.cn/article/i/jyjl/j/201906/20190602875490.shtml,最后访问日期:2022 年 4 月 28 日。

② 参见中华人民共和国农业农村部网站,http://www.moa.gov.cn/xw/zwdt/201607/t20160701_5193966.htm,最后访问日期:2022 年 4 月 28 日。

③ 参见国家能源局网站,http://www.nea.gov.cn/2016-02/15/c_135099320.htm,最后访问日期:2022 年 4 月 28 日。

决机制等。

　　缅甸外国投资者与政府争端解决机制的国内机制主要由 2016 年颁布、2017 年生效的《缅甸投资法》规定。新的投资法合并了以前的《缅甸公民投资法》与《外国投资法》,适用于所有在缅甸投资的投资者,包括本国国民与外国投资者。而适用的对象则是《缅甸投资法》生效后,缅甸联邦共和国(以下简称联邦)现有或新增的投资,不适用于已经产生的投资争端或在《缅甸投资法》施行前就终止的投资;除了例外情况与安全豁免之外,政府的相关措施也适用 2016 年《缅甸投资法》。值得注意的是,2016 年《缅甸投资法》不仅适用于投资者与联邦之间的争端,也适用于投资者之间的争端。此外,缅甸管理外国投资另一个重要的法律渊源是 2017 年 3 月 30 日由规划和财政部颁布的《缅甸投资条例》以及缅甸投资委员会发布的公告。《缅甸投资条例》并没有对投资者之间的争端作进一步解释,只是重点对外国投资者与东道国之间的投资争端作出了规定。[①]

　　缅甸国际投资争议解决机制包括双边投资协定中的投资争端解决机制、《东盟全面投资协议》中的投资争端解决机制、东盟与其他国家之间的协议中的投资争端解决机制等。发生商业纠纷时也可要求国际仲裁,商业合同里通常会规定合同的适用法以及仲裁机构地点。仲裁地通常选在中立第三国,设立在缅甸的公司常选择新加坡。2016 年 1 月,缅甸新《仲裁法》生效,该法旨在更好地配合已签订的《纽约公约》。

第三节　中国对缅甸经贸投资法律风险分析

一、中国对缅甸的经贸投资法律风险

(一)法律环境复杂

　　缅甸与投资相关的民商经济法律、行政法律制度不健全,某些领域法律规

---

　　①　张晓君、[缅甸]Thin Thin Oo:《缅甸外国投资者与东道国争端解决机制研究》,载《学术论坛》2019 年第 5 期。

定过时或缺失,现行法律缺少细则规定,可执行性不强,法律体系有待完善。中国对缅甸进行投资存在较大的法律风险。虽然缅甸新颁布的《投资法》和《公司法》在很大程度上简化了投资审批程序,并逐步开放外商投资领域,但其开放程度仍然有限,主要集中在传统的农业、水产养殖以及旅游业等领域。同时,缅甸现行法律体系处于调整阶段,部分法律严重滞后,缺乏可执行性,比如《合同法》《财产转让法》还是殖民时代制定的。另外,缺乏强有力的执法体系、腐败严重等问题的存在,导致缅政府缺乏有效的执法能力。[①] 在国际反腐败非政府组织"透明国际"发布的 2022 年度全球清廉指数中,缅甸的清廉指数在全球 180 个国家和地区中排第 157 名,较 2021 年下降了 17 个名次。十年来首次取代柬埔寨,成为东南亚腐败问题最严重的国家。尽管缅甸反腐计划逐年有改进,但在基层、民族邦地区仍然存在政务透明度低,行业贿赂等腐败现象。[②]

同时,缅甸国内各派政治力量之间的关系错综复杂,既有民族矛盾也有历史纠葛,既有政治立场分歧也有经济利益冲突。无论是军方、中央政府还是民间地方势力都可能对中国企业投资项目产生影响,尤其是能源、资源类投资项目常常远离中央政府控制区域,局面更加复杂。中国企业在缅甸投资需要了解各方意愿,兼顾各方利益,寻求各方共同利益的最大公约数,协调难度和协调成本较大。[③]

(二)中国企业准入后权益难获充分保障

中缅双边投资协议内容滞后。由于中国与东盟各国签订的双边投资协议签订的年代较为久远,受到当时的社会环境、国际环境的影响,对于有关海外投资的规定较为粗浅、模糊和不全面。如在投资准入方面规定得较为笼统。显然,这类双边投资协议内容落后于时代,有些条款已经无法适应当

① 孟萍莉、吴若楠:《中国企业对缅甸投资面临的风险及对策》,载《对外经贸实务》2019 年第 10 期。

② 清廉指数采用百分制,100 分表示最廉洁;0 分表示最腐败;80～100 之间表示比较廉洁;50～80 之间为轻微腐败;25～50 之间腐败比较严重;0～25 之间则为极端腐败。缅甸本次总得分 29 分,脱离了极端腐败的行列,但仍属于腐败比较严重的国家。缅甸因为国内的政治局势动荡等原因,2022 年的全球排名急剧下降。

③ 杜奇睿、陈丽阳:《新政府时期中国企业在缅甸投资的机遇与挑战研究》,载《国际贸易》2016 年第 7 期。

今中国-东盟投资合作快速发展的需要,然而,这类协议自签订后至今仍没有更新修订,在与 2009 年签订的《中国-东盟投资协议》有矛盾时,还得优先适用双边协议。可见,此类双边投资协议不仅不利于双方投资领域的进一步扩大,更不利于区域投资规则的升级。

在缅诉讼程序耗时长,费用成本较高,所以发生投资纠纷的外国投资者多通过协商方式寻求解决。发生商业纠纷时也可要求国际仲裁,商业合同里通常会规定合同的适用法以及仲裁机构地点。但缅甸执行或撤销国际仲裁裁决的程序尚不明确,有待完善。对于承认和执行外国仲裁裁决,缅甸一度采取反对的态度,使得缅甸作出的裁决在其他国家难以得到承认与执行。缅甸已经于 2013 年 7 月加入《承认及执行外国仲裁裁决公约》(简称《纽约公约》),2016 年在新《仲裁法》中承认了其效力。《仲裁法》规定了在其他《纽约公约》成员国作出的裁决在缅甸承认与执行的事宜。而对于拒绝承认和执行外国仲裁裁决的理由,《仲裁法》与《纽约公约》有相似的规定,涉及程序问题、可仲裁性问题以及公共政策问题。当然,《仲裁法》也规定了国内仲裁的执行问题,可以基于类似联合国国际贸易法委员会(UNCITRAL)的《示范法》第 34 条的理由申请撤销国内仲裁裁决,也可以提出上诉。但是《仲裁法》这些规定并没有明确缅甸国际仲裁是否也适用该规定,是二者通用还是仅仅适用于国内仲裁。

二、对策

(一)国家层面

1.强化对缅甸的综合研究

加强对地缘政治风险的预警和管控,降低中缅"一带一路"倡议的对接风险。由于面临着缅语人才缺乏、对缅甸了解不深等问题,这在一定程度上增大了"一带一路"倡议在缅甸的对接风险,因此国家有必要组织一批专门从事缅甸问题研究的专家开展包括人文、地理、政治、经济、社会、军事等在内的综合性研究。综合研究的开展首先要有助于丰富对缅甸的细节认知和全面认识,科学研判合作发展的形势和条件;其次要有利于更有针对性地对缅甸开展人文交流和公共外交,使两国人民民心相通;最后要有助于了解和掌握缅甸的舆情方向,从而为国家、中资企业、中国公民在缅甸开展相关业务提供决策咨询,降低"一带一路"倡议在缅的对接风险。①

　　缅甸有较强的意愿在"一带一路"倡议的框架下与中国开展双边合作,但对该倡议缺乏全面、深入的认知,在具体的项目合作上出现了迟疑和犹豫。当前缅甸国内政治的多元化导致中缅政经关系受到一定的影响,给中缅合作增加了一些不确定性。然而,中缅两国政经合作的巨大互补性是客观存在的,缅甸对中国的战略意义决定了中国将会努力适应缅甸国内形势的变化,与此同时缅甸的发展也同样需要中国的经验和资金技术方面的支持和帮助。中国需要通过积极推进对缅公共外交,加大"一带一路"倡议在缅的传播和宣介力度,消除缅方的误解和疑惑,增强缅方对"一带一路"建设"开放、包容、互利和共营"核心内涵的认同。②

　　2.更新升级双边投资协议

　　更新升级双边投资协议需要注意以下问题:首先,修订与《中国-东盟投资协议》有矛盾、有冲突的条款,使其内容与《中国-东盟投资协议》相符。其次,吸收国际投资法的新理念,根据新形势、新变化对条约内容及时更新,比如国民待遇、最惠国待遇、公平待遇等应当有所明确,使其内容具有弹性。再次,明晰双方的具体权利与义务,改变以往模糊、大致的规定,以期在实践中具有可操作性。最后,重视平衡东道国与投资者的利益条款,基于协议签订前缔约国大都是资本输入国,协议也较为侧重保护东道国权益,中国既是资本输入国又是资本输出国,在协议升级更新的修订中应加强重视东道国与投资者利益的平衡。③

　　3.推动中缅经济走廊建设

　　中缅经济走廊建设将在一定程度上促进双边关系内在发展动力的提升,统筹中缅经济关系中的各种人力资源,实现双边多层次的良性互动,使中缅双方的合作实现稳定预期。因此,推动中缅经济走廊建设具有重要意义。中国要改变企业传统组织方式,邀请当地或其他国家参与共建。如中缅油气管道由中、印、韩三国共同出资,虽然各方拥有的比例不同,但这一工程的性质就发

---

　　① 俞家海、张伟军:《"一带一路"在缅对接现状与挑战》,载《印度洋经济体研究》2017年第6期。

　　② 李晨阳、宋少军:《缅甸对"一带一路"的认知和反应》,载《南洋问题研究》2016年第4期。

　　③ 蒋德翠:《中国企业在东盟投资的法律保护研究》,载《广西社会科学》2018年第10期。

生了质变,其政治性的色彩降低。同样,在建设中缅经济走廊的工业园以及其他具体项目时,可邀请多方参与经济合作项目。同时,中缅共建经济走廊要有针对性,并且可借鉴地区合作及其他经济走廊建设的经验。目前,从缅甸整体环境分析,缅甸的投资较热、经济体系不发达并且技术水平较低。因此,在与缅甸共建经济走廊时,中国方面应该发挥自身的优势,注重质量,同时在建设中借鉴东盟"N-X"方案和中巴经济走廊建设的经验等。①

(二)企业层面

1.建立健全风险评估体系和预警机制

目前,中国企业在缅甸的投资不少是基础设施项目,资金多,周期长,大都涉及与缅甸政府的合约或管制较多领域,易引发投资争端。中国企业应增强预防管控投资风险的能力,降低投资争端发生的可能性。一方面,中国企业应注重与缅甸政府管制权相关的环境保护与劳工权益保护等社会化问题。在雇佣当地劳工时,更多考虑解决当地就业问题,同时保障劳工权益。另一方面,中国企业在赴缅甸投资时应加强风险的预估、评价和预警,建立有效的风险评估预警制度②,及时有效地化解和防控投资风险,实现投资目标。

首先,中国政府可以依托中国驻缅甸使馆经商参处和商业协会等组织成立专门的投资风险评估机构,第一时间收集缅甸政局、政策和法律法规等更为全面的信息,及时地判断缅甸的投资风险状况,提出防范风险的政策措施,加强中国企业对缅投资的前期预警。其次,企业应构建自身的海外投资风险评估体系,对缅甸的政治风险、法律风险、金融风险和社会风险等进行有效的评估。最后,企业可以与国际风险评估机构开展合作,采用国际标准评估投资风险,增强评估结果的可靠性和参考性。

2.审慎选择投资领域

目前,缅政府虽采取一系列措施吸引外资,但也加强了对投资方向、投资方式等方面的要求。缅甸最新投资法将投资项目类别划分为三种类型:禁止类、限制类、鼓励类。例如缅甸政府禁止外商投资淡水水产业、中小型矿品加

---

① 高程、王震:《中国经略周边的机制化路径探析——以中缅经济走廊为例》,载《东南亚研究》2020年第1期。

② 郑国富:《民盟执政缅甸外资发展的新特征、新趋势及中国的应对策略》,载《学术探索》2017年第6期。

工、浅层油井开发等项目,鼓励实施森林保护、交通建设、电信服务等投资。中国企业赴缅投资必须严格遵守相关规定,尊重当地的风俗习惯、文化禁忌和宗教信仰,审慎选择投资领域,以降低法律风险。在投资方式的选择上,缅政府鼓励采取 BOP 和 PPP,中国企业应熟悉这两种运营模式,与缅政府以及当地实力强大的企业建立良好的伙伴关系。此外中资企业应遵守我国国内的法律法规,及时进行项目备案,积极配合我国相关部门及商会的协调,避免出现恶性竞争,打造良好的中国品牌。在投资区域上,应尽可能避免选择动荡区域,重点投资缅甸设立的经济特区和政策优惠力度更大的一类投资区域等。

3.妥善处理各方关系

面对缅甸国内复杂的形势,中国企业赴缅投资应妥善处理各方关系。赴缅投资的企业应注意避开武装冲突频发地,妥善处理缅甸的中央和地方、少数民族与缅族之间的关系,降低政治风险和安全风险。在项目建设过程中企业应兼顾经济效益和社会效益,注重履行社会责任,切实保障当地居民利益,缓解当地居民的排华情绪,降低项目被搁置的风险。面对缅甸国内西方势力对中国的排挤,中国企业应处理好同媒体、工会和其他非政府组织(NGO)的关系。中国企业可以利用专门网站或本地媒体来宣传自身主张、展示项目运行情况,增加企业和项目的透明度,让民众充分了解项目的真实情况,从而打破某些媒体的不实之论,树立中国企业的良好形象。另外中国企业应及时与工会、民间组织和宗教团体进行沟通了解雇员、民众的合理诉求,并尽量满足这些诉求,减少对抗和摩擦。尤其在企业管理、环保评估、劳工关系方面,中国企业应邀请当地人士参加,增强企业经营的本土化。

中资企业对外投资项目应当注重互利共赢,实施"惠及民生"战略,为当地民众提供大量的就业机会,切实增加当地人的收入,推进项目"本土化"。在公益事业方面积极履行社会责任,尊重当地历史文化,改善中国企业自身形象,打造中国与"一带一路"沿线国家真正的"命运共同体"。

第十章

菲律宾经贸投资规则

第一节　菲律宾经贸投资发展基本情况

一、营商环境

菲律宾最大的优势是拥有数量众多、廉价、受过教育、懂英语的劳动力。菲律宾 15 岁以上居民识字率达 96％。[①] 在亚洲地区名列前茅。加之菲律宾劳动力成本大大低于发达国家的水平,因而吸引了大量西方公司把业务转移到菲律宾。

菲律宾社会治安不稳定、基础设施有待改善、法制改革进展缓慢。经济发展急需的各项改革常在国会争论不休;旨在吸引私人资金的公私伙伴关系(PPP)项目进展缓慢;严重滞后的基础设施,特别是电力系统,成为潜在的外国投资者关注的主要问题。

菲律宾经济发展潜力在于其人力资源优势。而且在其人口结构中,青壮年比例较高,劳动力资源丰富。除了数量优势,菲律宾人口的素质优势也

---

① 《商务部对外投资合作国别(地区)指南——菲律宾(2022 年版)》。

比较明显。菲律宾的基础设施普遍落后,尤其是交通道路、能源供应、港口运输三大设施落后,严重制约了经济运行的效率。

世界银行《2020 年营商环境报告》显示,在 190 个经济体中,菲律宾营商环境便利度排第 95 名,部分单项排名如下:开办企业第 171 名,执行合同第 152 名,申请信贷第 132 名,纳税第 95 名,电力供应第 32 名,跨境贸易第 113 名。世界经济论坛《2019 年全球竞争力报告》显示,菲律宾在全球最具竞争力的 141 个国家和地区中,排第 64 名。根据世界知识产权组织(WIPO)发布的《2022 年全球创新指数》(GII)报告,菲律宾在 132 个经济体中排第 59 名。

二、宏观经济

(一)经济增长率

根据世界银行的数据,2014—2022 年,菲律宾经济起起落落,除 2020 和 2021 年外,年均增长率达 6% 以上。2014 和 2015 年,菲律宾 GDP 增长率均为 6.35%。2016 年、2017 年、2018 年、2019 年的 GDP 增长率分别为 7.15%、6.93%、6.34% 和 6.12%。受新冠肺炎疫情影响,2020 年菲律宾经济同比下滑 9.52%,是该国自 1998 年以来首次出现萎缩,也是 1946 年有数据以来的最差年度表现。2021 年,GDP 增长率回升至 5.71%。2022 年,GDP 增长率更是达到了 7.57%。[①]

(二)财政收支

2021 年,菲律宾财政收入同比增长 5.24%,增加至 3.01 万亿比索,支出同比增长 10.06%,增加至 4.68 万亿比索;赤字 1.67 万亿比索,赤字率达 8.61%,比 2020 年 1.37 万亿比索的财政赤字扩大 21.78%,绝对值增加 2987 亿比索。[②]

[①]　《商务部对外投资合作国别(地区)指南——菲律宾(2022 年版)》。
[②]　《商务部对外投资合作国别(地区)指南——菲律宾(2022 年版)》。

(三)外债

截至 2021 年 12 月 31 日,菲律宾政府债务余额为 11.37 万亿比索,相对 GDP 比率约 60.5%,较 2020 年提高 5.9 个百分点。从债务来源看,国内债务占债务总额的 69.7%。国外债务余额占债务总额的 30.3%。2022 年,菲律宾外债总额为 1025 亿美元,占 GDP 比重的 26.1%。[1]

(四)外汇储备

截至 2023 年 7 月,菲律宾外汇储备总额为 997.02 亿美元。[2]

(五)通货膨胀

2020 年,菲律宾消费者价格指数(CPI)同比上升 2.6%,核心 CPI 同比上升 3.2%。2021 年 6 月,CPI 同比上升 4.0%。2022 年,菲律宾通货膨胀率达 5.8%。[3]

(六)失业率

2022 年,菲律宾失业率为 2.24%。[4]

三、重点/特色产业

(一)农业

2022 年,菲律宾农林渔猎业产业增加值为 386.07 亿美元,占 GDP 比重

---

[1] 中华人民共和国外交部官网,http://www.fmprc.gov.cn,最后访问日期:2023 年 7 月。

[2] http://www.Trading Economics.com,最后访问日期:2023 年 8 月 14 日。

[3] 世界银行数据,http://www.data.worldbank.org.cn,最后访问日期:2023 年 7 月 25 日。

[4] 世界银行数据,http://www.data.worldbank.org.cn,最后访问日期:2023 年 7 月 25 日。

达 9.55％。[①] 其中,热带海产和水果为菲律宾主要特色产业,包括椰子油、香蕉、鱼和虾、糖及糖制品、椰丝、菠萝和菠萝汁、未加工烟草、天然橡胶、椰子粉粕和海藻等。[②]

(二)工业

2022 年,菲律宾工业增加值为 1181.57 亿美元,占 GDP 比重达 29.23％。其中,制造业增加值为 696.96 亿美元,占 GDP 比重达 17.24％。[③] 菲律宾制造业主要包括食品加工、化工产品、无线电通信设备等。

(三)旅游业

菲律宾旅游业发达。菲旅游部数据显示,2019 年共计 826 万人次外国游客来菲旅游,同比增长 15.2％。其中,韩国游客 198.9 万人次,同比增长 22.5％,继续保持为菲第一大游客来源地;中国大陆游客 174.3 万人次,同比增长 38.6％,继续排名第二;其后依次为美国(106.4 万人次,增长 2.9％)、日本(68.3 万人次,增长 8.1％)、中国台湾地区(32.7 万人次,增长 35％)、澳大利亚、加拿大、英国、新加坡、马来西亚、印度和德国。2020 年受疫情影响,菲律宾旅游业遭受重创,外国游客数量仅 132 万人次,同比下降近 84％;全年国际旅游业收入 27.69 亿美元,同比下降 83％;超过 500 万名旅游业从业者遭遇失业或收入锐减。[④] 2021 年,菲律宾旅游业直接增加 1 万亿比索,同比增长 9.2％;旅游产业就业人数约 490 万人,比 2020 年的 468 万人增长了 4.6％。[⑤]

---

① 世界银行数据,http://www.data.worldbank.org.cn,最后访问日期:2023 年 7 月 25 日。

② 参见中华人民共和国驻菲律宾共和国大使馆经济商务处网站,http://ph. mofcom.gov.cn/article/jmxw/201911/20191102910178.shtml,最后访问日期:2020 年 7 月 20 日。

③ 世界银行数据,http://www.data.worldbank.org.cn,最后访问日期:2023 年 7 月 25 日。

④ 世界银行数据,http://www.data.worldbank.org.cn,最后访问日期:2023 年 7 月 25 日。

⑤ 《商务部对外投资合作国别(地区)指南——菲律宾(2022 年版)》。

(四)海外劳工汇款

菲律宾是全球主要劳务输出国之一。菲中央银行数据显示,2019 年菲外劳汇款达 301.3 亿美元,同比增长 4.1%。央行指出,因中东局势不稳,该地区 2019 年汇款下降了 9.8%,但来自亚洲其他地区、美洲和非洲的汇款分别增长了 12.3%、10.6% 和 4.8%;美国是第一大汇款来源国,占比 37.6%,紧随其后的依次为沙特阿拉伯、新加坡、日本、阿联酋、英国、加拿大、香港、德国和科威特;陆基汇款增长 3.5% 至 236 亿美元,海基汇款增长 6.5% 至 65 亿美元。据统计,在海外工作的菲劳工约 230 多万人,其中约 24% 在沙特阿拉伯工作,16% 在阿联酋工作。[①]

(五)交通、通信及仓储业

2017 年,菲律宾交通、通信及仓储业产值为 190.97 亿美元,占 GDP 比重分别为 6.09% 和 6.7%,是亚洲增长较快的国家。2018 年增速略缓,GDP 增速为 6.2%。

2016 年,时任总统杜特尔特签署行政命令,正式提出了"2040 愿景"。"2040 愿景"提出了菲律宾长期发展目标:到 2040 年,菲律宾成为富足的中产国家,人民充满智慧、创新,生活幸福、健康,多元化家庭充满活力,社会信任度高,抵抗灾害能力强。

四、发展规划

《2017—2022 年菲律宾发展规划(PDP)》(以下简称《规划》)是与杜特尔特总统提出的"2040 愿景"相呼应的菲律宾中期发展规划。《规划》确定,要优化社会结构,建设高度信任社会;缩小贫富差距,拓展经济增长机会;开发经济增长潜力;保障可持续增长的经济环境;促进包容性可持续增长等。《规划》还确定了一系列至 2022 年应达到的目标:至 2022 年,菲律宾成为上中等收入国家,较 2016 年经济增长 50%,人均收入从 2015 年的 3550 美元上升到 5000 美元以上;促进包容性增长,农村贫困率从 2015 年的 30% 降至 20%,整体贫困

---

① 中华人民共和国外交部官网,http://www.fmprc.gov.cn,最后访问日期:2023 年 7 月 25 日。

率从 21.6％降至 14％;提升教育、医疗水平和居民收入,促进人民整体发展;失业率从 5.5％降至 3％～5％,每年增加 95 万～110 万个新就业机会;提升政府、社会公信度;增强个人和小区抗灾能力;鼓励创新,全球创新指数排名从目前的第 74 名上升至整体排名的前三分之一。

五、对外经贸关系

(一)吸收外资

根据菲律宾国家统计局公布的数据,2023 年第一季度批准的外国投资总额从 2022 年同期的 89.8 亿比索增长至 1727.0 亿比索。投资承诺主要来源于德国(90.9％)、日本(2.2％)和荷兰(1.5％)。[①]

据中国商务部统计,2021 年,中国对菲律宾直接投资 1.5 亿美元。截至 2021 年末,中国对菲律宾直接投资存量为 8.8 亿美元。[②] 中国在菲律宾投资主要涉及矿业、制造业和电力等领域。

(二)外国援助

据菲律宾政府统计,截至 2020 年 12 月,菲律宾获得境外官方发展援助总额达 306.9 亿美元。其中,优惠贷款金额 290 亿美元,占比 94％;赠款金额 16.9 亿美元,占比 6％。境外官方援助的最大来源为日本。日本国际协力机构(JICA)提供的援助为 11.8 亿美元,占菲律宾获得境外官方发展援助总额的 36.44％。其次是亚洲开发银行和世界银行,分别占 28.52％和 20.97％。[③] 境外援助的主要领域包括:交通基础设施建设、社会福利和社区发展、农业和土地改革、自然资源、工业、贸易和旅游等。

[①] Approved Foreign Investments Reached PhP 172.70 Billion in First Quarter 2023.

[②] 《2021 年度中国对外直接投资统计公报》。

[③] 《商务部对外投资合作国别(地区)指南——菲律宾(2022 年版)》。

第二节　菲律宾经贸投资规则分析

一、对外国投资的市场准入规定

(一)投资主管部门

贸工部是主管投资的职能部门,负责投资政策实施和协调、促进投资便利化。贸工部下设的投资署(BOI)、经济特区管理委员会(PEZA)负责投资政策包括外资政策的实施和管理。此外,菲律宾在苏比克、克拉克等地设立了自由港区或经济特区,并成立了相应的政府机构进行管理。

(二)投资行业的规定

菲律宾政府将所有投资领域分为三类,即优先投资领域、限制投资领域和禁止投资领域。2014 年 7 月,菲律宾国会通过了新的外资银行法修正案,对外资银行准入和经营范围实行全面开放。此前法律规定,只允许外资银行购买或拥有本地银行 60% 的股份或设立分行,为此许多外商一直在呼吁菲律宾放开对外资银行的限制。菲律宾政府宣称,此举也是菲律宾迈向东盟经济一体化包括金融一体化的需要。

1.优先投资领域

对于优先投资领域,菲律宾政府每年制定一个《投资优先计划》,列出政府鼓励投资的领域和可以享受的优惠条件,引导内外资向国家指定行业投资。优惠条件包括减免所得税、免除进口设备及零部件的进口关税、免除进口码头税、免除出口税费等财政优惠,以及无限制使用托运设备、简化进出口通关程序等非财政优惠。

2017 年 3 月,菲律宾政府批准了由菲律宾投资署制定的《2017—2019 年投资优先计划》(IPP),该计划与杜特尔特的经济社会发展十点计划和国家工业综合战略相一致。计划中所列项目将获得所得税减免等税收优惠政策。计划中所列的优先经济活动包括农产品加工业、农业和渔业,战略性服务业,基础设施和物流(包括由地方政府部门参与的 PPP 项目),包容性商业模式,与环境或气候变化有关的项目。除制造业以外,基础设施项目、电力和能源等也是投资热点。

2.限制外资清单

菲律宾政府不定期更新限制外资项目清单。2018 年 10 月 31 日,菲总统府发布了第 11 版的外国投资负面清单(FINL),更新了开放给外国投资的行业以及只限菲律宾公民投资的行业。其中规定 11 种行业不允许外资进入,绝大多数领域外国人权益不得超过 40%,以及规定外资不得超过 25% 和 30% 的领域。

表 10-1 菲律宾外商投资比例及要求

外商持有资本比例	涉及产业范围	出口要求
0%	大众电子传媒等 11 项产业	无
≤20%	私人电子通信网络产业	无
≤25%	私人招聘等 3 项产业	无
≤30%	广告产业	无
≤40%	开采、开发以及利用自然资源产业等 10 项产业	生产的产品 50% 必须出口
>40%	安全、国防、公共卫生、道德、保护中小企业等 10 项产业	生产的产品 70% 必须出口

(三)投资方式的规定

对于绝大多数公司,菲律宾公民须拥有至少 60% 的股份以及表决权,不少于 60% 的董事会成员是菲律宾公民。如果公司不能满足上述关于菲律宾公民所占比例的要求,则必须满足以下条件:

(1)经投资署批准,属于先进项目,菲律宾公民无法承担,且至少 70% 的产品用于出口。

(2)从注册之日起 30 年内,必须成为菲律宾本国企业。但是产品 100% 出口的公司无须满足该要求。

(3)公司涉及的先进项目领域不属于宪法或其他法律规定应由菲律宾公民所有或控制的领域。

菲律宾关于并购等商业行为有一系列法律法规,其中《公司法》对并购的手续和流程进行了相关规定,《反垄断和限制贸易的合并法》(Republic Act 3247)明确了由于并购等行为造成的垄断或贸易阻碍的情形及相关处罚措施。如无法律明文禁止,外资企业可按菲律宾国内企业收并购流程并购菲律宾企业,具体做法如下:

(1)首先由双方董事会各自通过并购方案,并至少在专门召开的股东或成员大会两周前提交方案。股东大会上,2/3以上股权票或2/3以上成员票赞成即为方案通过(并购方案如需修改,亦须在股东大会上获得相同比例的赞成票)。

(2)方案获股东大会通过后,合并双方总裁或副总裁在注明合并方案、投票情况的合并书上签字,由董事会秘书或秘书助理认证后,提交至证券交易委员会(SEC)批准(如合并涉及银行、银行业金融机构、信托公司、保险公司、公用事业、教育机构或其他由特别法律规范的特别行业,需先由相关政府机构出具推荐函)。

(3)SEC认定并购行为不与《公司法》或其他相关法律抵触后,出具并购许可,并购行为自此生效。

(四)BOT方式

菲律宾于1993年颁布《BOT法》,第一部分共18款,详细介绍了法令本身,规定了各种BOT参与方式的定义、优先项目范围、公开投标规定、合同谈判、偿还计划、合同中止、项目监督、投资激励、项目协调与指导、规章制度委员会成员规定等内容。第二部分为规章制度执行的有关具体规定,共15条84款。该部分除了进一步阐明上述条款的有关政策,授命组成资格审核及合同授予委员会之外,对BOT立项的各个过程,包括投标前期工作、投标评估、合同审批、合同授予等作了详尽的规定。对投资承建商的资格、拥有股份、投资领域、投资形式、偿还计划、收益分配、融资、鼓励措施和项目监察等细节作了严格的规定。根据该法案,特许经营年限最高为50年。

二、菲律宾对外国投资的优惠

(一)优惠政策框架

菲律宾有以下财政优惠政策:

(1)免所得税。新注册的优先项目企业将免除6年的所得税,传统企业免交 4 年所得税。扩建和升级改造项目免税期为 3 年,如项目位于欠发达地区,免税期为 6 年。新注册企业如满足下列其中一个条件,还将多享有 1 年免税奖励:①本地生产的原材料至少占总原材料的 50％;②进口和本地生产的固定设备价值与工人的比例不超过每人 1 万美元;③营业前 3 年,年外汇存款或收入达到 50 万美元以上。

(2)可征税收入中减去人工费用。

(3)减免用于制造、加工或生产出口商品的原材料的赋税。

(4)可征税收入中减去必要和主要的基建费用。

(5)进口设备的相关材料和零部件减免关税。

(6)减免码头费用以及出口关税。

(7)自投资署注册起免除 4～6 年地方营业税。

菲律宾制定了以下非财政优惠措施:

(1)简化海关手续;

(2)托运设备的非限制使用:托运到菲律宾的设备贴上可出口的标签;

(3)进入保税工厂系统;

(4)雇用外国公民:外国公民可在注册企业从事管理、技术和咨询岗位 5 年时间,经投资署批准,期限还可延长。总裁、总经理、财务主管或者与之相当的职位可居留更长时间。

(二)行业鼓励政策

菲律宾投资署每年制定一部"投资优先计划",规定政府优先发展的项目领域,该计划经总统批准后发布。需要注意的是,这些领域中有一些是限制或禁止外国投资的领域。

(三)地区鼓励政策

《2017—2019 年菲律宾投资优先计划》取消了对部分产业补贴的区域性限制。旧版投资优先计划中,仅民多洛、棉兰老岛穆斯林自治区和巴拉望的农产品加工产业享受补贴。为了刺激制造业发展,创造更多就业,新版《投资优先计划》中完全取消了这一类区域性限制。此外,放宽了对旅游业补贴的区域性限制,马尼拉、麦克坦岛和长滩都被包括在补贴范围之内,以刺激兴建更多旅游设施。

(四)经济特区鼓励政策

菲律宾经济区主要由 PEZA 所辖的 96 个各类经济区和独立经营的菲律宾弗德克工业区、苏比克、卡加延、三宝颜、克拉克自由港等组成。这些经济特区的优惠政策包括:

(1)企业可获得 4 年所得税免缴期,最长可延至 8 年。所得税免缴期结束后,可选择缴纳 5% 的"毛收入税"(gross income tax),以代替所有国家(中央)和地方税,其中 3% 上缴中央政府,2% 上缴地方财政。

(2)进口资本货物(设备)、散件、配件、原材料、种畜或繁殖用基因物质,免征进口关税及其他税费。同类物品如在菲律宾国内采购,可享受税收信贷(tax credit),即先按规定缴纳各项税费,待产品出口后再返还(包括进口关税部分的折算征收、返还)。

(3)经批准,允许企业生产产品的 30% 在菲律宾国内销售,但须根据国内税法纳税。

(4)免缴码头税费和出口税费。

(5)给予初始投资在 15 万美元以上的投资者及其配偶和未成年子女(21 岁以下)在经济区内永久居留的身份,他们可以自由出入经济区,而不需向其他部门另行申请。

(6)简化进出口程序。

(7)允许聘用外籍雇员,为外国经理人员和技术人员办理 2 年的可延期工作签证,但外籍雇员数量不能超过企业总雇员人数的 5%。

(8)企业用于员工技术培训和提高管理能力费用的一半可以从上缴中央政府的 3% 税收中扣除。此外,是否给予 E.O.226 规定的其他优惠待遇,由 PEZA 自行决定。

(五)菲律宾对中国企业投资合作的保护政策

菲律宾对中国企业投资合作的保护政策主要包括双边投资保护协议、避免双重征税协议以及其他协议等。

表 10-2　对中国企业投资的相关保护政策

类型	相关协定
双边投资 保护协议	1992 年 7 月《中华人民共和国政府和菲律宾共和国政府关于鼓励和相互保护投资协议》。
避免双重 征税协定	1999 年 11 月《中华人民共和国政府和菲律宾共和国政府关于对所得避免双重征税和防止偷漏税的协议》
其他协议	1993 年《经济技术合作协议》 1993 年《关于加强农业及有关领域合作协议》 2004 年《渔业合作谅解备忘录》 2005 年《关于促进贸易和投资合作的谅解备忘录》 2006 年《关于建立中菲经济合作伙伴关系的谅解备忘录》 2007 年《关于扩大和深化双边经济贸易合作的框架协议》 2009 年《中华人民共和国和菲律宾共和国领事协定》 2017 年《中菲经贸合作六年发展规划(2017—2022)》

三、在菲律宾解决商务纠纷的主要途径

在菲律宾,企业不仅要依法注册,合法经营,必要时也需要通过法律手段解决纠纷,维护自身权益,可以采取的途径有法院诉讼、仲裁与和解等。依据菲律宾《1987 年宪法》和《1980 年司法重组法案》,菲律宾遵循司法独立原则,全国法院体系共分四级:最高法院是全国最高司法机构,其下依次为上诉法院、地区法院和城市法院(或城市巡回法院)。城市法院(或城市巡回法院)受理诉讼请求赔偿额为 10 万比索(在大马尼拉地区为 20 万比索)以内或诉讼标的物价值为 20 万比索(在大马尼拉地区为 50 万比索)以内的民事案件,地区法院受理诉讼请求赔偿额超过 10 万比索(在大马尼拉地区为 20 万比索)或诉讼标的物价值超过 20 万比索(在大马尼拉地区为 50 万比索)的民事案件,不服城市法院或地区法院的判决可上诉至上诉法院,直至最高法院。上诉法院除可对下级法院的判决提起上诉外,也可对准司法机构(如证券交易委员会、国家劳动关系委员会、土地注册局等)的裁决提起上诉。在南部穆斯林地区,设有伊斯兰教巡回法院、地区法院和上诉法院。另外,菲律宾还设有专门的税务上诉法院。依据《菲律宾仲裁法》(共和国法案 876 号)的规定,发生争议的

双方可以通过事先合同约定或事后双方同意的方式,提起仲裁。在菲律宾,只有律师可代表当事人在法院或行政机构行使其准司法职能。菲律宾全国设有多家律师事务所,其法律规定法律职业属于外资禁止进入领域。由于法律体系不同和语言差异,中国企业应聘请当地律师处理企业法律事务。一旦涉及经济纠纷,可借助律师的专业技能寻求法律途径解决。

菲律宾外商投资争议解决机制主要分为两类:一类是国内救济机制;另一类是国际性质的救济机制,如 WTO、ICSID(国际投资争端解决中心)以及在双边投资条约(BIT)中规定的争端解决机制等。

菲律宾在国内投资争议解决机制方面有比较完整的争议解决制度。在民事和行政诉讼方面,菲律宾颁布了《1997 年民事诉讼法》、《职业行为规则》(律师法)、《行政法》、《07 号政令——巡视官办公室程序法》等法律法规;在仲裁法方面,菲律宾颁布了《2004 年非诉讼争议解决法案》、《2004 年非诉讼争议解决法案执行办法》和《2004 年非诉讼争议解决法案关于法庭的特别规定》等法律法规,并成立了争议解决中心,受理各类仲裁请求。

菲律宾加入的国际投资争议解决机制包括国际商事仲裁、解决国家与他国公民之间投资争议机制(ICSID)、外交保护、外国法院诉讼、与贸易有关的投资争议解决机制(主要是 WTO 的 DSB)等方式。外国投资争议解决方式则包括仲裁、调解、选择性争议解决方式(ADR),其中仲裁方式在投资争议解决过程中占有重要的地位。菲律宾加入了《解决国家与他国公民之间投资争议公约》,外国投资者可以选择 ICSID 作为其投资争议解决的途径。

表 10-3　与外商投资争议解决相关的法律

类型	内　容
国内	(1)民事和行政诉讼方面:《1997 年民事诉讼法》、《职业行为规则》(律师法)、《行政法》、《07 号政令——巡视官办公室程序法》等; (2)仲裁法方面:《2004 年非诉讼争议解决法案》、《2004 年非诉讼争议解决法案执行办法》和《2004 年非诉讼争议解决法案关于法庭的特别规定》等。
国际	1958 年 6 月 10 日《承认及执行外国仲裁裁决公约》(《纽约公约》)缔结时的签字国之一;1978 年 9 月 26 日签署《关于解决国家与他国国民之间投资争议公约》(《华盛顿公约》)。

第三节　中国对菲律宾经贸投资法律风险分析

一、法律风险

(一)法律环境不佳

菲律宾外资法律政策限制严格。对外资经营公用事业、自然资源开发及拥有公有土地方面规定了限制条款,对外资经营其他行业也设置了股权比例限制。菲律宾投资法律对于大多数产品在菲律宾境内销售的外商投资一般有不超过合资公司40%股份比例的限制,少数行业在股份比例上有一定浮动,出口型产业的外商投资可控股或独资。另外,菲律宾各项法律法规执行过程有很大的随意性,执法不严、有法不依的情况十分常见。

(二)中国企业准入后权益难获充分保障

菲律宾法院办案程序冗杂、耗时极长,且司法的公正性有待提高。根据属地管辖原则,外国投资争议应当由菲律宾国内法院进行管辖,并适用其国内法。外国投资者只有在穷尽当地所有的救济方式仍无法获得救济的情形下才能向母国请求外交保护,即用尽当地救济原则。然而,菲律宾也曾出现过行政权过度干涉司法的风险。如《外国投资法》颁布之初,由于地方政府法规更新不及时,地方政府通过适用地方政府法规来规避投资法的适用,典型案例如菲律宾长途电话公司诉国家电讯委员会案,以及国会议员加西亚诉投资委员会案。这些案例的出现反映出菲律宾最高法院在适用外国投资法过程中对行政机关权力监管能力的不足。[1] 同时,受殖民历史影响,菲律宾国内存在着"国

---

① 张雨:《菲律宾外国投资法律机制研究》,中国欧洲学会欧洲法律研究会第九届年会论文。

民主义"①,排斥外资。因此,菲律宾政府及法院在解决外国投资争议时更倾向于保护东道国的公共利益或国家安全,而忽略外国投资者事实上的损失。在菲律宾政府重新修订了《地方政府法》,并且承认投资委员会对外国投资具有审查权力后,这种状况有所缓解。

二、对策

(一)国家层面

1.加强政府间沟通交流

首先,中菲两国应增进政府间尤其是高层间的沟通交流,定期的互访活动有利于信息对称,防止误读,同时加深两国友谊,形成良性互动的格局。其次,加强与菲律宾各主要政党的合作,积极宣传"一带一路"倡议的各项政策。利用好中菲经济联委会、农业联委会、科技联委会等双边对话机制,增进理解,加强顶层设计,拓展合作,保障"一带一路"倡议和"杜特尔特经济学"的契合与补充,使两国合作的项目尽快落实,惠及当地居民。再次,进一步推动区域全面伙伴关系协定(RCEP)谈判,扩大与中菲合作的深度和广度。最后,两国可以成立具有半官方性质的行业协会和商会,加强重点产业合作的中间环节沟通,共同建设贸易平台、行业标准和品牌资产,促进经贸往来。

2.强化"一带一路"倡议下的中菲合作

"一带一路"经贸合作要沿着贸易便利化、经济技术合作和建立自由贸易区的"三步走"路径分阶段推进实施。境外经贸合作区建设是"一带一路"的重要抓手,也是我国实现结构调整和全球产业布局的重要承接平台。伴随着"一带一路"政策的推动,中国与菲律宾之间的经济技术合作不断加强。在菲律宾的产业园中,欧美国家占据多数。2017年李克强总理访问菲律宾期间,中菲两国发表联合声明,宣布共同编制和落实《中菲工业园区合作规划》。下一步应加大推进产业园建设的速度和力度,以重点合作产业为突破,争取标志性的项目尽快落地。在推进产业园建设的同时,也应进一步完善相关配套政策并

---

① "国民主义"概念来自德国古典经济学家弗里德里希·李斯特的《政治经济学的国民体系》,内涵是反对在经济地位不平等情况下的自由贸易,而主张实行保护民族利益的"国民主义"政策。

推动实施,如共同建设跨境电子商务平台和科技创新合作平台,加大产学研成果转化。此外,针对菲律宾工业基础薄弱,市场主体为中小企业的现状,应共同建设中小企业培育中心,使当地中小企业能够在合作中发展和壮大。

强化"一带一路"倡议与中菲金融合作的衔接。"一带一路"倡议将菲律宾作为海上丝绸经济带的重要国家,双方的金融合作在很大程度上是随着两国经贸关系带动起来的。因此在未来合作中,必须强化双方金融合作与"一带一路"倡议的对接,进而提升双方的合作深度。具体而言:第一,将中菲金融合作与中国基础设施建设对菲投资相对接。中国企业在基础设施建设领域不仅有充足的产能和先进的技术,还有大量的人才储备,而菲律宾基础设施建设落后,双方合作意愿强烈,合作前景广阔,中菲双方可以加强亚投行、亚开行(总部就在马尼拉)之间的政策协调,完善 PPP 项目融资、第三方合作等方式,为菲律宾基础设施建设提供融资支持。第二,强化两国货币互换及结算体系安排。要加强两国货币之间的汇率协调,降低对美元的依赖程度,加强人民币在菲律宾外汇储备中的比例。第三,加强中菲金融合作与菲律宾经济振兴战略相对接。杜特尔特当选总统之后,提出菲律宾 GDP 年增长 10% 的目标,大力发展矿藏开采、旅游业和制造业,因此利用这个投资机遇来盘活菲律宾国内的金融资产,为中国企业投资提供金融支持。[1]

3.妥善解决南海问题

无论是中国还是菲律宾,都属于发展中国家,搁置争议、共同开发对双方来说都是最好的方案。两国应加强海洋合作,以合作促进争端的解决。合作的切入点可以从低敏感的领域开始着手,如海上警务、减灾防灾等,同时共同发展海洋产业,如渔业、海洋旅游业、海洋生物科技产业,联合开展海洋科考和资源勘探,使两国均能享受到海洋合作带来的权益。加快《南海行为准则》的磋商,2017 年 8 月,中国-东盟"10+1"外长会已经通过了《南海行为准则》的框架,下一步应尽快细化落实,使各方南海活动有法律依据,降低冲突发生的可能性,以稳定的地区环境支撑中菲合作的发展。[2]

因此,中国应该牢牢把握机遇期,努力维持目前在南海的有利地位。具体

---

[1]　张彩虹:《"一带一路"背景下中国与菲律宾金融合作的制约因素及优化策略》,载《对外经贸实务》2020 年第 6 期。

[2]　蔡琦、黄媚:《"一带一路"与"杜特尔特经济学"的对接与挑战——基于产业合作视角》,载《区域与全球发展》2018 年第 6 期。

如下:首先,从中菲关系来看,一方面中菲双方继续落实两国领导人取得的重要共识,切实履行两国签署的合作协议,用事实证明两国的务实合作为菲律宾带来了积极的成果。另一方面,中国将继续鼓励菲律宾搁置南海争议,同时继续坚持以下"四不"政策:不接受、不参与、不承认、不执行"南海仲裁案"的裁决结果,坚决反对菲律宾以此结果作为先决条件的谈判。此外,从东盟与中国关系层面来看,双方将继续立足于稳步推进"南海行为准则"(COC)的谈判磋商,同时从每次 COC 的磋商谈判中预测南海局势和各方态度,促进中国、东盟、菲律宾和越南之间的积极互动。[①]

(二)企业层面

在企业层面,应该分门别类梳理各种风险,针对系统性风险,经济实力强的企业应该设立专门的战略研究部门,跟踪分析国际形势和"一带一路"投资所在国的重大政经形势,研判走势。针对行业政策风险,应该加强信息收集,利用政府、协会、智库等渠道扩大信息来源,增强分析的前瞻性和科学性。对内要增强忧患意识,紧密联系外部环境深刻变化产生的新情况新问题新挑战,制定有针对性的预案,做最全准备、做最坏打算,成立重大突发事件和危机处理部门,建立标准的工作处置流程,做到企业内部分工明确、责任清晰。

1.审慎选择投资领域

针对中菲两国经贸合作中重贸易、轻投资的局面,应秉持"共商、共建、共享"的原则,扩大对菲律宾的直接投资。中国企业在高质量地完成合作项目的同时,需要积极承担起社会责任,树立良好的国家形象。在投资方向上,一是积极向菲律宾经济薄弱的地区和行业进行投资,避免过度投资资源领域,使用更为环保的技术,保障当地绿色生态,避免菲律宾国内对"一带一路"倡议输出过剩产能、落后产能的误读。二是向菲律宾具有比较优势的产业投资,如服务业、旅游业等。合作前后,要积极调研了解当地的文化和经济发展水平,遵守当地法律法规,把握投资政策(如当前菲律宾政府倾向于通过 PPP 模式吸引外资),做到事半功倍。项目推进过程中,应尊重当地宗教、风俗习惯,避免超负荷投资、工作。在人员聘用上,尽量雇佣当地居民,加大员工技能的培训,增加菲律宾民众对两国合作的信任感和享受合作成果的幸福感。

---

① 阮清明、卢矜灵:《对菲律宾总统杜特尔特南海政策的趋势研究》,载《南洋资料译丛》2019 年第 2 期。

2.关注权利救济的方式

根据投资目的和需要来设定投资的方式,了解相关的法律制度。研究投资目标国的立法政策变化,注意相关领域的立法活动,以便随时调整投资方向,避免或尽量减少因为法律调整所造成的损失。同时,投资项目合同的适用法律、争议解决等方面条款非常重要。投资人应该充分研究双边和多边投资保护协定,充分利用法律工具保护投资利益。其中,在项目初始就设计好争议解决机制,可以在出现争议时,争取到对保护自己权益更有利的局面。

3.构建规避风险、自我修复的商业模式

中国企业对"一带一路"沿线国家投资应结合相关规定选择适合自身的投资方式,构建适应当地环境的商业模式。选择可靠的、实力雄厚的合作伙伴,必要时聘请有经验、有实力的顾问,帮助协调解决与各级政府部门和企业之间的相关事宜。事后建立全面风险预警机制,可以与当地律师事务所、会计师事务所建立长期合作,定期对法律和税务事宜进行审查等。

中国企业对菲律宾投资应充分发挥丝路基金、亚洲基础设施投资银行、上海合作组织银联体的作用,为基础设施、资源开发、产业合作、金融合作等领域的投资合作寻求最优融资平台,从根本上解决融资难的问题,优化直接投资资金链管理,增强抗风险能力。

第十一章

印度经贸投资规则

第一节　印度经贸投资发展基本情况

一、投资吸引力

从投资环境吸引力角度来看,印度的竞争优势有以下几方面:政治相对稳定;经济增长前景良好;人口超过 14 亿,市场潜力巨大;地理位置优越,辐射中东、东非、南亚、东南亚市场。[①]

世界经济论坛《2019 年全球竞争力报告》显示,印度在全球最具竞争力的 141 个国家和地区中,排第 68 名。世界银行《2020 年营商环境报告》显示,在 190 个经济体中,印度营商环境便利度排第 63 名,部分单项排名如下:开办企业第 136 名,执行合同第 163 名,申请信贷第 25 名,纳税第 115 名,电力供应第 22 名,跨境贸易第 68 名。印度国家应用经济理事会发布调查报告显示,在印度经济较为发达的 21 个邦区中,古吉拉特邦是印度最具投资潜力的邦,德

[①]　中华人民共和国外交部官网,http://www.fmprc.gov.cn,最后访问日期:2023 年 7 月。

里、泰米尔纳德、安德拉和马哈拉施特拉邦分居第二至五位。[1]此外,比哈尔邦、北方邦和加尔克汉德邦投资环境正在大幅改善。

二、宏观经济

印度独立后至 20 世纪 80 年代,经济平均年增长率只有 3.5%,20 世纪 80 年代上升为 5%~6%,21 世纪初进入 8%~9% 的快速增长阶段。农业由严重缺粮到基本自给,工业已形成较为完整的体系,自给能力较强。20 世纪 90 年代后,服务业发展迅速,占国内生产总值的份额逐年上升。高科技发展迅速,成为全球软件、金融等服务的重要出口国。[2]

(一)经济增长率

1991 年 7 月印度开始实行全面经济改革,放松对工业、外贸和金融部门的管制。"八五计划"(1992—1997 年)期间经济年均增长 6.7%。"九五计划"(1997—2002 年)期间经济年均增长率有所下降,年均增长为 5.5%。1999 年开始实行第二阶段经济改革,深化第一阶段经济改革,加速国有企业私有化,改善投资环境,精简政府机构,削减财政赤字。

"十五"(2002—2007 年)、"十一五"(2007—2012 年)期间国内生产总值(GDP)年均增长率均达到 7.6%。2015 年 1 月 30 日,印度中央统计局调整了 GDP 的统计方法,将统计基期由 2004/2005 财年调整为 2011/2012 财年,根据新的统计方法,印度 2013/2014、2014/2015、2015/2016 财年 GDP 增速分别为 6.9%、7.4% 和 7.6%。[3]

(二)经济结构

根据世界银行统计,按三次产业计,2022 年,印度农业、工业(包括建筑业)和服务业增加值占 GDP 的比重分别为 16.62%、25.62% 和 48.58%;按支

---

①　此次调查主要参照五大主要指标和 51 个分项指标,主要指标分别是劳动力、基础设施、经济环境、政府治理能力和政治稳定性、主观感觉。

②　世界银行数据,http://www.data.worldbank.org.cn,最后访问日期:2023 年 7 月 25 日。

③　中华人民共和国外交部官网,http://www.fmprc.gov.cn,最后访问日期:2023 年 7 月。

出法计,最终消费支出、总资本形成以及货物和服务净出口分别占 GDP 的 71.04%、31.16% 和 −4.47%(其中出口占 22.45%,进口占 −26.92%)。①

根据印度中央统计办公室(CSO)发布印度 2021/2022 财年经济报告。报告显示,印度 2021/2022 财年 GDP 同比增长 9.05%,较 2020/2021 财年增长近 15 个百分点。全年经济增速呈逐季回落趋势,四个季度分别增长 12%、15%、12%、11%,从产业表现来看,制造业、房地产行业以及农业增长势头较好,全年分别增长 18.7%、16.4% 和 15.6%,增幅较 2020/2021 财年分别提高 11 个百分点、6.3 个百分点和 3.5 个百分点,而金融行业、公共部门支出、交通运输业以及电力、天然气、供水和其他公用事业服务增速较 2021/2020 财年有所放缓。

(三)财政收支

印度实行中央和地方财政分立、联邦和邦两级预算的体制。每年 4 月 1 日至次年 3 月 31 日为一个财政年度。印度多年来推行赤字预算以刺激经济发展,巨额财政赤字一直是困扰印度经济的难题。政府预算经常入不敷出,财政缺口主要靠发行公债弥补,除了存在通胀压力外,每年还要支付大量利息。本届政府通过税制改革、控制政府支出等方式减少财政赤字,收到了一定成效。

印度财政部发布数据显示,2021/2022 财年 4 月至次年 3 月,印度全国税收收入 17.2 万亿卢比(约合 1.50 万亿人民币),同比增长 13.5%,全国财政总支出 71.6 万亿卢比(约合 6.25 万亿元人民币),同比增长 9.8%。2022/2023 财年,财政赤字占 GDP 的 6.4%。

(四)外汇储备

截至 2023 年 8 月,印度外汇储备为 6014.5 亿美元。②

(五)通货膨胀

2022 年,印度居民消费价格指数(CPI)同比增长 6.7%,运行超过印度央

---

① 世界银行数据,http://www.data.worldbank.org.cn,最后访问日期:2023 年 7 月 25 日。

② 世界银行数据,http://www.data.worldbank.org.cn,最后访问日期:2023 年 7 月 25 日。

行目标区间范围内(低于4%)。食品、烟草、服装、住房、能源等五大类主要消费品价格涨幅均在5%以内,通胀水平较为温和。但"谷贱伤农"的情况日益加重,农民利益受到侵害。从批发价格指数(WPI)上看,通胀隐忧犹存。2021年,WPI指数同比增长10.8%,其中能源产品价格同比增长5.4%,上游价格压力有所显现。[①] 若印度国内油价随着国际油价快速上涨,将导致通胀压力明显上升。

(六)失业率

印度劳动和就业部于2015年1月发布的最新报告显示,2013/2014财年,印度的失业率为4.9%。印度国内49.5%的劳动力属于自由职业者,30.9%的劳动力是临时工,只有16.5%是工薪阶层,余下的3%是合同工。而根据世界银行统计数据报告,2022年,印度失业率高达7.33%。

(七)外债余额

印度财政部数据显示,截至2021年度,印度外债余额6149.2亿美元,同比增长8.2%,按照债务期限划分,中长期外债余额为5002.9亿美元,短期外债余额为1146.3亿美元。中长期外债包括多双边贷款、国际货币基金组织贷款、商业贷款、出口信贷、印度人印度侨存款等。

三、重点/特色产业

(一)农业

印度拥有世界1/10的可耕地,耕地面积约1.5亿公顷,是世界上最大的粮食生产国之一。农村人口约占总人口的65%。印度主要粮食作物有稻米、小麦等,主要经济作物有油料、棉花、黄麻、甘蔗、咖啡、茶叶和橡胶等。[②] 2022

---

① 世界银行数据,http://www.data.worldbank.org.cn,最后访问日期:2023年7月25日。

② 中华人民共和国外交部官网,http://www.fmprc.gov.cn,最后访问日期:2023年7月。

年,农业增加值占增加值总额(GVA)的18.30%,增速为3.06%(按当前价格计算)。①

(二)工业

印度工业体系比较完善,主要包括纺织、食品、化工、制药、钢铁、水泥、采矿、石油和机械等。近年来,汽车、电子产品制造、航空航天等新兴工业发展迅速,但制造业在国民经济中占比不足,未能有效带动就业,进而制约印度国民收入及消费能力进一步提升,影响经济发展动能。印度医药、汽车零配件、钢铁、化工等产业水平较高,竞争力较强。2012年至2022年,印度增加值总额(GVA)年均增长6.36%,2021年和2022财年制造业增加值分别达4559.1亿美元、4508.6亿美元。②

(三)服务业

服务业是印度的支柱产业,占印度GDP比重约48.58%,具体包括金融、房地产和专业服务、公共管理、国防和其他服务,以及贸易、酒店、运输、通信和与广播有关的服务。2022年,按照当前价格计算,印度总增加值为247.07万亿卢比,服务业增加值为132.16万亿卢比,占比达53.49%。③ 印度软件出口和服务外包业发展迅速。

(四)纺织业

纺织业历史上一直在印度国民经济中占有重要地位。印度纺织部年报显示,2021—2022年,包括手工艺品在内的纺织品和服装在印度商品出口总额中所占的份额高达10.5%,占全球纺织品和服装贸易总额的4.6%。纺织业主要产品有棉纺品、人造纤维、毛制品、丝织品、黄麻制品、手织品、地毯、手工艺品及成衣等。目前,印度全国共设有7个纺织业特别经济区(SEZ)以鼓励产品外销。

---

① 世界银行数据,http://www.data.worldbank.org.cn,最后访问日期:2023年7月25日。

② 世界银行数据,http://www.data.worldbank.org.cn,最后访问日期:2023年7月25日。

③ 世界银行数据,http://www.data.worldbank.org.cn,最后访问日期:2023年7月25日。

(五)医药业

印度的医药业规模在全球范围内排第二位,生物医药是印度制药业的领头羊。印度是仿制药市场的全球枢纽,医药行业市场规模超过 200 亿美元。2015 年,印度药品出口增长 7.55％,达到 120.54 亿美元。从业人员 300 多万人,较大规模的研发型生物医药企业约 270 家。此外,还有约 5600 家拥有药品生产执照的小规模仿制药企业。

(六)关键行业

印度关键性行业主要有:

1.机动车行业

印度是世界上第一大摩托车消费国、第四大乘用车市场、第七大商用车生产国,其 2018 年机动车产量达 2907 万辆,近 5 年年化增长率达 6.96％。印度的港口联系紧密,紧邻南亚和非洲,这种优良的地理区位有助于印度成长为区域性的制造和出口中心。得益于印度的物流和地理优势,全球所有的汽车巨头都在印度投资,以寻求潜在的市场机遇。

2.银行业

经过数年的发展,印度金融市场已经获得了一定的深度和流动性,形成了以银行为主导的局面。银行业对于整体金融稳定性有着至关重要的作用,因此受到严格的行政监督和管理。银行业改革鼓励私营企业和外资银行进入市场,让银行业不断提高效率和生产力,形成一个以市场为主导的行业。

为了让私营领域的银行获得准入,印度储备银行(RBI,央行)在经过谨慎协商之后于 2013 年 2 月 22 日公布了指导方针,以便颁发额外的银行牌照。在这一举措下,有两家私人银行被授予了银行牌照。这是自从印度实施商业银行和零售银行运行以来第一次向私人银行颁发银行牌照。多年以来,外资银行通过设立分行的模式在印度开展银行业务。

3.资本市场

资本市场在印度取得了长足进展,向多个维度扩张,例如便利性、监管框架、市场基础设施、透明度、流动性以及其他种类的可用手段。所有这些因素共同创造了一个更有深度、更具弹性的印度一级和二级资本市场。

印度证券交易委员会(SEBI)是负责印度资本市场监管的机构,其设立目的是保护证券投资者的利益以及促进资本市场的发展。SEBI 监管资本市场的所有中介机构(例如证券经纪公司、商业银行、承销商等)并禁止证券市场中的不公平贸易行为。

4.健康科学

印度生命科学行业是亚太地区规模最大且发展迅速的市场。在药物制剂和原料方面,印度是亚洲第二大市场。印度制药业高度分散,排名前十的制药机构占整个行业总收入的40%。印度是全球第三大制药国,占全球药物生产的8%。此外,印度的原料药占全球需求的45%以上。印度的基础市场巨大,这使得其制药市场价格十分敏感。尽管如此,全球20家大型制药公司中约有18家仍在印度设立了子公司。2011—2017年间,API(活性药物成分)领域预计会增长17%。印度的医药业规模在全球范围内排第二位,生物医药是其制药业的领头羊。印度是仿制药市场的全球枢纽,2020年医药行业市场规模超过417亿美元,2020年药品出口达到207亿美元,5年复合平均增长率达12%,从业人员300多万人,较大规模的研发型生物医药企业约270家,此外,还有约5600家拥有药品生产执照的小规模仿制药企业。

四、发展规划

虽然全球经济增长不确定因素增加,但印度经济发展已经有了较好的基础,宏观经济基本面良好,印度经济预计能够在较长时间内保持稳定较快增长。据国际货币基金组织(IMF)预测,到2025年,印度占世界经济总量有望达到7.1%。

印度政府在其"十二五"计划(2012/2013财年至2016/2017财年)中提出,未来5年的经济发展目标是实现更快的、可持续的和更富包容性的增长。"十二五"计划期间经济增长目标为9%,并希望实现9.5%的更高目标。印度未来五年经济社会发展的重点领域包括能源、交通、自然资源、农村发展、制造业、医疗教育、社会和地区平等、城市化、服务业和政府治理等方面。"十二五"结束后,印度不再实行五年计划。①

---

① 中华人民共和国外交部官网,http://www.fmprc.gov.cn,最后访问日期:2023年7月5日。

五、对外经贸关系

(一)吸收外资

自 1991 年实行经济改革以来,印度政府逐步放宽对外商直接投资领域的限制,使印度经济近年来利用外资实现了快速增长。2000 年 4 月至 2018 年 12 月,外商直接投资累计达到 5920.87 亿美元(包括利润再投资和其他资本投资)。印度的外国投资主要来自毛里求斯、新加坡、日本、英国、荷兰、美国等,投资领域主要包括金融和非金融服务业、建筑业(含房地产开发)、电信、电脑软硬件、制药、化学品(化肥除外)、汽车、电力、酒店与旅游等行业,其中金融和非金融服务业吸引外资总额占印度 2000 年以来吸引外资总量的 17%。目前,在印度投资的世界 500 强企业包括汇丰、沃达丰大众汽车、福特汽车、本田汽车、丰田汽车、铃木汽车、现代汽车、雀巢食品、宝洁等知名企业。

据印度商工部数据,2018/2019 财年,印度累计吸引外国直接投资 443.6 亿美元,同比减少 1%,但若以卢比计价,则同比增加 7%。联合国贸发会议《2023 世界投资报告》显示,2022 年印度吸收外资 493.6 亿美元,同比增长 10.26%;对外投资 145.4 亿美元,同比下降 15.71%。截至 2022 年年末,印度吸收外资累计 5107.19 亿美元,对外投资累计 2225.57 亿美元。根据中国商务部、国家统计局和国家外汇管理局联合发布《2021 年度中国对外直接投资统计公报》,2021 年,中国对印度直接投资流量达 2.79 亿美元。截至 2021 年年末,中国对印度直接投资存量达 35.19 亿美元。

(二)外国援助

根据世界银行统计,截至 2021 年底,印度接受官方发展援助和官方援助(ODA)余额为 31.19 亿美元,分别占国民总收入(GNI)和总资本形成的 0.10%和 0.32%。[1]

---

[1]　世界银行官网,http://www.data.worldbank.org.cn,最后访问日期:2023 年 7 月 25 日。

第二节　印度经贸投资规则分析

一、对外国投资的市场准入规定

(一)投资主管部门

印度主管国内投资和外国投资的政府部门主要是:商工部下属的投资及内贸促进局,负责相关政策制订和投资促进工作,其下设金融、基础设施发展、知识产权、国际合作等相关司局;公司事务部,负责公司注册审批;财政部,负责企业涉税事务和限制类外商投资的审批;储备银行,负责外资办事处、代表处的审批及其外汇管理。

在外资审批中,属于"自动生效"程序审批的外资项目直接报备印度储备银行,不属于"自动生效"程序审批的外资项目,或超出印度政府有关规定的外资项目的审批由相关产业部门负责。对超过120亿印度卢比的提案,则由内阁经济事务委员会(CCEA)审核批准。

印度官方的投资促进机构,还包括印度投资署(INVESTINDIA)。该机构2009年12月成立,由中央政府(商工部)、各邦政府和印度工商联合会(FICCI)共同成立,促进外国资本有重点、全面、系统地在印度投资,为投资者提供优质的投资及相关服务。

(二)投资行业的规定

印度的外资准入制度实行负面清单的模式,按照行业进行划分,分为鼓励外商投资行业、限制外商投资行业以及禁止外商投资行业。

(三)投资方式的规定

根据印度《公司法》的规定,外国投资者可在印度独资或合资设立私人有限公司,此类公司设立后视同印度本地企业;外国投资者可以以设备、专利技术等非货币资产用于在印度设立公司,但非货币资产须经当地中介机构评估,且股东各方同意后报公司事务部批准。

表 11-1　印度对外投资准入行业分类

分类	行业类型
禁止行业	核能、赌博博彩业、风险基金、雪茄及烟草业
限制行业	电信业务、私人银行业、多品牌零售业、航空服务业、基础设施投资、广播电视传播等
鼓励行业	电力(除核电外)、石油炼化产品销售、采矿业、金融中介服务、农产品养殖、电子产品、电脑软硬件、特别经济区开发、贸易、批发、食品加工等

印度允许外资并购印度本地企业。当地企业向外转让股份必须符合所在行业外资持股比例要求,否则须获得财政部批准;所有印度企业的股权和债权转让都须获得印度储备银行的批准;如并购总金额超过 120 亿卢比,还须获得内阁经济委员会的批准。

(四)安全审查

印度的外国投资国家安全审查制度建立在外资准入审查中政府审批制度的基础上,主要涉及两个部门:工业政策和促进部(DIPP)和内政部(MHA)。DIPP 关于对外国直接投资(FDI)的审批和促进需要与财政部经济事务部(DEA)共同合作进行,DEA 主要为外国直接投资提案的批准提供时间限制,并促进外国直接投资制度的透明化。MHA 履行各种与国家安全相关的职责,包括内部安全、边境管理、中心国家关系、联邦领土管理等。MHA 下设不同工作分管的办公室,由内部安全 II 办公室负责外国投资的国家安全审查。此外,印度对外国投资的国家安全审查过程当中还会涉及与具体投资部门和行业相关的其他部门,特别是涉及较为敏感的行业投资时。

印度对外国投资进行安全审查的标准主要包括两类。一类是 DIPP 制定的审查标准,决定什么样的投资提案会进入到内政部所负责的国家安全审查的流程中。另一类是 MHA 制定的审查标准,是关于审批已进入其负责的国家安全审查流程当中的投资提案的标准。印度对外资的审批流程如下:首先,在政府审批渠道下提交投资提案的申请会先经由 DIPP 的初审,并通过 DIPP 和 DEA 的联合审议会议判断是否涉及潜在的国家安全问题,再根据其判断,派发给 MHA 进入国家安全审批流程。

二、印度对外国投资优惠

印度政府没有专门针对外商投资的优惠政策,外商在印度投资设立的企业视同本地企业,须与印度企业一样遵守印度政府制定的产业政策。外资只有投资于政府鼓励发展的产业领域或区域,才能和印度本土企业一样享受优惠政策。

(一)优惠政策框架

印度外商投资优惠政策主要体现在地区优惠、出口优惠和特区优惠上。

(二)行业鼓励政策

印度目前没有系统的行业吸收外资鼓励政策。目前印度吸引外国直接投资的主要部门依次为金融和非金融服务业、制药业、电信业、冶金工业和电力行业。

(三)地区鼓励政策

在地方各邦层面,印度中央政府未设定统一的优惠措施。地方邦政府主要提供以投资直接返还和税收优惠为核心的招商政策,前者依据企业实际投资以财政资金形式直接予以返还,后者则承诺在一定期限内免征本邦销售产品应缴纳的邦级货劳税。

(四)特殊经济区域规定

2006 年 2 月,印度政府正式实施新制定的《特殊经济区(SEZ)法》。该法规定:

(1)在特殊经济区内,经营单位无须获得许可或特定批准,即可进口或从印度国内购买建立特殊经济区及进一步经营所需的资本货物、原材料、消耗产品及办公设备等,且无须缴纳关税,进口或本地购买的免关税货物,批准的使用有效期为 5 年;

(2)企业在特殊经济区的投资,其前 5 年的利润所得可获得 100% 的利润免税优惠,第 6~10 年可得到 50% 的利润免税优惠,第 11~15 年可得到 50% 的再投资所得盈利的免税优惠;

(3)除需要产业许可的产业外,特殊经济区的制造业允许 100% 的外商直接投资;特殊经济区内允许建立境外金融业务单位,且在前 3 年可获得 100%

所得税减免,在其后的 2 年可获得 50% 所得税减免;

(4)针对特殊经济区经营单位的外汇管制更具灵活性,上述经营单位每年的外部商业借款限额为 5 亿美元;

(5)特殊经济区经营单位无须缴纳服务税;

(6)被征土地 1/4 须用于生产和加工业,其他部分可用于任何目的;

(7)简化申请手续,提供"一站式"服务。

(五)印度对中国企业投资合作的保护政策

印度对中国企业投资合作的保护政策主要包括双边投资保护协定、避免双重征税协定以及其他经贸协定等。

表 11-2　中国与印度签署的协定

类型	相关协定
双边投资保护协定	2006 年,《双边投资保护协定》(已失效),目前中印双方正就商签新的投资保护协定保持接触
避免双重征税协定	1994 年,《中华人民共和国政府和印度共和国政府关于对所得避免双重征税和防止偷漏税的协定》及议定书 2018 年 11 月,《关于修订〈对所得避免双重征税和防止偷漏税的协定〉及议定书的议定书》
其他经贸协定	1984 年,第一个政府间贸易协定 2014 年,《经贸合作五年发展规划》等

三、在印度解决商务纠纷的主要途径

印度拥有较健全的独立司法制度,司法制度为三级制,分别为联邦最高法院、邦法院及地方法院。除了对于一些由于缺乏罚金管辖权而无法受理的案件,地方法院是大部分争端的一审法院。违反基本权利的案件在相应的高等法院和最高法院审理。民事、刑事及经济争端视其犯罪程度和罚金管辖权,可以在具有地区管辖权的法院进行审理。原告的起诉缘由和被告的居留地是决定地区管辖权的必要因素。印度有一系列专门处理特定争端的特殊法院和法庭,如各种税务法庭、消费者赔偿法庭、行业法庭、债务偿还法庭、国家公司法庭、机动车事故赔偿法庭等。

关于争端解决,印度《1908年民事诉讼法典》规定了由往复地区法院做出的判决的执行。法典规定,往复地区上级法院通过且在印度地方法院存档的判决,可在印度执行,原因是其已在印度地方法院通过。根据印度政府的通报,新加坡、马来西亚、英国、新西兰、中国香港和斐济为往复地区。对于其他国家,若印度地方法院审理的案件可以由一项由外国法院通过的判决处理,那么该判决就可以在印度执行。此外,《1908年民事诉讼法典》在其第37条中规定了债务和违约金的快速偿还程序。与一般诉讼不同,被告人无权自我辩护。关于仲裁和调解,印度《仲裁法》适用于通过印度法律认定(无论是否属于合约争端)、且其中一方当事人是外国人或隶属于外国公司的国际商业争端。基于国际商事仲裁示范法的《1996年裁决和调解法》规定了快速解决下列商业争端的措施:仲裁地在印度的国际商业仲裁和根据《纽约公约》和《日内瓦共约》规定,执行印度之外的仲裁地做出的国际商业仲裁协议和裁决。按照印度法律,以下类型争端不能通过仲裁解决,只能通过民事诉讼解决,包括与公共权利有关的争端;具有与刑事犯罪类似的性质,且须根据《外汇管制法》(FEMA)裁决的争端;由法定机构颁布有效知识产权的争端;超过当事人意志的税收争端;根据《1956年公司法》停止营业的争端;涉及破产的争端。

关于执行程序。印度法院一旦认定外国判决为可执行判决,即可执行。在有相应管辖权的印度法院裁定一项外国判决为可执行判决之后,当事人可以提交执行申请。

关于投资条约带来的争端解决。目前印度已宣布采用新的双边投资条约(BIT)模板,此前签订的《双边投资促进和保护协议》将逐步失效,各国须重新与印度根据新的BIT模板签订条约。在新的BIT模板下,对于外资的保护较此前的有所减少。另外,印度也与一些国家签订了自由贸易协定、优惠贸易协定、综合性经济合作协议和全面经济伙伴关系协定等,其中,综合性经济合作协议和全面经济伙伴关系协定也有相应投资保护和投资促进的条款。这些保护协定规定了投资争端解决机制,总体上讲,这些争端可依据印度国内司法途径解决或进行国际仲裁。在申请仲裁前,争议双方需要首先尝试通过谈判解决争端,如6个月内无法通过谈判解决争端,方可提交仲裁。

第三节　中国对印度经贸投资法律风险分析

一、法律风险

(一)法律制度体系复杂

印度现行法律和税收体系较为复杂。受英国殖民历史的影响,印度的中央政府、地方各级邦政府以及城乡政府均有权制定法律法规,并且有 26个邦在税收制度中方面还规定了跨邦税和进城税。以货物与劳务税为例,其实行"双轨制",分为中央货物与劳务税和邦货物与劳务税,在中央、邦内或邦际从事销售活动的税率均不同,目前大部分邦的销售税已被增值税所替代。为保障邦政府收入,减少货物与劳务税改革阻力,印度在货物与劳务税改革方案的设计过程中,通过《第 101 次宪法修正法》和《货物与劳务税(对各邦补偿)法》,建立了货物与劳务税改革利益补偿机制,即因货物与劳务税改革造成的邦政府收入损失 5 年内由中央政府补偿。尽管如此,中国企业往往需要花费较长时间才能有效适应印度复杂的法律和税收体系。此外,印度的劳工法规也对中国企业的投资和进入造成严重阻碍。印度政府制定了大量的劳工法,主要有《劳工争议法》、《产假法》、《红利法》、《离职金法》、《劳工补偿法》和《雇用法》等,同时印度还是国际劳工组织的成员国,须遵守该组织关于工人权利保障的 37 个公约,这就导致中国企业极易卷入劳资纠纷之中。[①]

(二)中国企业赴印投资面临准入限制

印度工业化和城镇化进程整体滞后于我国,市场需求与我国存在代际差异,我国主流消费品一定程度上也是印度消费升级的阶段性方向,在印度市场需求潜力巨大,中国企业在印度投资设厂开展本土化生产,对扩展国际市场具

---

① 成迪雅:《"一带一路"倡议背景下中国企业投资印度的机遇与挑战》,载《新西部》2019 年第 11 期。

有极其重要的意义。虽然印度作为中国"一带一路"倡议中不可绕开的大国，中国对其直接投资贡献度却很小，在中国对外直接投资中，投资印度的份额历年来占比也非常低。

中国企业在印度投资容易遭遇歧视性和针对性的审查。根据印度的外商投资管理制度，外国投资准入审查包括自动审批和政府审批两种类型。虽然农业、采矿、机场铁路等基础设施建设以及传媒、金融等领域的外商投资大部分属于自动审批范畴，但印度政府倾向于保护主义，常以"威胁国家安全"为理由将中方的投资纳入程序复杂、耗时较长的政府审批路径，并且否决了部分中国企业的投资申请。

2006年当局制定了外国投资审查制度，要求对敏感国家企业投资当地港口、航空、电信、互联网等基础设施领域的活动实施严格审查；2010年印度情报部门将华为、中兴、联想等中国电信设备供应商列入黑名单，限制其在印投资。[①] 印度对我国设置的准入障碍，在原来贸易摩擦的基础上，更进一步限制中方投资融入印度市场，导致中国企业难以充分利用中印市场之间的需求梯度优势。

(三)中国企业准入后权益难获充分保障

虽然印度为外资设立了地区优惠、出口优惠和特区优惠，但其并没有对中国投资印度设立专门的优惠和保护政策，且只有在投资印度政府鼓励发展的产业领域时，才能享受和印度本土企业相同的优惠待遇。[②] 目前，中国和印度签订的投资方面的协定主要有双边投资保护协定、避免双重征税协定以及其他少量经贸协定。

2006年11月，中印签署了《中印双边投资促进和保护协定》，有效期10年，现今已经到期。该协定的内容规定较为简单，主要是原则性规范条款，缺少操作性质的细节，已经无法为赴印投资的中国企业提供全面保护。2015年，印度重新制定了《双边投资协定范本》(以下称《范本》)，修改了外国投资者与东道国间的争端解决条款。《范本》改变了条款中的投资定义，从以资产为

---

① 李晓：《"一带一路"战略实施中的"印度困局"——中国企业投资印度的困境与对策》，载《国际经济评论》2015年第5期。

② 牛学利：《"一带一路"背景下中国对印度直接投资风险的原因浅析》，载《经济师》2020年第6期。

基础的投资定义转向以企业为基础的投资定义,使得争端解决机制的适用范围变窄,从而导致未在当地设立实体企业的外国投资者无法利用国际仲裁方式解决与东道国政府的投资法律争端。《范本》强化了印度本国司法和行政机构权威,弱化国际仲裁机构的作用,要求国际仲裁机制不得审查印度司法机构做出的终审诉讼裁决以及印度政府为保障金融体系和国家安全而采取的措施。[①] 同时,《范本》还要求外国投资者在提请国际仲裁前必须用尽东道国当地的司法救济手段,并设置了时间要求,即在一年后才可以提出仲裁请求。这种争端解决机制的设计,与国际上通行的依靠《华盛顿公约》和国际性仲裁机构解决争端的惯例背道而驰,如将《范本》复制到与他国商签的《双边投资保护协定》之中,印度将大幅收回外资与政府争端的管辖权,延缓甚至阻断外资诉诸国际仲裁的进程,限制外资企业利用国际规则应对印度政治风险,使外国投资者处于不利局面。[②]

二、对策

(一)国家层面

1.合理设计条约规则

合理设计条约规则是国家在全球治理和"一带一路"合作过程中管控风险的必然要求,灵活性条款是条约风险管控的重要手段。第一,避免签订具有强制性争端解决条款的条约,或者在签订条约时对争端解决条款声明保留;第二,在条约规则的谈判和拟定阶段,对实体标准和程序问题加以考察;第三,如果不能面面俱到考虑各种因素,倾向于签订软法协定。一方面,中国要加快推进投资协定谈判,共同解决双方企业面临的市场障碍和困难。双方企业可以为谈判贡献更多的信息和思路,与政府一道尽快推动达成高标准、利益平衡的投资协定,为企业经营排除更多障碍,创造更好商机。另一方面要加大开放力度,积极参与新一轮国际经贸规则制定,共同引领和塑

---

① 陶立峰:《印度投资条约之投资者与国家争端解决机制的最新发展与中国的应对》,载《社会科学》2017 年第 12 期。

② 王是业、李灿:《印度贸易投资保护主义与我国对印经贸合作战略》,载《南亚研究季刊》2019 年第 2 期。

造国际经贸规则制定,为企业创造稳定、公平、透明和可预期的法律框架和经贸营商环境。

为抑制印度对我国采取贸易和投资保护主义措施,应根据当前全球经贸活动发展形势和经贸规则的最新趋势,推动达成以规则为基础的高标准多双边经贸安排,形成硬约束。截至 2019 年 3 月,"区域全面经济伙伴关系协定"已进行 7 次部长级会议,多数成员希望谈判能于 2019 年年内结束。中方应以此为契机,联合日本、韩国、澳大利亚、新西兰等对外开放程度较高的成员国家共同推动印度克服国内保守派阻力、摒弃防御性姿态和怀疑主义,鼓励印度提高出价水平,确保协定如期达成,实质性提升区域贸易和投资自由化水平。以世界贸易组织《贸易便利化协定》为基础,推动《上海合作组织成员国元首关于贸易便利化的联合声明》分步骤实施落地,建立成员国统一的通关便利化协调机制,进一步降低包括中印在内的成员国之间的商品流通障碍和成本。研究重新商签中印《双边投资协定》,充分借鉴和纳入全球高标准投资规则,杜绝印方将 2015 年《双边投资协定范本》中的倒退性、保护性条款纳入其中。

2.加强双边合作,增进互信

2013 年"一带一路"倡议提出以来,印度一直抱有怀疑和抵触情绪,忌惮我国通过加强区域合作削弱其地区影响力。我国政府应通过高层互访、经贸联合小组会议、智库及工商界交流等形式务实介绍"一带一路"倡议互利共赢的基本出发点、中印开展合作的机遇及其对印度的积极影响,将"一带一路"倡议与印度"季风计划""15 年发展愿景""印度制造""数字印度"等发展战略的目标进行对比和匹配,突出战略和利益交汇点,逐步弱化印方认知上的战略边界,推动双方战略对接和务实合作。可探索邀请印方相关企业和机构适度参与我国与周边国家的"一带一路"合作项目,共同开发斯里兰卡、马尔代夫、尼泊尔、孟加拉国等第三方国家市场,强化互利合作和成果共享。

2009 年 6 月至 2014 年 7 月,金砖国家领导人在金融、贸易、投资等领域展开了六次会面,并在很多领域的合作方面形成了一致的看法,中国要有效运用金砖国家在金融、贸易、投资等领域的合作机制,充分利用中国在二十国集团和中国、俄罗斯、印度合作机制等其他多边合作机制。双方应当采用更为积极主动的做法,加大双边合作与沟通。中国与印度在政治、经济、文化等方面的紧密合作,有利于促进双方建立良好的合作关系,实现中国经济的可持续增长。2020 年是中印建交的第 70 年,随着双方稳定的投资以及持续的贸易活动,中印投资的层次将不断加深,投资的领域不断扩充。

3.促进多领域多层次经济合作

中国和印度现有经济合作机制主要是以多边合作机制和中印在区域性集团或组织中的经济合作机制为主,这种合作机制不利于进一步深化中印经济合作。两国全面地深化经济合作关系,需要建立不同层次的经济合作机制,需要坚持互利共赢的原则。中央政府为双边经济合作提供战略指导,地方政府和企业、民间组织、非政府组织和个人应该根据实际情况开展不同层面的经济合作,可以鼓励民间商业组织、商会之间加强交流与合作,建立中国企业印度商会和印度企业中国商会,为企业之间的合作交流提供平台,形成"政府引导、企业推动和民间互动三位一体"经济合作互动模式。丝路基金和金砖国家银行、亚投行为中国和印度的金融合作提供平台,将会促进中国与印度在重点合作领域的经济合作机制的建立与完善。同时,还须借鉴其他国家之间的经济合作机制,建立中印之间的特别关税优惠协调机制、商品自由流动机制、双边货币互换协调机制以及中印之间的生产要素自由流动监管机制等。我们可以借鉴美国与欧盟之间经济合作的谈判模式,采取循序渐进的方式,推动中印之间经济合作的机制化建设。[①]

(二)企业层面

1.积极学习当地相关政策及法律制度

针对印度繁杂的法律制度,外资公司须积极学习当地法律规章和政策,涉及签署重要合同以及日常财务管理、税收申报等事项应聘请当地有资质、信誉良好的律师事务所、会计师事务所等中介机构协助办理。此外,中国企业可以在印度设立代表处和办事处。因其负责专门事务,受政府干预较少,并能够与当地政府部门建立一定的联系,在很大程度上可以避免政治风险、地方保护和劳工罢工风险。

针对印度外资准入法律制度的特点以及中国企业在准入阶段面临的法律风险,企业可以进行有选择性地规避。一是选择审批渠道,自动审批渠道应该是最佳选择。通过对印度海外投资审批制度的研究,印度对中国投资的审查比较严格。而中国企业在印度投资主要集中于电信和通信业,这类行业通常

---

① 谢向伟:《"一带一路"背景下完善中印经济合作机制探析》,载《东南亚南亚研究》2017 年第 4 期。

属于涉及国家安全的敏感行业,印度政府也较为警惕。中国企业如果选择这类行业投资,应当合理选择审批渠道。二是优选投资产业。印度各个行业的准入条件、竞争现状、发展阶段、优惠政策、所面临的法律风险等都是不相同的,应当进行综合考虑。选择那些符合印度鼓励优先发展的行业,通常会有较多优惠政策。三是注重区位选择。印度中央政府制定总体的投资政策,但各个邦政府也有自己的立法权,可根据实际需要制定有自己特色的投资法规或政策,劳动法和就业法就是由中央立法和邦政府立法共同构成的,这也导致印度各个邦的有关法律之间存在一定差异。[①]

2.加大对具有技术优势产业的投资

"一带一路"倡议的深入推进,为中印经济合作提供了很大的动力。随着中国经济发展进入新常态,我国需要将优势产能和部分产业转移出去,中国有资金、制造业优势,印度有市场和振兴印度制造业的需求,同时印度提出了包容性金融发展计划、智能城市建设计划等,这些都为中国企业对印投资提供了机遇。中印可以通过对接"一带一路"倡议与"印度制造"计划,通过对外投资、产能合作、技术转让、合资经营、绿地投资等深化中印经济合作,构建中印深层次的金融合作机制、经济技术转让合作机制、产能合作机制。印度劳动力市场充裕,可与印度开展制成品和杂项制品方面的合作,探索建立产能合作领域的合作机制。印度是劳动密集型产品出口地,中印可以通过劳动与资金优势的互补实现在制造业领域的合作。此外,通过两大战略的对接,可以实现中印更多领域内合作机制的建立,这既符合双方的需求,也更具有可操作性。可借助"一带一路"高峰论坛来推进中国与印度之间的产业产能合作,支持企业对印度投资,建立投资与贸易协同发展的中印经济合作机制,实现优势互补,提升中印在全球制造业产业价值链上的地位。

3.树立品牌意识,提升中国企业自身形象

在投资的过程中,中国企业应从自身着手,在树立品牌意识上下功夫,要树立品牌就必须要坚持诚信最大化。此外,中国企业在对印度投资的过程中应积极融入东道国,改变原有的经营管理模式,不断积累投资经验、加强对印度市场的调研,全面提高跨国经营的管理水平。印度作为一个宗教国家,许多习俗与我国有相当大的差异,中国企业对印度的风俗习惯应给予

---

① 杜玉琼:《"一带一路"倡议下中国企业投资印度的法律风险及防范研究》,载《江海学刊》2018 年第 2 期。

应有的尊重,加强对印度相关法律法规的研究,以保证投资活动符合印度的法律规定。中国企业在注重经济效益的同时还应重视自身的社会效益,提升中国企业的自身形象。

第十二章

巴基斯坦经贸投资规则

    巴基斯坦位于南亚次大陆西北部,南濒阿拉伯海,东接印度,东北邻中国,西北与阿富汗交界,西邻伊朗,国土面积约 79.6 万平方公里,海岸线长约 980 公里。[①] 2022 年巴基斯坦人口约 2.36 亿,GDP 约 3765.3 亿美元,人均 GDP 约 1596.7 美元。[②] 在全球竞争力方面,2019 年巴基斯坦排第 110 名,较为靠后;[③]在营商环境方面,2020 年巴基斯坦排第 108 名,较去年提升 28 名,进步较大;[④]在投资情况方面,截至 2018 年年,中国对巴基斯坦的直接投资存量为 42.47 亿美元。[⑤]

第一节　巴基斯坦经贸投资发展基本情况

    本节主要从宏观经济、营商环境以及对外经贸关系三个方面分析巴基斯坦经贸投资发展基本情况。在分析巴基斯坦宏观经济时,主要从早期经济发

[①] 中华人民共和国外交部官网,http://www.fmprc.gov.cn,最后访问日期:2023 年 4 月 20 日。

[②] 世界银行数据,http://www.data.worldbank.org.cn,最后访问日期:2023 年 7 月 25 日。

[③] 《世界经济论坛 2019 年全球竞争力报告》。

[④] 《世界银行 2020 年全球营商环境报告》。

[⑤] 《2021 年度中国对外直接投资公报》。

展状况、当前经济发展状况以及产业发展状况三个角度入手并配合相关数据
图表;在分析巴基斯坦营商环境时,主要从具体指标入手并通过与之前数据对
比得出变化情况;在分析巴基斯坦对外经贸关系时,主要从对外贸易情况、对
外投资情况以及吸收外资情况三个角度入手。

一、巴基斯坦宏观经济

(一)巴基斯坦早期经济发展状况

1950 年根据科伦坡计划,巴基斯坦制定了第一个经济发展计划,即从
1951 年到 1957 年的六年计划,计划内、外投资为 30.5 亿卢比,目标是建立
必需的交通、电力和水利等基础设施,为迅速发展国民经济打下基础。但由
于投资少,又因爆发朝鲜战争,六年计划名存实亡。1953 年,巴基斯坦制定
了第一个五年计划(1955—1960 年),投资总额 108 亿卢比,计划五年间要
大幅度增加国民收入,改善人民生活条件。但结果不理想,原定国民收入五
年间提高 15%,实际仅提高 11%,原定人均国民收入增加 7%,实际仅增加
1.6%。

从 1958 年到 1969 年 3 月,阿尤布·汗执政的 11 年是巴基斯坦经济迅速
发展的时期。这一时期内进行的第二个五年计划(1960—1965 年)投资 230
亿卢比,主要计划指标都超额完成:原定五年内国民生产总值增长 24%、粮食
增长 21%、工业增长 60%,实际却分别增长 30%、27% 和 61%。第三个五年
计划(1965—1970 年),原定投资 520 亿卢比,后减为 440 亿卢比,计划初期受
到 1965 年印巴战争影响,计划末期国内政局陷入动乱。尽管如此,第三个五
年计划期间国民生产总值年均增长率仍达 5.8%。

从 1969 年到 1977 年是巴基斯坦经济发展速度下降时期。1969 年 3 月
25 日陆军总司令叶海亚接替阿尤布·汗出任巴基斯坦总统后,宣布废除宪
法,解散国民议会和省议会,全国实行军事管制。1977 年 3 月,全国大选,布
托再次当选总理,但政局更加动乱。1977 年 7 月 5 日,陆军参谋长齐亚·哈
克将军接管布托政权,再度实行军事管制。国家政权更替频繁、东巴的独立、
政局的动乱,使政府无力顾及经济,五年计划中断,改行年度计划;加之气候反
常、国际经济危机的影响,从 1969 年到 1977 年,巴基斯坦经济发展遭受严重
挫折,经济增长速度大幅度下降,1969—1977 年国民生产总值年均增长率仅

为 3.55%,人均收入年均增长率仅为 0.55%。

1983 年 7 月 1 日第六个五年计划(1983—1988 年)的实施,标志着巴基斯坦经济发展进入了一个新阶段。"六五"计划投资 4950 亿卢比,其战略目标是逐步改变各经济部门间的失衡状况,提高自力更生能力,改善人民物质文化生活条件。计划规定"六五"期间国民生产总值年均增长率为 6.3%,工、农业生产年均增长率分别为 9.3% 和 4.9%。[①]

(二)巴基斯坦当前经济发展状况

长久以来,由于受困于内外种种不稳定因素,巴基斯坦经济发展较慢。2007 年,巴基斯坦经济发展水平达到顶峰,此后逐渐下滑,2010—2011 年达到最低点。2013 年,谢里夫政府上台之初,巴基斯坦经济凋敝,处于债务违约边缘,不得不接受国际货币基金组织新的救助贷款,并按国际货币基金组织要求采取高强度的紧缩政策,并着力提高财政收入。经过最近几年的努力,巴基斯坦经济发展逐渐趋稳。[②]

表 12-1　2018—2022 年巴基斯坦宏观经济数据

年份	GDP/亿美元	GDP 增长率/%	人均 GDP/美元
2018	3561.28	6.15	1620.7
2019	3209.09	2.50	1437.2
2020	3004.26	−1.27	1322.3
2021	3482.63	6.49	1505.0
2022	3765.33	6.19	1596.7

注:根据世界银行公布的数据整理得出。

根据世界银行公布的数据,2018 年巴基斯坦 GDP 年度增长率为 6.15%,但 2019 年却骤然下降至 2.50%。[③] 除了 GDP 年度增长率表现不佳,巴基斯

---

①　李德昌:《独立以来的巴基斯坦经济——兼与印度比较》,载《南亚研究季刊》1985 年第 1 期。

②　《巴基斯坦的经济状况与投资环境》,载商务历史网,http://history.mofcom. gov.cn/? bandr=bjstdjjzkytzhj,最后访问日期:2020 年 7 月 22 日。

③　世界银行数据,http://www.data.worldbank.org.cn,最后访问日期:2023 年 7 月 25 日。

坦 2019 年 GDP 总量和人均 GDP 也较上年有明显下滑,其中 GDP 总量较上年减少了 352.19 亿美元,人均 GDP 减少了 183.5 美元。造成这一现象的原因是多方面的,如巴基斯坦经常账户赤字不断增高、外汇储备不足、货币贬值以及通胀率较高等。受新冠肺炎疫情的影响,巴基斯坦 2020 年 GDP 增长率为 -1.27%。同时,GDP 总量较上年减少 204.83 亿美元,人均 GDP 减少了 114.9 美元。疫情结束后,2021 年与 2022 年 GDP 增长率都达到 6% 以上。

由世界经济论坛《2010 年全球竞争力报告》可知,巴基斯坦在 2019 年全球竞争力排名中以 51 的综合得分排第 110 名,排名较为靠后。巴基斯坦在制度、基础设施、技术设备、宏观经济稳定性、健康、技能、产品市场以及劳动力市场八项指标上排名均在 100 名后,排名成绩最好的是市场规模指标,排第 29 名,得分 71 分。

(三)巴基斯坦产业发展状况

巴基斯坦的产业结构演化与传统的产业结构发展模式有所不同:以服务业为代表的第三产业长期在巴基斯坦的国民经济发展中占有重要地位,自 1990 年以来巴基斯坦服务业产值占国内生产总值比例均在 50% 左右,服务业发展成为巴基斯坦的主要经济来源。工业方面,除纺织业外,食品加工、工程、机械、电子、汽车、化工等行业得到发展。巴基斯坦是以棉花种植为主的农业大国,农业占 GDP 的比重达到 1/5 以上,农产品以棉花、小麦、大米、甘蔗为主,全国约 40% 的劳动力从事农业生产,巴基斯坦经济发展水平仍处于落后地位。[①] 下面以巴基斯坦的几个重点产业发展情况为例进行分析:第一,纺织业。巴基斯坦是世界第五大产棉国,纺织业不仅是巴基斯坦的传统产业,也是巴基斯坦最大的工业部门。巴基斯坦从事轧棉、纺纱、织布、加工和后处理等不同类型的企业共约 3 万家,但多为小型或作坊式企业,具有一定规模且工业化程度较高的企业仅占 10% 左右。第二,皮革业。皮革业是巴基斯坦第二大出口行业,巴基斯坦畜牧业发达,为巴基斯坦皮革业的发展提供了充足的原料保证,巴基斯坦皮革及皮革制品逐步走向国际市场。巴基斯坦近 80% 的皮革以成品或半成品的形式销往意大利、韩国、中国、日本、美国、西班牙和沙特等国,但自 2008 年至今,巴基斯坦皮革行业的出口下滑了近 17%,皮革出口增长缓慢。第三,零售业。服务业是拉动巴基斯坦经济发展的主要动力,但以批

---

① 《商务部对外投资合作国别(地区)指南——巴基斯坦(2022 年版)》。

发和零售等低端服务为主,金融、保险等高端服务业只占 GDP 比重约 5%,零售业占 GDP 比重约 19%,零售业在巴基斯坦的经济发展中占据重要地位。巴基斯坦的零售业主要采取的是家庭化经营和家族企业运作,方式主要是综合零售业和一些专卖店。①

2021/2022 财年,实际 GDP(按 2015—2016 年基本价格计算的 GVA)增长 5.97%,其中农业增长 4.40%,工业增长 7.19%,服务业增长 6.19%。这一增长略高于 2020/2021 财年记录的 5.74% 的增长。巴基斯坦农作物部门表现出色,2021/2022 财年增长了 6.58%,2020/2021 财年增长 5.96%。其中重要农作物增长 7.24%。棉花、水稻、甘蔗和玉米等重要农作物产量预计分别增长 17.9%、10.7%、9.4% 和 19.0%。工业领域,大规模制造(LSM)的表现非常出色,在 2022 财年 7 月至 3 月期间增长了 10.4%,而去年同期的增长率为 4.2%。与去年同期相比,LSM 在 2022 财年 3 月增长了 26.6%,而去年同月增长了 22.5%。2022 财年 7 月至 3 月期间,采矿和采石业仍为负增长 4.47%,而去年的增长率为 1.21%。煤炭和天然气产量分别增长 8.34% 和 3.45%。服务业领域,受批发零售、交通运输等子行业增长支撑,服务业增速在三大产业中继续领先,服务业增长 6.19%。这一增长略高于 2021 财年记录的 5.74% 的增长。②

二、巴基斯坦营商环境

根据世界银行发布的《2020 年营商环境报告》,巴基斯坦在 2020 年全球营商环境排名中综合得分 61 分,排第 108 名,在参与排名的 190 个经济体中处于中等水平左右。巴基斯坦的得分从去年的 55.31 分升至 61 分,排名也从去年的第 136 名升至第 108 名,进步较大。从具体指标来看,巴基斯坦在开办企业、保护少数投资者以及办理破产三项指标上均排前 100 名,其余七项指标则均排 100 名后。

根据世界银行发布的《2020 年营商环境报告》,主要分析下巴基斯坦表现较好的三项指标:第一,在开办企业方面,巴基斯坦得分 89.3 分,排第 72 名,

① 孙安琪:《中-巴产业合作:前景与领域选择》,载《财经界》2016 年第 8 期。
② "Pakistan Economic Survey 2021-2022",载巴基斯坦财政部官网,http://www.finance.gov.pk/survey_2022.html,最后访问日期:2023 年 4 月 25 日。

较 2019 年上升 58 名,上升幅度较大。开办企业平均要办理 5 个手续,较去年减少 5 个;所需天数为 16.5 天,与去年持平。第二,在保护少数投资者方面,巴基斯坦得分 72 分,排第 28 名,较 2019 年下降 2 名。其中,披露程度指数为 6 分(满分 10 分),董事责任程度指数为 7 分(满分 10 分),股东诉讼便利度指数为 6 分(满分 10 分),股东权利指数为 5 分(满分 6 分),所有权和管理控制指数为 7 分(满分 7 分),公司透明度指数为 5 分(满分 7 分)。第三,在办理破产方面,巴基斯坦得分 59 分,排第 58 名,较 2019 年下降 5 名。回收率为42.8%,平均办理破产的时间为 2.6 年,成本占资产价值的 4%,破产框架力度指数为 11.5 分(满分 16 分)。

三、巴基斯坦对外经贸关系

(一)巴基斯坦对外贸易情况

巴基斯坦统计局公布的数据显示,2021/2022 财年巴基斯坦出口总额为317.82 亿美元,比上年同期 253.04 亿美元增长 25.6%。[①] 全年进口总额为801.36 亿美元,比去年同期 563.80 亿美元增长 42.1%。全年贸易逆差按卢比计算为逆差 138510.45 亿卢比,按美元计为逆差 483.54 亿美元,同比增长55.60%。2021/2022 财年食品类别的出口同比增长 18.9%(食糖与小麦在2020/2021 财年与 2021/2022 财年进口量都为 0),油籽同比增长 131.4%;纺织品类别同比增长 25.4%,石油产品同比增长 175.6%,其他制成品类别同比增长 13.5%。[②] 根据巴基斯坦统计局发布的巴基斯坦对外贸易统计年度分析报告(2021—2022),巴基斯坦出口三大目的地是美国、中国、英国,出口额分别为 67.48 亿美元、31.83 亿美元、21.48 亿美元。[③] 2022/2023 财年前 3 个月(2022 年 7 月—2022 年 9 月),巴基斯坦对华商品和服务出口较上财年同期下

---

① 《对外贸易统计表》,载巴基斯坦统计局官网,http://www.pbs.gov.pk/sites/default/files/tables/trade/14.08.pdf,最后访问日期:2023 年 4 月 25 日。

② 《巴基斯坦经济调查(2021—2022)》,载巴基斯坦财政部官网,http://www.finance.gov.pk/survey_2022.html,最后访问日期:2023 年 4 月 25 日。

③ 《巴基斯坦对外贸易统计年度分析报告(2021—2022)》,载巴基斯坦统计局官网,http://www.pbs.gov.pk/publication/annual-analytical-report-external-trade-statistics-pakistan-2021-22,最后访问日期:2023 年 4 月 25 日。

降了 12.49％,对中国的出口总额为 3.46 亿美元,上财年同期的出口总额为 3.95 亿美元。[①] 从中国的进口额为 28.03 亿美元,而上年同期为 29.64 亿,较上年同期下降 5.43％。2019/2020 财年前 7 个月的贸易赤字为 47.37 亿美元,而上年同期为 49.03 亿美元。对进口贡献较大的商品包括大米,从上年的 506 万美元增加到该年度的 977.9 万美元,增长了 95.34％;姜、藏红花、姜黄、百里香、月桂叶和咖喱的进口增长了 41.70％,从 2572.5 万美元增长到 3649.3 万美元;鞋类材料零件的进口也增长了 55.62％,从 567.5 万美元增长到 883.20 万美元;运输汽车进口增长了 31.07％,从 3349.8 万美元增长到 4390.8 万美元;而洋葱、葱、大蒜、韭菜等的进口增长了 190.26％,从 1279.5 万美元增长到 3713.9 万美元。[②]

(二)巴基斯坦对外投资情况

联合国贸发会议发布的《2023 年世界投资报告》显示,2022 年巴基斯坦对外直接投资流量为 13.31 亿美元。2022 年巴基斯坦吸收外资 13.39 亿美元,同比下降 37.63％。

(三)巴基斯坦吸收外资情况

据巴基斯坦《论坛快报》报道,全球三大评级机构之一的惠誉于 2020 年 1 月将巴基斯坦评级维持在“B－”级,代表“前景稳定”。这是惠誉过去七个月中第二次将巴基斯坦信用等级评为“B－”。得益于政府过去一年的综合经济政策,巴基斯坦整体经济形势重回稳定,各项经济指标有开始好转的迹象,稳定了外界对巴基斯坦经济发展前景的信心。另外,由于巴基斯坦经济依然面临很多挑战,财政表现依然疲软,惠誉并没有上调巴基斯坦信用评级标准。“B－”评级往往意味着国家外部融资需求高,央行准备金低,公共财政薄弱。惠誉预测巴基斯坦将无法实现 4％的年度经济增长目标,联邦收入委员会也无法实现 5.5 万亿卢比税收目标。惠誉表示,如果希望获得更高评级,巴基斯

---

① 《巴基斯坦经济调查(2021—2022)》,载巴基斯坦财政部官网,http://www.finance.gov.pk/survey_2022.html,最后访问日期:2023 年 4 月 25 日。

② 《巴基斯坦对华出口增长 1.8％》,载中华人民共和国驻卡拉奇总领事馆经济商务处网,http://karachi.mofcom.gov.cn/article/jmxw/202003/20200302944475.shtml,最后访问日期:2020 年 7 月 23 日。

坦需要更强劲的出口增长和更多外国直接投资。① 2022 年 2 月 27 日,惠誉维持巴基斯坦主权信用评级为 B−,展望为稳定。②

巴基斯坦国家银行统计数据显示,2023 财年前九个月(2022 年 7 月至 2023 年 3 月),巴基斯坦共吸收外国直接投资 16.23 亿,相比去年同期的 20.37 亿美元下降了 20.3%。2023 年 3 月单月,对外投资为 4730 万美元,同比大幅下降 79.38%。③ 从投资国来看,中国仍然是巴基斯坦最大投资国,2020 财年前七个月净投资 5.328 亿美元,同比增长 88%,其次是挪威投资 2.885 亿美元,再次是马耳他投资 1.296 亿美元,其后是中国香港、英国。从行业来看,电信行业吸收外资最多,为 4.467 亿美元,其次是电力部门吸收 4.041 亿美元,再次是金融行业吸收 1.789 亿美元,从次是石油和天然气行业吸收 1.58 亿美元。有经济学家表示,如果巴基斯坦政府保证经济发展的持续性和透明度,改善本国营商环境,吸引外资量可能会进一步增加。亚洲地区吸引外资的能力越来越强,但由于巴基斯坦经济发展的不确定性,使得本可以流向巴基斯坦的投资流向了越南和印度尼西亚等其他国家。目前,巴基斯坦吸收外资占 GDP 比重不足 1%,越南吸收外国投资占 GDP 比重约 6%,印度尼西亚为 2%~3%,印度约 1.5%。于 2020 年达到 2.4%④外资的涌入有助于东道国利用外资发展本国经济,因此巴基斯坦应提升吸引外资的能力,同时加强对外资的有效利用。

巴基斯坦早期经济的发展可归因于经济发展计划的实施,巴基斯坦第一个经济发展计划可追溯至 1950 年。近几年,受账户赤字增高、外汇储备不足、货币贬值、通胀率较高等因素的影响,巴基斯坦经济增长缓慢。虽然巴基斯坦在 2020 年全球营商环境排第 108 名,成绩不高,但相较于上年的第 136 名,巴

---

① 《惠誉将巴基斯坦评级维持在"B−"》,载中华人民共和国驻巴基斯坦伊斯兰共和国大使馆经济商务参赞处网,http://pk.mofcom.gov.cn/article/jmxw/202001/20200102930046.shtml,最后访问日期:2020 年 7 月 23 日。

② 《商务部对外投资合作国别(地区)指南——巴基斯坦(2022 年版)》。

③ 《巴基斯坦外国投资摘要》,载巴基斯坦国家银行官网,http://www.sbp.org.pk/ecodata/NetinflowSummary.pdf,最后访问日期:2023 年 4 月 26 日。

④ 《巴基斯坦吸收外资大幅上涨》,载中华人民共和国驻巴基斯坦伊斯兰共和国大使馆经济商务参赞处网,http://pk.mofcom.gov.cn/article/jmxw/202002/20200202937644.shtml,最后访问日期:2020 年 7 月 23 日。

基斯坦进步飞速。[①] 再结合全球三大评级机构之一的惠誉评级结果——将巴基斯坦评级维持在"B—"级,代表"前景稳定",可以判断巴基斯坦吸引外资的能力将不断增强。

第二节　巴基斯坦经贸投资规则分析

一、巴基斯坦外商投资的相关法律

(一)投资法

巴基斯坦国内关于投资的基本法主要包括《1976 年投资法》和《1992 年经济改革法案》两部法律。其中,《1976 年投资法》对外国投资者在巴基斯坦开展投资活动作出了一些原则性规定,如外国私人投资的领域、外国私人投资的批准、国有化保证、外汇利润可汇出规定以及平等待遇等。[②] 这些原则性规定对外国投资者的基本权利予以了一定保障,同时也充分体现出巴基斯坦政府吸收外资的态度。《1992 年经济改革法案》则主要涉及外汇,允许外汇在巴基斯坦的自由流动,保护外国投资者的外汇账户,支持和保护外国投资者设厂。此外,该法还规定金融机构应当严格为银行交易保密。同时要求巴基斯坦保证政府合同的持续效力,不随意变更合同,强调外资企业免受政府强制接收或征管等。《1992 年经济改革法案》虽然内容较为简短,但其每一条规定都旨在最大程度保障外国投资者的合法权益,为投资者创造良好的投资环境。[③]

(二)公司法

巴基斯坦新《公司法》于 2017 年出台,取代了施行 33 年之久的《1984 年

---

① 《2020 年世界营商环境报告》。

② 齐虹丽:《巴基斯坦伊斯兰共和国经济贸易法律汇编》,法律出版社 2014 年版,第 183～186 页。

③ 付丽姝:《巴基斯坦外国投资法研究》,西南政法大学 2018 年硕士学位论文。

公司法》,这标志着巴基斯坦公司在全球经济竞争环境中获得更多机遇的新时代的到来。新《公司法》的颁布实施是巴基斯坦迄今最为重要的法律制度改革之一,这也是议会迄今为止通过的篇幅最长、内容最丰富的法律文本,包含515个部分,制作过程历经12年。新《公司法》将为国家经济增长提供有力支撑,特别是为公司提供便利的营商手续,为投资者提供更强的保护力度。同时还将加强电子化管理,增强管理的透明标准,大幅提高政府对企业的管理水平。[①]

(三)竞争法

2010年9月23日,巴基斯坦新《竞争法》经国会一致同意并通过。该法的主要目的在于通过规范竞争行为、完善竞争环境来提高消费者福利。《竞争法》禁止那些减少、扭曲和限制市场竞争的行为,包括滥用市场支配地位、限制竞争协议和市场欺诈行为,同时也规定了涉及经营者合并审查、调查询问、实施处罚和宽恕制度以及其他法律实施重要方面的程序性事项。其中,《竞争法》第3条禁止经营者滥用市场支配地位,例如减少产量或销量、不合理地涨价、价格歧视、掠夺性定价、拒绝交易以及在生产、分配、销售产品或提供服务过程中排除或限制其他经营者。《竞争法》第4条对垄断协议作出了规定:禁止经营者在生产、供应、分配、合并、控制商品或提供服务等领域达成垄断协议或决议,因为这些协议会排除或者限制相关市场的竞争。这些协议主要有瓜分市场、固定价格、限制产量或销量、限制技术发展以及串通招投标等行为。该法第10条对市场欺诈行为作出了规定:涉及产品特征、质量、原产地,服务或者商业活动的具有误导性的广告都会被严厉禁止。竞争委员会下设的公平交易办公室负责执行《竞争法》第10条。消费者基于虚假广告所做出的选择会损害竞争,防止消费者受到欺诈行为的侵害,不仅可以通过阻止不诚实的经营者,也可以通过鼓励诚实的经营者更好地去生产值得信赖的产品。[②]

---

① 《巴基斯坦发布〈公司法案2017〉》,载中华人民共和国驻巴基斯坦伊斯兰共和国大使馆经济商务参赞处网,http://pk.mofcom.gov.cn/article/jmxw/201705/20170502584181.shtml,最后访问日期:2020年7月25日。
② [巴基斯坦]Farrukh Nawaz Kayani:《巴基斯坦当代竞争法概述》,胡逸译,载《竞争法律与政策评论》2016年第00期。

(四)税法

巴基斯坦税收分为联邦税即国税和省税即地税,其中联邦税收收入约占全国税收总收入的90%。联邦税由联邦税务局主管,下设国内税务局、关税局、纳税人审计局等分支机构。其中国内税务局在巴基斯坦全国设有3个大税局和18个地区税收办公室,关税局在全国设有25个分支机构。省税由地方税务局和财政部门主管,除少部分上缴联邦政府外,其余作为各省自有发展资金。巴基斯坦企业所得税的课税范围包括经营所得、租金所得、资本利得、工资所得及其他来源所得。2014财年之前税率为35%,之后每财年递减1%,2018财年之后固定为30%。对居民实体和在巴基斯坦有常设机构(PE)的非居民实体,一般征收方式基于净应纳税所得,应对成本费用及境外总部分摊费用进行抵扣。非居民企业对来自建筑、安装和类似规定项目的所得可选最终纳税机制,即按总收入的固定比例缴纳税款,不再做其他扣除。巴基斯坦联邦政府在20世纪90年代取消增值税,改设销售税。自2008年7月起,销售税税率为16%～21%。进口商品和巴基斯坦本国生产的商品均须缴纳销售税,部分商品免征销售税,主要是计算机软件、药品、未加工农产品等。其中,绝大部分商品销售税率为16%,称为普通销售税。[①]

(五)知识产权法

巴基斯坦知识产权立法相对完善,现行的知识产权法律包括《巴基斯坦知识产权组织法案2012》、《专利法2000》、《版权法1962》(2000年修订)、《商标法2001》、《植物育种者权法2016》、《外观设计法2000》和《集成电路布图设计法2000》。巴基斯坦是世贸组织成员方之一,签署了TRIPS协议(《与贸易有关的知识产权协议》),但是加入的其他与知识产权有关的公约却并不多,目前加入的有《伯尔尼公约》、《世界知识产权组织公约》、《保护工业产权巴黎公约》以及《世界版权公约》。在巴基斯坦,专利的保护主体是指专利登记簿中登记的专利权人,以及获专利主管部门授权的在册的相关利益主体。与大多数国家类似,授予专利权必须具有新颖性、创造性和工业应用性。在巴基斯坦专利审查实践中,常见的不符合创造性条件的一些例子包括改变尺寸、使产品便携、部件的倒转、材料的变化,或仅仅通过替换等效的部分或功能。此外,任何

---

① 《商务部对外投资合作国别(地区)指南——巴基斯坦(2019年版)》。

自然人、法人、公共社团均可在巴基斯坦提交商标注册申请,但在巴基斯坦没有住址或经营场所的外国申请人,必须委托经巴基斯坦主管机关备案的巴基斯坦代理人办理。巴基斯坦设立了巴基斯坦知识产权组织和相关管理机构,对知识产权的保护和运用进行综合管理;同时设立了知识产权法庭受理侵权诉讼案件,之后进一步成立了三家知识产权法院。[①] 近些年来,巴基斯坦正努力提升本国知识产权保护水平、完善知识产权制度,这一举措对于刺激外国投资者的投资积极性有重大意义。

二、巴基斯坦外商投资的市场准入

(一)市场准入的范围

根据巴基斯坦《1976 年投资法》《1992 年经济改革法案》以及巴基斯坦投资优惠政策规定,巴基斯坦所有经济领域向外资开放,外资同本国投资者享有同等待遇,允许外资拥有 100% 的股权。在最低投资金额方面,对制造业没有限制,但在非制造业方面,则根据行业不同有最低要求,服务业最低为 15 万美元,农业和其他行业为 30 万美元。巴基斯坦投资政策规定限制投资的五个领域是:武器、高强炸药、放射性物质、证券印制和造币、酒类生产。此外,由于巴基斯坦是伊斯兰国家,外国企业不得在当地从事夜总会、歌舞厅、电影院、按摩、洗浴等娱乐休闲业。[②] 中国企业在选择投资领域时,应遵从巴基斯坦的法律规定,同时应尊重当地的风俗习惯,避免投资活动与之相违背。

(二)投资方式

在巴基斯坦,外国投资者可以采取绿地投资或者外资并购等方式进行投资,有关公司注册管理及上市等工作均由巴基斯坦证券与交易委员会负责。按照相关法律规定,在巴基斯坦外资并购一般程序如下:第一,潜在买家和卖

---

① 《企业在巴基斯坦如何保护知识产权》,载中国知识产权资讯网,http://www.cn12330.cn/cipnews/news_content.aspx? newsId=120552,最后访问日期:2020 年 7 月 25 日。

② 《巴基斯坦的经济状况与投资环境》,载商务历史网,http://history.mofcom.gov.cn/? bandr=bjstdjjzkytzhj,最后访问日期:2020 年 7 月 25 日。

家间签署备忘录;第二,获得巴证券交易委员会及相关机构的批准;第三,融
资、法律、商业上的程序,如获得巴投资委员会、高等法院、私有化委员会等批
准;第四,评估价值和商谈价格;第五,签署销售和购买协议。此外,巴基斯坦
是较早接受 BOT 模式的发展中国家之一,并在 1993 年制定《巴基斯坦政府
对于私营发电工程的政策框架与整套鼓励办法》,1994 年批准后开始实行,主
要适用于基建领域,年限通常为 25~30 年,执行公司一般是外国公司。巴基
斯坦政府对 BOT 项目的审批流程与公开招标的承包项目近似,但更为复杂。
项目一般由主管中央或省辖部委提出,由国家公路局、水电发展署等负责具体
流程。据统计,自 20 世纪 90 年代初期以来,巴基斯坦先后公布了数十个可采
取 BOT 模式的项目,主要包括水电、公路、港口、城轨等领域,但实际授予企
业采取 BOT 模式的不足 10 项,最终顺利完成的更屈指可数。①

三、巴基斯坦外商投资的优惠政策

(一)税收优惠政策

巴基斯坦于 2015 年颁布新《财政法》,决定对新设能源和食品公司给予所
得税豁免政策,以克服能源危机,促进国家工业化进程。根据该法,巴基斯坦
政府将给予 2015 年 7 月 1 日后开工的输变电工程项目为期 10 年的所得税豁
免。此豁免对运营该输变电项目的公司(须为据 1984 年公司法注册,在巴基
斯坦有办事处的公司,分立、重建或重组的除外)同样适用。《财政法》对液化
天然气终端运营商以及从事太阳能和风能设备、部件生产的企业(2016 年 12
月 31 日后设立,产品专用于太阳能和风能发电的企业)给予为期 5 年的所得
税豁免。对从事冷链运输、食品仓储和农业生产的企业给予 3 年免税期。但
只有在 2015 年 7 月 1 日至 2016 年 6 月 30 日间设立的企业才能享受此政策。
对于 2016 年 12 月 31 日前拿到许可证的清真肉生产企业给予 5 年所得税豁
免的优惠政策。值得注意的是,根据该法,经营瓜达尔港的中国海外港口控股

---

① 钱晓萍:《巴基斯坦外国投资市场准入法律制度研究——以"一带两廊"建设为起
点》,载《上海对外经贸大学学报》2016 年第 2 期。

有限公司所得税豁免期将从 20 年延长到 23 年。[①] 巴基斯坦政府给予中方的优惠政策是两国友好关系的重要体现。

(二)行业鼓励政策

外国投资者在巴基斯坦投资享受设备进口关税、初期折旧提存、版权技术服务费等方面优惠政策。首先,在制造业领域,除了武器、高强度炸药、放射性物质、证券印制和造币、酒类生产外,其他产品无须巴基斯坦政府批准。允许资本、利润、红利汇回。外商投资上限为 100%。机械设备进口关税为 5%。初始折旧占厂商设备为 25%。对支付特许权和技术使用费无限制。其次,在非制造业领域,均无需巴基斯坦政府批准,但有些需要从有关部门取得证书。允许资本、利润、红利汇回。外商投资上限为 100%。基础设施、社会领域机械设备进口关税为 5%,服务业机械设备进口关税为 0~5%,农业机械设备进口关税为 0。初始折旧占厂商设备为 25%。对支付特许权和技术使用费按有关规定允许,第一笔不超过 10 万美元,在前 5 年内不超过销售额的 5%。最后,在绿地工业项目上,巴基斯坦总理谢里夫宣布了旨在吸引投资的"绿地工业项目",对 2014 年 1 月 1 日之后在特定领域的投资者,在不违反麻醉品、反恐和反洗钱等法案的前提下,将被免予审查其资金来源。该项目适用于自备电站、廉价房屋建设、家畜业,以及在俾路支斯坦、开伯尔-普什图省和塔尔煤矿的开采,但不适用于武器弹药、化肥、糖、烟草、饮料、水泥等领域,负面清单日后可根据商界意见进行调整。此外,政府还将对 400 位纳税较多的企业高管或股东颁发特权卡,可享受机场贵宾室、快速通关等优惠待遇。[②]

(三)地区鼓励政策

在全国投资政策基础上,巴基斯坦各省区在投资政策方面享有一定的灵活性。占巴基斯坦国内经济总量绝大部分的旁遮普省和信德省,均有本省的投资管理机构,负责投资鼓励政策制定和管理。旁遮普省的外资政策主要包括:允许外资 100% 持有股权;预约税务指示制度,即纳税人详细陈述所有交易事项,税务局根据纳税人提供的资料,给出特定的税务意见;对无法在本省

---

① 《巴基斯坦制定能源和食品税收优惠政策》,载中国自由贸易区服务网,http://fta.mofcom.gov.cn/article/fzdongtai/201507/26705_1.html,最后访问日期:2020 年 7 月 26 日。

② 《中国居民赴巴基斯坦投资税收指南》。

生产或购得的零部件征收 5％关税；机械进口零销售税；工厂、机械和设备成本 50％的首次折旧率；用于出口加工的原材料零税率。具体外资政策可咨询旁遮普省投资和贸易委员会。信德省的外资政策主要包括：信德省工业促进委员会、信德省投资委员会、投资咨询部门等机构专门负责解决投资者投资建厂所面临的问题；该省设有较多的工业区、工业园区和出口加工区等，提供相应优惠政策；信德小企业发展促进机构提供各种融资方式，如信贷计划、个体经营融资计划等，满足中小企业的融资需求。具体外资政策可咨询信德省投资委员会。此外，在经济特区方面，2012 年巴基斯坦颁布《特殊经济区法》，规定政府、私人部门、公私合营体均可建立特殊经济区。经济特区的优惠措施主要包括：特殊经济区开发商和区内的企业 10 年内免征所得税；对于为建立特区及特区内资本品的进口采取一次性免税；特殊经济区面积最小 50 英亩，无最大面积限制；提供便利的基础设施；特殊经济区的优惠政策受法律保护，不得随意被撤销等。[①] 中国投资者在选择具体的投资地区时，应做好事前调查工作，充分利用巴基斯坦政府实施的地区鼓励政策。

巴基斯坦关于外商投资的法律主要有《投资法》《公司法》《竞争法》《税法》《知识产权法》等。巴基斯坦正不断改善本国的外商投资法律，这一点可以从相关法律出台的时间分析得出，如新《公司法》于 2017 年出台、《竞争法》于 2010 年出台。在限制投资领域方面，巴基斯坦主要规定了五大领域，即武器、高强炸药、放射性物质、证券印制和造币以及酒类生产。中国企业在选择投资领域时应尽量避开这些领域，选择合适的领域进行投资。巴基斯坦在制造业、绿地工业项目等领域均设有行业鼓励政策，中国企业可以结合自身情况加以考量。

第三节 中国对巴基斯坦经贸投资法律风险分析

一、中国在巴基斯坦的投资情况

中国和巴基斯坦自 20 世纪 50 年代初就建立起贸易关系。1963 年 1 月，

---

① 《巴基斯坦相关投资法律制度概述》，载一带一路法律服务协作体网，http://www.brlscp.com/flyy/180103110846.htm，最后访问日期：2020 年 7 月 26 日。

两国签订了贸易协定;1967 年启动边境贸易;1982 年 10 月,两国成立了中巴经贸和科技合作联合委员会。20 世纪 90 年代,中巴商品贸易值虽有增长,但增长不太大,且有起伏,1990 年为 5.85 亿美元,1999 年增长达 9.71 亿美元,其中中国出口 5.81 亿美元,进口 3.9 亿美元。进入 21 世纪以来,中巴两国积极拓展经济联系,采取一系列战略措施和制度安排促进两国经贸发展,双方联系日益紧密。2006 年 11 月,中巴签署《中巴经贸合作五年发展规划》和《中巴自由贸易区协定》,巴基斯坦成为第一个承认中国市场经济地位的南亚国家,也是第一个与中国签订自由贸易协定的国家。2009 年,中巴签署《中巴自贸区服务贸易协定》,巴基斯坦成为第一个与中国签订服务贸易协定的国家。2011 年 12 月,中巴签署《中巴经贸合作五年发展规划的补充协议》,2013 年 7 月,中巴签署《关于新时期深化中巴战略伙伴关系共同愿望》,提出为推动制订中巴经济走廊远景规划,双方成立中国和巴基斯坦经济走廊远景规划联合合作委员会。2014 年 2 月两国发表了《中巴关于深化中巴战略与经济合作的联合声明》,提出要加速推进中巴经济走廊建设,这将进一步加强两国经济互补性,推动两国经贸的进一步发展。[①] 2019 年 10 月 8 日,由中国国际贸易促进委员会、巴基斯坦驻华使馆共同主办的中国-巴基斯坦贸易投资机遇研讨会在北京举行。巴基斯坦总理伊姆兰·汗表示,中国在过去 70 年来取得了巨大的建设成就,他对此深表赞赏。巴基斯坦地缘优势突出,年轻劳动力充足,营商环境提升迅速,市场潜力巨大。中巴经济走廊建设项目进展顺利,两国经贸合作面临新机遇。巴基斯坦政府将进一步优化营商环境,加大对中国投资者保护力度,进一步放宽签证政策。[②] 中国与巴基斯坦互为双方重要的贸易投资合作伙伴,在新时期,双方应借助"一带一路"倡议的契机加深合作,并实现共赢。

由图 12-1 可知,2021 年中国对巴基斯坦的直接投资流量为 7.27 亿美元。截至 2021 年底,中国对巴基斯坦的直接投资存量为 74.85 亿美元。在直接投资流量方面,整体波动较大,2017 年中国对巴基斯坦的直接投资流

① 《巴基斯坦与中国的经贸关系》,载商务历史网,http://history.mofcom.gov.cn/? bandr＝bjstyzgdjmgx,最后访问日期:2020 年 7 月 27 日。

② 《中国-巴基斯坦贸易投资机遇研讨会在京举行》,载中国国际贸易促进委员会网,http://www. ccpit. org/Contents/Channel _ 3434/2019/1009/1209629/content _ 1209629.htm,最后访问日期:2020 年 7 月 27 日。

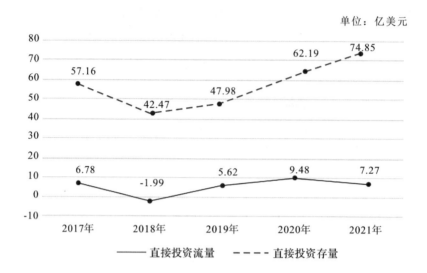

图 12-1　2017—2021 年中国在巴基斯坦的投资情况

注：根据《2021 年度中国对外直接投资统计公报》中的数据整理得出。

量达 6.78 亿美元，可第二年却下降至－1.99 亿美元，下降幅度为 129.3％。在直接投资存量方面，2018 年虽从上年 57.16 亿美元下降至 42.47 亿美元，下降幅度约为 26％，但在 2019—2021 年，中国对巴基斯坦的直接投资流量连续四年增长。

二、中国在巴基斯坦投资可能面临的风险与防范

(一)政治风险与防范

巴基斯坦的政治风险主要集中体现在以下几个方面：第一，政府控制能力。在巴基斯坦政治制度下，省级议会保有立法权，且在野党只要成为省级议会多数党就有权在地方组建政府，这无疑削弱了巴基斯坦中央政府的控制能力。第二，政治派别。政党之下是巴基斯坦国内的政治生态中各方利益集团的斗争，如封建地主家族、军队、政府官僚、宗教领袖和城市大工业资产阶级等。利益集团彼此间密切联系，形成盘根错节的利益链。他们通过控制选区中的选举，维护自己在国家政治权力结构中的特权地位。第三，腐败风险。腐败削弱了中央政府的威信和效能，在集团斗争中，国家利益和市场效率必须让

位于集团利益,这使在巴基斯坦有长期投资项目的中国企业面临极大的政治风险。

对于中国企业而言,在投资前应对巴基斯坦进行投资风险评估,对整个国家和具体地区的政治形势、恐怖主义活动等信息进行评估,并制定具体的投资方案。此外,企业在确定进行投资后,也应进一步考虑投保问题。由于非传统政治风险的存在,导致一些东道国政府和民众对中国投资者产生了一定的排斥情绪,这种情绪遇到特定事件被激化后极易引发针对中国投资者及其投资的暴力行为。这种风险具有很大的不确定性,也很难为企业所预防和避免,对中国海外投资者的人身和财产均有极大的危害。自中国企业"走出去"战略实施以来,由于宗教信仰、宗教冲突问题导致的海外投资项目选址遇阻的事件也时有发生。因此,针对这些特殊风险,中国企业应考虑对投资项目的政治风险进行投保。[①]

(二)经济风险与防范

首先,投资环境对投资者积极性有重要影响。持续不断的反恐战争及频繁的恐怖袭击严重影响了巴基斯坦的投资环境,造成银行不敢放贷,私人投资意愿下降的局面。其次,经济低迷带来的卢比持续贬值对融资环境带来不利影响。虽然客观来看,巴卢比的贬值对促进其经济增长有一定好处,比如可以带动巴基斯坦的出口。然而中国投资者却极有可能在双方的合作项目因巴卢比的贬值而遭受重大损失。再次,国有银行权大效率低。巴基斯坦国有银行在金融市场中处于支配地位,但在效率方面,难与私营银行相提并论。同时巴基斯坦金融市场缺乏有效监管,在贷款项目的审批上也缺乏相应的监督与监管,导致"死钱""烂账"现象比较多。[②]

中国企业要实施经营战略的多元化,经营范围和生产范围交织于各个领域,即"所有鸡蛋不能放在一个篮子里"。同时,要逐步增强对市场变化的警惕,及时注意国际货币或币种的变化,在各交易中轮流使用不同汇率的货币。此外,通过期货交易方式,以固定汇率方式或浮动汇率方式签订长期协议,避

---

① 黄河、许雪莹、陈慈钰:《中国企业在巴基斯坦投资的政治风险及管控——以中巴经济走廊为例》,载《国际展望》2017 年第 2 期。

② 高会平:《中巴经济走廊建设中的巴基斯坦风险分析》,载《东南亚南亚研究》2014 年第 1 期。

免汇率变动所导致的经济风险。[①] 中国企业在选择与巴基斯坦银行合作前，应对该银行进行事前调查，尽量避免效率低的高风险银行。

(三)文化风险与防范

文化风险是指与东道国的语言、风俗习惯、价值观与态度、宗教信仰等方面的差异给企业对外投资带来影响的不确定性。虽然中国和巴基斯坦有着深厚的传统友谊，中巴都是文明古国，有着悠久的历史和灿烂的文化，但中国深受儒家文化的影响，而巴基斯坦以伊斯兰教为国教，两国文化存在很大差异。因两国文化观念差异，消费者在消费习惯、偏好和购买力上存在巨大差异，从而导致跨文化冲突的现象。较之常见的政治风险和经济风险，文化风险表现得更为内在，投资者往往较少关注甚至忽视。而大量的失败投资案例告诉我们，对文化风险的认识不到位，将会使投资者付出惨重代价。

中国企业在招聘劳动者时，应优先考虑聘用当地人。这样可以提高地方的就业水平，从而得到当地人的信任。对于巴基斯坦来说，其道路建设、水电设施、教育、卫生医疗、住宅条件等基础设施较薄弱，给人们生活带来的影响较大。若中国企业能够援助当地的基础设施建设，那么当地人会重视投资企业，企业则会获得当地人的尊重。[②] 此外，中国企业也可以积极筹划文化交流活动，鼓励当地参与其中，帮助当地人了解中国文化，加深其对中国文化的认同感。

三、中国在巴基斯坦投资争端的解决

(一)协商

中国和巴基斯坦于 2006 年 11 月 24 日签订的《自由贸易协定》第 54 条第 1 款规定：缔约一方投资者与缔约另一方之间有关缔约另一方领土内的投资的任何法律争议，应尽可能由争议双方当事人通过协商友好解决。投资者与

[①] 奥布力·塔力普：《中巴经济走廊视角下中国企业在巴基斯坦投资风险分析》，载《克拉玛依学刊》2016 年第 3 期。

[②] 奥布力·塔力普：《中巴经济走廊视角下中国企业在巴基斯坦投资风险分析》，载《克拉玛依学刊》2016 年第 3 期。

东道国发生纠纷时,应努力通过协商的方式解决纠纷,最大程度维持双方的友好合作关系。

(二)调解

中巴《自由贸易协定》第 61 条第 1 款规定:争端方可以随时同意委员会进行斡旋、调解和调停。斡旋、调解和调停可随时开始和结束。同时,第 2 款规定:如缔约方同意,在争端由第 63 条项下的仲裁小组解决的同时,斡旋、调解和调停可继续进行。从协定条款规定的内容不难发现,中方和巴方都在积极促进"调解"在投资争端解决中的适用。调解可以根据当事方的需求和意愿随时开始和结束,具有极强的自主性与灵活性。此外,在当事方进行仲裁时也可以进行调解,这无疑扩大了适用调解的时间范围。

(三)仲裁

首先,关于可提交仲裁的事项,由于巴基斯坦《仲裁法》未对哪些事项可提交仲裁作出具体规定,所以一般而言,只要是涉及民事权利的事项均可适用仲裁解决。故中国企业与巴基斯坦公民、企业及政府间的争端也可通过仲裁解决。其次,关于仲裁协议形式,《仲裁法》明确规定仲裁协议必须是书面形式。中国企业切勿疏忽大意,通过口头的形式与另一方达成仲裁协议。最后,关于仲裁协议的效力,当当事人通过诉讼程序解决争端时,如果双方之前达成的合同中有仲裁条款或者争端发生后双方达成仲裁协议,则可能发生诉讼中止,双方转而通过仲裁解决争端。此外,由于巴基斯坦签署了《纽约公约》并通过了国内法程序使其生效,因此除特殊情形外,巴基斯坦法院应承认和执行外国仲裁判决。[①] 鉴于仲裁自身的巨大优势以及巴基斯坦法院对外国仲裁裁决的承认和执行,投资者更应充分利用仲裁方式解决其投资纠纷。

(四)诉讼

当投资者因发生争端欲起诉时,主要依巴基斯坦 1908 年《民事诉讼法》提起诉讼。该法自 1909 年 1 月 1 日起正式实施,适用于巴基斯坦全国。《民事诉讼法》第 16 条规定了诉讼标的所在地的管辖权规则:因法律所规定的金额或其他限制,诉讼:(1)寻求收回不动产,无论是否有租金或利润;(2)寻求不动

---

① 付丽姝:《巴基斯坦外国投资法研究》,西南政法大学 2018 年硕士学位论文。

产分割;(3)在对不动产抵押贷款或收费的情形下,寻求取消抵押赎回权、销售或赎回;(4)寻求其他权利或不动产权益的裁决;(5)寻求不动产侵权赔偿;(6)寻求收回实际上处于扣押或法院扣押令下的动产。应在具有地域管辖权的法院提起,其管辖权或是基于财产,或是属于第(3)项规定的诉讼情形,全部或部分的因所在地而产生的诉因。如果在被告方提出或代表被告方提出的诉讼旨在寻求救济或者赔偿,且与不动产有关或是由于不动产侵权,可以通过个人遵守法律获得完全救济的情形下,所提起诉讼应在具有地域管辖权的法院提起,其管辖权或是基于财产,或是属于第(3)项规定的诉讼情形,全部或部分的因所在地而产生的诉因,或是在具有地域管辖权的法院,其管辖权是基于被告方实际和自愿居住,或开展商业活动,或个人为收益工作的区域。第 17 条规定了不动产的管辖权规则:在不同法院的不动产管辖权限内,诉讼旨在寻求与不动产有关或是由于不动产侵权的救济或者赔偿的情形,可以在任一法院提起诉讼,只要是基于财产任一部分所在地处于其地域管辖权内:就诉讼标的额价值而言,如果全部请求为法院所支持。第 18 条规定了管辖权不确定时的管辖权规则:(1)在主张两个或两个以上法院的不动产地域管辖权不确定的情形,其中任何一个法院如果满足所主张的不确定的理由,那么就可以将主张记录在案,接着继续与财产有关的诉讼,且诉讼裁决与符合财产地域管辖权时具有同样的效果:如果在诉讼性质和价值额上法院有资格行使管辖权。(2)在第 1 款中主张未被记录在案的情形,且在上诉法院或重审法院已提出反驳意见,认为与财产有关的诉讼中裁决或法令未为财产所处地域的有管辖权法院所作出,那么上诉法院或重审法院不应承认反驳意见,除非法院认为在提起诉讼之时,没有合理理由表明管辖法院不确定,且带来审判不公。①

中国与巴基斯坦保持着良好的贸易关系,互为双方重要的贸易投资合作伙伴。鉴于巴基斯坦存在的政治风险,中国企业在投资前应对巴基斯坦进行风险评估,包括对整个国家和具体地区的政治形势、恐怖主义活动等情况进行评估。即使企业在确定进行投资后,也应进一步考虑投保问题,以最大程度保障自身投资利益。针对文化差异带来的风险,中国企业应积极筹划文化交流活动,帮助当地人了解中国文化,拉近与当地人的文化距离。

---

① 王义明主编:《巴基斯坦伊斯兰共和国经济贸易法律汇编》,法律出版社 2014 年版,第 44~45 页。

第十三章

孟加拉国经贸投资规则

第一节　孟加拉国经贸投资发展基本情况

一、投资吸引力

从投资环境而言,孟加拉国的优势主要体现在政府重视、政策优惠、经济增长较快、市场潜力较大、劳动力资源充足且价格低廉等方面。世界经济论坛《2019 年全球竞争力报告》显示,孟加拉国在全球最具竞争力的 141 个国家和地区中,排第 105 名。世界银行《2020 年营商环境报告》显示,孟加拉国营商环境便利度排第 168 名,部分单项排名如下:开办企业第 131 名,执行合同第 189 名,申请信贷第 119 名,纳税第 151 名,电力供应第 176 名,跨境贸易第 176 名。

二、宏观经济

(一)经济增长率

根据孟加拉国政府公布的数据,近 10 年来,孟加拉国经济持续稳定增长,根据世界银行公布的数据,2020 年,孟加拉国 GDP 增长率下降至 3.45％,2021 年又恢复到 6％以上,2022 年,GDP 增长率达 7％。2021/2022 财年,孟加拉国实际 GDP 为 49.27 万亿塔卡,人均 GDP 约合 2687 美元,人均可支配收入合约 1683 美元(按 1 美元兑 85 塔卡汇率计算)。①

(二)产业结构

2021/2022 财年,孟加拉国消费、投资占 GDP 比重分别为 90.7％和 37.3％。农业、工业和服务业三大产业占 GDP 的比重分别为 24.5％,13.7％和 61.8％。②

(三)财政收支

孟加拉国的财政年度为上年的 7 月开始至本年的 6 月末为止。2020—2021 财年,孟加拉国财政收入为 3.52 万亿塔卡,支出 5.39 万亿塔卡,财政赤字约 1.87 万亿塔卡。③

(四)通货膨胀

2021/2022 财年,孟加拉国的货币政策旨在将年平均通胀率保持在 6.5％。截至 2022 年 3 月中旬,通胀率为 5.4％。④ 2022 年,孟加拉国的通货膨胀率为 7.7％。⑤

(五)外汇储备

截至 2023 年 6 月底,孟加拉国外汇储备为 312.03 亿美元。⑥

---

① 孟加拉国财政部官网,http://www.mof.gov.bd,最后访问时期:2023 年 7 月 25 日。
② 孟加拉国财政部官网,http://www.mof.gov.bd,最后访问时期:2023 年 7 月 25 日。
③ 《商务部对外投资合作国别(地区)指南——孟加拉国(2022 年版)》。
④ 孟加拉国财政部官网,http://www.mof.gov.bd,最后访问时期:2023 年 7 月 25 日。
⑤ 世界银行数据,http://www.data.worldbank.org.cn,最后访问日期:2023 年 7 月 25 日。
⑥ 世界银行数据,http://www.data.worldbank.org.cn,最后访问日期:2023 年 8 月 15 日。

(六)债务情况

截至 2021/2022 财年 3 月中旬,孟加拉国政府总收入 8490 亿塔卡,支出 8765 亿塔卡。孟加拉国在历史上未发生国家主权债务违约的情况。[①]

三、重点/特色产业

(一)服装业

服装业是孟加拉国的支柱产业,约有 500 万人从事服装行业,其中女性从业人员超过 80%。服装业是孟加拉国创汇额最大的产业。根据孟加拉国纺织工业和纺织品部的数据,2020/2021 财年孟加拉国成衣出口额为约 321 亿美元,占孟加拉国出口总额的 71.5%。目前孟加拉国是全球牛仔服装主要生产国,年产量约为 2 亿件,欧洲市场份额为 27%,已经超过中国。

(二)黄麻

孟加拉国是世界第二大黄麻生产国,年产量超过 100 万吨,其中 65% 用于国内生产消费,其余用于出口。黄麻及其制品是孟加拉国第二大出口产品。2020—2021 财年,黄麻行业实现正增长,出口黄麻和黄麻产品额呈现增长态势,从上一个财年的 7.52 亿美元增加到本财年的 10.23 亿美元。[②] 孟加拉国政府规定 6 种商品必须使用黄麻包装袋,包括:水稻、大米、小麦、玉米、化肥和糖类。为保障国内黄麻供应,2015 年 12 月,孟加拉国政府曾下令禁止原麻出口,2016 年 4 月解除该禁令。2017 年 9 月,孟加拉国政府决定 2017/2018 财年将黄麻制品出口补贴率由 7.5% 上调至 10%。根据孟加拉国政府部门统计,目前全国有 22 家国有黄麻厂,200 家左右私人黄麻厂。

(三)医药

根据孟加拉国财政部发布的最新数据,孟加拉国医药产业发展迅速,国内

[①] 孟加拉国财政部官网,http://www.mof.gov.bd,最后访问时期:2023 年 7 月 25 日。

[②] 《商务部对外投资合作国别(地区)指南——孟加拉国(2022 年版)》。

所需药品自给率达到 98%。目前孟加拉国药品和药品原料已经出口到包括美国、英国等发达国家在内的 127 个国家和地区,全国有 267 家药厂生产26910 种药品,年出口额为 224.7 亿塔卡,其中成药出口额为 224.5 亿塔卡,原料出口额为 0.14 亿塔卡。2015 年 11 月,与贸易相关的知识产权(TRIPS)委员会决定对包括孟加拉国在内的最不发达国家药品专利豁免延长至 2033 年,期满后可视情况决定是否进一步延长,这一决定有利于孟加拉国医药产业的稳定发展。孟加拉国出口促进局数据显示,2020/2021 财年孟加拉国出口药品收入为 2.8 亿美元,同比增长 41.09%。[①]

(四)其他

孟加拉国工业发展落后,以劳动密集型的轻工业为主,钢铁、有色、建材、汽车、船舶等行业主要依赖进口。孟加拉国约有 4000 家小型轻工企业,年产值约 1.2 亿美元,生产近 1 万种产品,产品种类包括:进口替代用机器备件、机器及零部件、小型工具、玩具、消费品、纸产品及自行车等。[②]

(五)产能合作

孟加拉国具体行业信息情况如下:

1.建材行业。针对当前孟加拉国建材市场需求大、生产能力落后且以低端建材为主的市场现状,鼓励企业以 BOO、BOT、PPP 等形式,建设水泥、玻璃、建筑陶瓷、新型建材等生产厂,增加孟加拉国当地高端建材供应。

2.电力行业。电力短缺是制约孟加拉国经济社会发展的瓶颈,尚有 10%左右的人口未实现电力覆盖。鼓励电力设备制造企业抓住孟加拉国大力发展煤电、核电、新能源发电、进行电网升级改造等发展机遇,积极参与孟电力工程建设,带动超高压输变电设备、特高压设备、光伏电池组件、核电技术等新型电力设备和技术出口。

3.轻纺行业。孟加拉国当地劳动力成本低,潜在的市场需求大,鼓励企业投资纱线、面料、成衣制造、家电、塑料、文娱用品等产业,加快形成上下游配套、集聚式合作的中孟轻纺行业产能合作基地。

4.石化行业。结合孟加拉国石化产业薄弱以及本届政府大力发展石化行

---

① 《商务部对外投资合作国别(地区)指南——孟加拉国(2022 年版)》。
② 《商务部对外投资合作国别(地区)指南——孟加拉国(2022 年版)》。

业的机遇,积极拓展油气钻井资源勘探、天然气运输、石油冶炼等行业合作的同时,进一步延伸上下游产业链,开展石化产品加工、基础化学材料制造、农药、化肥等行业合作。依托重大石化合作项目,力争建成中孟绿色石化合作基地。

5.轨道交通行业。以孟加拉国政府开展轨道交通投资和推进与周边国家铁路互联互通为契机,积极支持中资企业利用在设计、施工、装备等方面融资的优势,以 PPP、BOT 等形式开展工程承包及投资,带动机车车辆、通信设备等产能输出。积极参与达卡城市快轨等项目竞标,鼓励中资企业在孟加拉国建设轨道交通设施生产、组装、检测、维护等一站式服务基地。

6.汽车行业。孟加拉国人口已接近 1.7 亿,中产阶层迅速崛起,是未来全球汽车市场新的增长点。拥有国产自主品牌的中国车辆生产商应抓住机遇,进一步拓展孟加拉国市场,积极推动新能源汽车、载重汽车、客车、轿车等对孟加拉国出口。

7.通信行业。结合中国通信企业在孟加拉国经营多年的市场竞争优势,利用孟加拉国政府普及 3G、推广 4G 网络的有利时机,加强与当地主要运营商的合作,积极同孟加拉国相关部门和运营商开发新项目,鼓励企业以投资、兼并收购等方式参与通信运营。

8.工程机械行业。把握孟加拉国基础设施投资发展机会,结合重大工程建设项目积极拓展水利疏浚、道路、港口、混凝土机械等优势产能输出,支持企业在孟加拉国以融资租赁等方式与当地企业开展投资合作,同时鼓励企业通过新建、兼并收购等投资合作方式提高中国工程机械在孟加拉国适用性和当地化水平。

9.船舶和海洋工程装备行业。孟加拉国当地河网密布,地势低洼,内河航运发达,船舶需求量巨大,同时孟印已解决孟加拉湾的划界纠纷,海洋开发将成为新的热点。积极鼓励中资企业对孟加拉国出口散装船、集装箱船、成品油船及海洋工程设备,鼓励企业在孟加拉国投资设厂,建立分销和服务网络。

四、发展规划

2015 年 10 月,孟加拉国政府对外发布该国第七个五年规划(2015/2016财年至 2019/2020 财年),设定年均 7.4% 的 GDP 增长目标,至 2020 财年达到8%,并新增 1290 万个就业岗位。根据该计划,至 2020 财年,贫困率将由目前的 23.5％降至 18.6％；投资占 GDP 比重由现在的 28.97％提高至 34.4％；税收占 GDP 比重由现在的 10.8％增加至 16.1％；基尼系数由 0.46 下降至 0.45，发电量达 2.3 万兆瓦。第七个五年计划投入 31.9 万亿塔卡，私有领域将承担主要份额（77.3％），国内投资将占 90.4％，外国投资占 9.6％。

五、对外经贸关系

(一)吸收外资

联合国贸发会议发布的《2023 年世界投资报告》显示，2022 年孟加拉国吸收外资流量为 34.80 亿美元；截至 2022 年底，孟加拉国吸收外资存量为 211.58 亿美元。根据孟加拉国投资委员会发布的数据，2021 年上半年（截至 2021 年 6 月 30 日），孟加拉国共吸收外资 16.63 亿美元。

据中国商务部统计，2021 年当年中国对孟加拉国直接投资流量 2.41 亿美元。截至 2021 年底，中国对孟加拉国直接投资存量 22.0 亿美元。[①] 投资领域涉及能源、服装、纺织、陶瓷等，但主要集中在能源、纺织服装及其相关的机械设备等领域。主要投资企业有中国机械进出口集团公司、利德成服装公司、新希望孟加拉有限公司、孟加拉通威饲料有限公司等。

(二)外国援助

2020—2021 财年，国际社会承诺新增援助孟加拉国资金总额为 94.42 亿美元，较上年减少 3.57％。其中，无偿援助 7.01 亿美元，优惠贷款 87.41 亿美元。实际使用援款 79.59 亿美元，较上一财年增强 7.7％，其中无偿援助 5.09 亿美元，优惠贷款 74.5 亿美元。[②]

从援助来源看，多边援助主要来自世界银行国际开发协会（IDA）、亚洲开发银行和联合国系统。2020—2021 财年，世界银行承诺援孟 28.31 亿美元，援助金额在多边援助伙伴承诺援款中排首位。双边援助主要来自日本、俄罗斯、中国、法国、印度等。2020—2021 财年双边援助国家中，日本承诺援助 26.61 亿美元，援助金额在双边援助中排首位。

---

① 《2021 年度中国对外直接投资统计公报》。
② 《商务部对外投资合作国别(地区)指南——孟加拉国(2022 年版)》。

从援助支出情况看,孟加拉国实际使用援款排名前五位的部门分别为健康卫生部门、电力能源部门,道路交通部门,公共管理部门和农村发展部门。

第二节　孟加拉国经贸投资规则分析

与外国投资相关的法律法规主要有:《1980 出口加工区法案》《1980 外国私人投资(保护和促进)法案》《1989 投资委员会法案》《1996 私营出口加工区法案》《2010 经济园区法案》《2015 公私合营法案》。

外资鼓励政策主要包括:(1)在投资准入方面,赴孟加拉国投资只须到孟加拉国投资局办理登记注册即可,无须事先批准;对于在孟出口加工区内进行的投资,则受"孟加拉国出口加工区管理局"管辖;对于在孟经济区内进行的投资,则受"孟加拉国经济区管理局"管辖;对于在电力、矿产资源和电信领域投资,则须获得孟政府有关主管部门的同意。(2)对出口加工区、经济区及特定行业的外国投资者实施税收减免。(3)对外国投资主体实施国民待遇。(4)保证外国投资不被无偿国有化和征收。(5)保证投资本金、利润和红利可汇回本国。

一、对外国投资的市场准入规定

(一)投资主管部门

孟加拉国的投资管理部门较多,分工很细。外国投资者和当地投资者一样,需要根据投资的区域、规模、行业和股比,选择相应的投资管理机构。具体如下:孟加拉国出口加工区管理局负责注册、管理出口加工区内的所有项目;孟加拉国经济区管理局负责注册、管理经济区内的所有项目;孟加拉国小作坊工业公司负责注册投资 3000 万塔卡以下的工业项目和注册投资 4500 万塔卡以下的老项目改造,更换设备或扩大规模;金融机构和商业银行,包括发展基金和国有商业银行负责审批注册他们资助的工业项目;孟加拉国计划委员会负责审批孟加拉国公共部门与内外资私营部门合资的公共部门项目(孟加拉国公共部门股比占 50% 以上);孟加拉国投资发展局(BIDA)负责审批上述项目以外的其他项目;为了便利投资者投资手续办理,BIDA 计划 2018 年 6 月开通一站式投资服务窗口,综合办理海关、汇款、注册等多个手续。

(二)投资行业的规定

孟加拉国关于外商投资领域的政策非常开放,只有武器、军火、军用设施和机械;核能;造币;森林保护区内的森林种植及机械化开采等四个行业为保留领域,不允许外国企业投资。其他所有行业则都属于孟政府鼓励投资的领域。不过,孟政府对外商在银行、保险及其他金融机构行业投资采取限制措施。

表 13-1 孟加拉国对外投资准入行业分类

分类	行业类型
禁止行业	枪、弹药及国防机械设备;在森林保护区内的森林种植及机械化开采;核能源生产;有价证券(钞票)的印刷和铸造
限制行业	深海捕鱼;银行/金融机构私营业务;保险公司私营业务;私营领域电力生产、供应和传输;天然气、油、煤、矿产的勘探、开采和供应;大规模项目(如高速公路、单轨铁路、经济区、内陆集装箱装卸站/货运站);原油精炼;用天然气和其他矿产为原料的中大型工业;通信服务;卫星频道;客运/货运;海滨船运;海港/深海港;VOIP/IP 电话;等
鼓励行业	基础农业和农产品加工业;人力资源出口业;造船业;可再生能源业(太阳能、风能);旅游业;基础化工业;成衣业;草药;黄麻及黄麻制品;皮革及其制品;医院和医疗;轻工业;塑胶业;家具业;手工制品;节能产品;冷冻渔业;茶业;家纺;制陶业;珠宝业;玩具业;集装箱服务;仓储业;创新和进口替代品业;化妆品业;等

(三)投资方式的规定

投资方式可以选择独资,也可以选择合资。

孟加拉国法律对资本形态和股权比例无限制,外国投资者可以享有 100％股权,允许外商投资独资企业、合资企业、私人有限公司、公众有限公司等,对于外国"自然人"在孟加拉国开展投资合作不设限制。出资方式可采取现汇、设备、技术等多种方式,对二手设备出资无特殊规定。外国投资建设经济区、出口加工区须取得相关主管部门的许可。

在孟加拉国并购上市的公司须由并购企业提出计划与当地法院一起讨论,并购方案须75%有投票权的股东投票通过方为有效。为规范银行或金融机构并购重组的办理流程,孟加拉国央行制定了银行或金融机构并购重组指导意见。

(四)基础设施 PPP 模式发展情况

2012 年 8 月,孟加拉国政府颁布 PPP 法,为 PPP 项目的实施提供了明确和透明的法规和程序框架,并且在总理办公室下设了专门的 PPP 局,负责全国 PPP 项目投资人的选择和管理。孟加拉国政府允许外国投资者通过 BOT、PPP 等方式参与建设孟加拉国的基础设施建设,并对外国投资者给予国民待遇。

BOT、PPP 项目可以涉及任何社会或经济基础设施,例如港口、机场、公路、铁路和桥梁;能源领域的电站、输电线路;民生领域的经济特区、公共建筑、会议中心、体育设施、商业地产、住宅、教育建筑、医院、供水、污水处理等多个领域,具体特许经营年限由 PPP 办公室、项目涉及的具体政府部门和投资人根据本项目资金回收期等具体情况共同商定,无特定的固定期限。在孟加拉国 PPP 市场上,主要是当地实力较强的财团参与 BOT、PPP 项目,项目主要涉及电力、道路、学校等基础设施。目前,孟加拉国 PPP 局已与日本、新加坡有关部委签署政府间 PPP 合作谅解备忘录,在孟从事 PPP 合作的外国企业主要来自中国、日本、韩国、新加坡等国。

中资企业积极利用 PPP 模式(含 BOT、BOOT、PFI、BOO、BLT、DBFO 等多种模式)参与孟加拉国基础设施建设。其中帕亚拉燃煤电站项目由中机公司和孟加拉国有的西北电力公司联合投资建设,项目模式为 BOO,项目正在建设中。中国经济工业园由中国港湾与孟加拉国经济区管理局联合投建,项目合作模式为 PPP,处于开工前准备阶段。2018 年 12 月,四川路桥联营体中标的达卡绕城公路项目正式签约,该项目是孟加拉国首个公路类 PPP 项目。

二、孟加拉国对外国投资优惠

(一)优惠政策框架

孟加拉国政府通过工业政策、进出口政策、出口加工区管理局条例等多种渠道制定了一系列税收减免优惠政策,包括:

(1)享受减免税期。特定地域、行业投资享受 5~7 年的所得税减免,基础设施投资可享受最高 10 年所得税减免;

(2)新设立企业建厂和机器成本可享受快速折旧法,替代减免税期;

(3)根据双边税务条约,避免双重征税;

(4)进口资本设备关税优惠(出口导向性企业为 1%,其他企业为 3%);

(5)出口导向型企业,进口原材料关税优惠;

(6)提供报税仓库便利;

(7)对特定产品出口提供 5%~20% 比率不等的现金鼓励和出口补贴;

(8)享受出口促进基金,出口信贷担保,出口导向型企业产品的 20% 可本国销售;

(9)特许权使用费、技术转让费和技术服务费收入可汇出;

(10)投资额超过 7.5 万美元,可申请永久居留;超过 50 万美元,可入籍。

(二)行业鼓励政策

孟加拉国鼓励以出口为导向的企业赴孟加拉国投资,以拉动本国经济并扩大就业。为鼓励投资并刺激出口,孟加拉国政府对部分行业实行现金补贴。

孟加拉国对于绝大多数行业投资并无限制,给予外国投资国民待遇。部分政府鼓励的行业存在激励政策,例如能源领域,投资建设独立电站(IPP 电站)享有投产后 15 年内免征所得税。鼓励政策主要存在于经济区和出口加工区等特殊经济区域。

表 13-2　提供现金补贴的行业

年份	补贴行业及比例
2017/2018 财年	共有 27 类种产品享受补贴,具体比例如下:美、加、欧盟之外的纺织品市场 3%、本地纺织品 4%(中小企业另加 4%),造船、骨粉、土豆、黄麻纱线、硬质皮革 5%,冷冻鱼虾 2%～20%,黄麻制成品 5%～20%,PET 塑料 10%,皮革制品 13%,轻工品、家具 15%,稻草、甘蔗制作的手工制品 15%～20%,加工农产品、清真肉、蔬菜种子 20%,等
2019 财年	36 类产品出口提供现金补贴。增加的 9 类产品和补贴比例:医药(10%)、皮革(15%)、黄麻及其制品(7%和 12%)、陶瓷(10%)、帽子(10%)、剃须刀(10%)、冻蟹(10%)、铸铁板(10%)、摩托车(10%)、氢氧化钠(10%)和 IT 制品(10%)等

(三)地区鼓励政策

2011 年 7 月 1 日至 2019 年 6 月 30 日期间设立的企业享受以下税收优惠。

表 13-3　地区鼓励政策

地区	时长	减免比例
达卡、吉大港行政区(达卡市、纳拉扬甘杰市、加济普尔市、吉大港市、兰格马蒂市、班达班市、科格拉焦里市除外)	享受 5 年所得税减免	前两年减免 100%, 第三年减免 60%, 第四年减免 40%, 第五年减免 20%
拉杰沙希、库尔那、希莱特、巴里萨尔和兰普尔行政区(市政公司管辖范围除外),以及兰格马蒂市、班达班市和科格拉焦里市	享受 10 年税收减免	前两年减免 100%, 第三年减免 70%, 第四年减免 55%, 第五年减免 40%, 第六年减免 25%, 第七至十年减免 20%

(四)特殊经济区域的规定

为了通过工业化促进经济的快速发展,孟加拉国政府执行了旨在吸引外资的开放政策,并依据《1980 出口加工区管理法》和《1996 年孟加拉国私人出口加工区管理法》等法律设立了出口加工区。根据相关法律规定,孟加拉国出口加工区管理局是促进和吸引外商在孟加拉国出口加工区投资并提供相应便利的政府官方机构。出口加工区是为投资者提供投资环境适宜和服务手续方便的特殊区域。目前孟加拉国有 8 个出口加工区,最大的是吉大港出口加工区和达卡出口加工区。

(五)孟加拉国对中国企业投资合作的保护政策

中国企业在孟加拉国投资合作的保护政策包括双边投资保护协定、避免双重征税协定、其他经贸协定以及其他相关保护政策。

表 13-4　中国企业投资的相关保护政策

类型	内容
双边投资保护协定	1996 年 9 月《中华人民共和国政府和孟加拉人民共和国政府关于鼓励和相互保护投资协定》
避免双重征税协定	1996 年 9 月《关于对所得避免双重征税和防止偷漏税的协定》
其他协定	中国与孟加拉国签署了多个政府间经济技术合作协定。例如《中华人民共和国商务部和孟加拉人民共和国孟加拉经济区管理局关于在孟加拉国开展设立中国经济和产业区的合作的谅解备忘录》
其他相关保护政策	中孟两国政府成立经贸合作联合委员会机制

三、孟加拉国关于企业税收的规定

目前,孟加拉国实行的是以所得税和增值税为核心的税收体系,实行国税制,由财政部所属的国税局负责征收各种税赋,主要税法有《1969 关税法》,《1984 所得税法案》,《1991 增值税法案》,《2003 旅游税法案》及《1931 临时税征收法案》。

(一)所得税

所得税分企业所得税和个人所得税。按孟加拉国 2017/2018 财年税率,企业所得税税率为：一般公司 35％，上市公司 25％，银行、保险、金融公司（非商业银行）中上市银行及第四代银行为 40％，其他为 42.5％，商业银行为 37.5％，烟草制造公司为 45％，移动电话运营商为 45％（其中上市公司为 40％）。个人所得税分 6 级超额累进税率进行征收。起征点为 25 万塔卡（年度所得）。25 万塔卡以上 40 万塔卡以下征收 10％，40 万塔卡以上 50 万塔卡以下征收 15％，50 万塔卡以上 60 万塔卡以下征收 20％，60 万塔卡以上 300 万塔卡以下征收 25％，300 万塔卡以上征收 30％。

(二)关税

孟加拉国现行的关税结构为四层制：资本机械类产品关税为 3％；基础原材料关税为 7％；半成品关税 12％；成品关税 25％。出于鼓励进出口，孟加拉国对医药原料、家禽及饲料机械、皮革用化学制品、国防设备、私人发电设备、纺织用原料和机械、太阳能设备等产品免收关税。2014 年以来，受拉纳大厦倒塌等恶性工业事故影响，孟加拉国政府开始重视生产安全问题，将防火门、应急灯、消防喷淋装置等安全设备的平均进口关税从 154％大幅削减至 15％。

(三)增值税

从 1991 年开始，孟加拉国在产品和服务的进口、生产、销售环节征收增值税。企业年营业额在 200 万塔卡以上的，增值税统一税率为 15％，年营业额在 200 万塔卡以内的，征收 4％的营业税。

(四)附加税

孟加拉国对某些奢侈品和烟酒、化妆品、食品、陶瓷、大排量汽车、空调、冰箱、电视机等进口产品另行征收 20％～350％的附加税。孟加拉国还对部分服务业征收 10％～35％的附加税。

四、在孟加拉国解决商务纠纷的主要途径

孟加拉国当地商业纠纷案件多依靠诉讼或仲裁方式解决，其中诉讼方式程序较慢，个别案件审理过程可延续 1～2 年时间。商业纠纷解决的具体方式和法律依据主要通过合同双方协议约定明确。

第三节　中国对孟加拉国经贸投资法律风险分析

一、法律风险

(一)法律环境不佳

孟加拉国国内投资环境不佳,经济政策、投资法律还有待完善,这对外资的进入有一定的影响。只有不断完善国内政策、法规,给外资提供一个良好的投资环境,才能引入更多的资金和技术。① 其次是孟加拉国国内党派、宗教问题严重,国内也爆发了恐怖主义,而且党派之争严重影响了孟加拉国政治、经济等政策的延续。

孟加拉国法律制度以英国法为基础,但发展较为缓慢。孟加拉国有关投资的法律主要有《1980 年外国私人投资(促进和保护)法》等,同时它是《关于解决国家与其他国家国民之间投资争端公约》和《联合国承认和执行外国仲裁裁决公约》的签字国。但其法制不健全,法律陈旧,执法不力,案件审理效率低下,延缓严重。尽管孟政府和人民联盟采取了很多措施来治理和打击腐败,但仍然有许多漏洞和司法缺陷,导致法律风险较大。处理上诉的最高法院和高等法院是独立的,不受行政机构管辖,但接受申诉的基层法院却是政府行政机构的一部分,缺乏独立性。在孟加拉国法律体系下,合同是否能有效执行很不确定,法院延误案件审理不会被处罚。即使案件有了结果,也很难得到有效执行。

孟加拉国的行政部门手续繁杂、行政审批时间长、行政效率低下、官僚主义作风严重,作为执法机关的警察部门更是腐败的重灾区。虽然孟政府也在进行改革,并且加大了监察力度,一些非政府组织也积极介入,实施整改措施,但其腐败问题依然十分严重。对外资企业来讲,当地政府腐败一方面会增加

---

① 张立邦:《孟加拉国的区域合作:背景、进程与特点》,载《南亚东南亚研究》2019 年第 5 期。

其经营成本与风险,另一方面也会降低办事效率。[①]

(二)政治因素的法律风险

孟加拉国国力弱小,国微言轻。尽管积极推进区域合作,但是也受到其他国家的牵制,而且南亚国家众多,达成一致意见相对较难。另外,孟加拉国与周边国家争端不断,同缅甸、印度等国的难民问题、恐怖主义问题、跨境贩毒、走私等问题一直阻碍着孟加拉国发展同周边国家的关系。

孟加拉国存在着地理因素与民族问题带来的"安全困境"。在地理上,孟加拉国位于孟加拉湾以北,东南方向有一小部分地方与缅甸接壤,东、西、北三面则与印度的西孟加拉邦、阿萨姆邦、梅加拉邦、特里普拉邦和米佐拉姆邦相邻,使得印孟两国时常因为边境地区人口流动、毒品和枪支走私等安全问题而相互指责。特别是印度认为孟加拉国的非法移民已经改变了其边界地区的人口比例并造成了巨大的安全挑战。同时,缅甸的罗兴亚人又主要集中在缅甸若开邦偏西靠近孟加拉国的地区。罗兴亚人难民在孟缅边境地区的大量频繁流动,不仅带来了非法走私、毒品交易等安全问题,还带来疾病传播、环境污染等严重的社会问题。此外,在孟、印、缅三国之中,仅有孟加拉国与中国隔绝,加之受印度因素的影响,即便孟加拉国对包括孟中印缅经济走廊建设在内的"一带一路"态度积极,但其在互联互通方面所能发挥的作用和能力也非常有限。[②]

二、对策

(一)国家层面

1.积极开展政党外交并发挥引导作用

政策沟通是"一带一路"倡议的重要组成部分以及实施的重要手段。通过宏观经济政策交流和经济发展战略的整合实现政府间多层次政策协调,实现

---

① 戴永红、周禹朋:《"一带一路"背景下中孟经贸合作的机遇、风险与对策》,载《当代世界》2018 年第 6 期。

② 胡文远:《孟中印缅经济走廊建设中的"安全困境"与应对之策》,载《印度洋经济体研究》2018 年第 6 期。

利益共享,增进互信,支持大型项目的实施。由于"一带一路"沿线国家的语言、宗教、文化多样,经济发展水平不同,政策沟通可以确保国际合作能达成共识。通过多方对话和谨慎外交进行政策协调,可以弥合国家间的分歧,实现互利共赢。

一是中孟两国通过政党外交增强政治互信。中孟两国在一系列重大国际和地区性问题上看法保持基本一致,在国际事务中密切配合,两国高层互访频繁,各种交往不断增加。双方不断开展的政党外交以及取得的丰硕成果,增强了应对经贸合作风险的信息,为规避及解决政治风险提供了强有力的保障。二是政府建立政治风险评估及预警机制,成立专门的政治风险研究机构,邀请各领域专家、学者参加。通过该机构对孟加拉国投资环境以及投资政策进行深入分析,帮助预测各类风险并开展针对具体投资项目或投资企业的风险评估服务。

2.共同营造良好的经贸合作环境

"一带一路"在孟加拉国的开展,有必要采取多管齐下的策略。中国在孟加拉国的项目选择上更应注重经济可行性,而尽量避免地缘政治上的敏感性。孟加拉湾充满了经济合作机遇,同时也是地缘政治局势紧张的源头。孟加拉国目前的做法是协调各国在这个世界最大海湾的投资利益关系,这可能会帮助其实现发展蓝色经济的目标。因此,中国可以提供类似于日本的海洋经济发展及相关策略,使在孟加拉湾投资的其他国家确信它的投资计划纯粹是受经济利益所驱动的。

此外,中国还需要扮演不同角色的参与者来推动"一带一路"在孟加拉国的发展。① 一是同孟方在双多边经贸合作平台积极互动,增进双方合作共识和互信。二是在经贸务实合作的重点领域加强同孟方政策交流,为双边合作提供规划和指导,增加投资与人力资源开发,鼓励两国有关企业加强合作,支持有实力的中资企业赴孟投资,由中国金融机构积极为双方经贸合作提供融资支持,为重大项目合作探索多种融资方式。三是定期继续举行经贸联委会会议,本着互利共赢、共同发展的精神,充分发挥中孟经贸联委会等机制作用,推动双边经贸合作。

---

① 沙希杜·伊斯兰姆:《孟加拉国视角下"一带一路"及孟中印缅经济走廊建设》,和红梅译,载《南亚东南亚研究》2018年第3期。

　　3.推动孟中印缅经济走廊建设

　　以减贫为抓手推进四国民心相通。印度、孟加拉国和缅甸三国都是贫困问题严重、减贫需求极大的国家。作为世界上最大的发展中国家,中国的减贫经验是一项独特的优势。多年来,孟、中、印、缅地区合作论坛的重点不同程度地集中在交通、贸易和旅游为主的"3T 领域"。事实上,孟中印缅经济走廊建设的核心区域,包括缅甸、孟加拉、印度东北部和云南边境地区,都是贫困人口相对集中的地区。中国与孟印缅国家分享减贫经验并帮助这些国家减少贫困,不仅可以弱化矛盾促进民心相通,还可以有效弱化四国之间由于地理和地缘因素造成的"安全困境",从而成为次区域合作中新的增长点。

　　(二)企业层面

　　1.客观评估投资环境,依法办理投资手续

　　孟加拉国投资环境相对宽松,历届政府都非常重视吸引投资。该国劳动力资源充足且价格低廉,加之其产品出口欧美等发达国家可享受一系列免关税、免配额或关税减让等优惠,吸引许多国外投资者。但同时也要看到孟加拉国基础设施差、水电气资源缺乏、政府部门办事效率低下、处理不好易发生劳资纠纷、当地商人资信度低等问题,因此,客观评价孟加拉国投资环境,对当地市场作充分调研非常重要。在充分做好前期考察调研的基础上,投资者应依照孟加拉国相关法律规定办理投资和登记手续。投资限制性行业的应特别注意在开展具体经营活动前取得相关行政许可。投资过程中,投资者应注重借助本地律师、会计师等专业人士的协助,在做好合规工作的同时维护自身合法权益。如投资者拟与孟加拉国本地自然人或企业合资开展经营,应特别重视调查合作伙伴的资信状况,不与资信状况不佳或背景情况不明的自然人或企业合作,约定合理的合作期限,避免受骗上当。

　　2.不断提高防范风险的能力

　　企业可以从以下方面提高风险防范能力:一是中国企业对孟加拉国的投资环境要进行调查和分析,并评估投资项目的政治风险。这可以通过直接购买国际知名风险服务机构发布的政治风险报告、外国投资企业成立专门的投资风险评估部门对孟的各类风险进行评估来实现。二是通过购买政治保险尽可能降低该类风险的影响。购买对象为国际政治保险产品、本国保险产品、多边信用保险产品等。现阶段,中国企业的海外投资项目基本采取向本国保险机构购买相关保险进行风险防范,一般通过购买中国信用保险公司的债券类保险产品。三是通过发展合作伙伴和吸纳多方投资者参与的形式共同承担经营风险,如吸收孟加拉国的政府、金融机构、企业组织作为项目参与方,聘请当地人负责部分项目建设等,都可以有效分散项目的建设、运营风险,从而提升整体投资收益。

第十四章

斯里兰卡经贸投资规则

近年来,斯里兰卡积极响应"一带一路"倡议,明确表示愿积极参与"21世纪海上丝绸之路"建设,中斯两国领导人就"一带一路"框架下深化和加强经贸领域务实合作达成广泛共识,双边经贸合作迅速发展,成果显著,中国已成为斯里兰卡最大的投资来源国和发展援助国之一和第二大贸易伙伴和游客来源国。斯里兰卡具备一定的中长期经济增长潜力,凭借其优越地理位置条件、在南亚范围内领先的基础设施条件及人力资源优势,成为南亚的桥头堡和连接中东、南亚、东南亚等地的区域航运、贸易、物流、金融中心,但斯里兰卡国际收支长期不平衡,债务负担较重,海外劳务收入、旅游收入和出口是其主要的外汇来源,缺乏资金成为制约其经济发展的主要瓶颈,斯里兰卡政府正积极采取各项措施通过改善营商环境吸引外资,推动支柱性出口产业发展,不断增强经济竞争力。

第一节　斯里兰卡经贸投资发展基本情况

一、斯里兰卡概况

斯里兰卡是印度洋上的一个岛国,北隔保克海峡与印度相望,南部靠近赤道,风景秀丽,素有印度洋上的珍珠之称。斯里兰卡地处印度洋的核心区域,是东西方海运的必经之地,可辐射南亚、中东、东南亚及非洲东部等地区,具有优越的地理位置。斯里兰卡南部海岸距国际亚欧主航线仅 6～10 海里,每年有超过 6 万艘船舶通过该主航线,承担了全球三分之一的原油和二分之一的集装箱运量。

斯里兰卡盛产热带经济作物,具有发展农业经济的良好条件。斯里兰卡盛产香蕉、椰子、芒果、木瓜、红毛丹、山竹以及榴莲等热带水果,但斯里兰卡矿产资源匮乏,主要矿产是宝石和石墨,此外还有钛铁、磷灰石、磷酸盐等,斯里兰卡政府重视对矿产资源的保护,对矿产资源开发有严格的规定。

斯里兰卡实行总统共和制,三权分立,多党竞争。司法机构由最高法院、上诉法院、高级法院和地方法院等组成,主要政党有斯里兰卡自由党(Sri Lanka Freedom Party)、统一国民党(United National Party)、泰米尔全国联盟(The Tamil National Alliance)、人民解放阵线(Janatha Vimukthi Peramuna, People's Liberation Front)以及人民阵线党(Sri Lanka People's Front)。斯里兰卡奉行独立和不结盟的外交政策,支持和平共处五项原则,反对各种形式的帝国主义、殖民主义、种族主义和大国霸权主义,维护斯里兰卡独立、主权和领土完整,不允许外国对斯里兰卡内政和外交事务进行干涉。

2009 年 5 月,斯里兰卡内战结束,社会趋于稳定,安全形势有所好转。斯里兰卡政府积极推进战后平民安置和经济社会重建,政治、经济、安全形势总体趋于平稳。2019 年 4 月 21 日,首都科伦坡等多地先后发生 8 次连环炸弹袭击,波及至少 3 座教堂及 3 家酒店。斯里兰卡当局表示,在连环爆炸案中的 253 名遇难者中,已确认了 42 名外籍人士的身份,6 名中国公民在爆炸中遇难。事发后,斯里兰卡宣布全国进入紧急状态,迅速采取措施,抓捕涉案人员、封禁极端组织。目前,全国社会治安总体已趋于稳定。

二、经济发展状况

根据斯里兰卡央行发布的 2022 年年报,斯里兰卡 GDP 总额为 24.148 万亿卢比(744 亿美元),同比下降 7.8%;人均 GDP 为 3354.4 美元。第一、二、三产业占 GDP 比重分别为 8.7%、30.3%、56.1%,投资占 GDP 比重为 34.4%,消费占 GDP 比重为 69.2%。2022 年,斯里兰卡通货膨胀率为 49.7%,失业率为 4.7%。政府总收入 20863.82 亿卢比,占 GDP 比重为 8.3%;总支出 44725.56 亿卢比,占 GDP 比重为 18.5%;预算赤字占 GDP 的比重为 10.2%。

斯里兰卡外债为 12.46 万亿卢比,占 GDP 的比重为 51.6%,偿债率为 12.2%。2022 年贸易逆差为 51 亿美元,其中出口总额 131 亿美元,进口总额 183 亿美元。截至 2023 年 7 月,斯里兰卡官方外汇储备为 37.60 亿美元,可维持 2.5 个月进口。[①]

表 14-1　2016—2021 年斯里兰卡宏观经济数据

年份	GDP/亿美元	GDP 增长率/%	人均 GDP/美元
2016	880	5.1	4149
2017	944	6.5	4400
2018	947	2.3	4372
2019	890	−0.2	4082
2020	846	−4.6	3858
2021	885	3.5	3997
2022	744	−7.8	3354

资料来源:斯里兰卡中央银行

截至 2022 年 12 月 31 日,斯里兰卡政府债务为 27.49 亿卢比,占 GDP 比重为 113.8%,其中内债占政府债务比率为 62.3%,外债占政府债务比重为 51.6%。[②]

三、产业结构

(一)农业

斯里兰卡农业、渔业、林业和水力资源丰富,是一个以种植园经济为主的农业国家。由于斯里兰卡农业生产成本高、生产率低、损耗大,加之非农业产

<hr/>

[①] 《Annual Report 2022》,载斯里兰卡中央银行官网,http://www.cbsl.gov.lk,最后访问日期:2023 年 4 月 27 日。

[②] 《Annual Report 2022》,载斯里兰卡中央银行官网,http://www.cbsl.gov.lk,最后访问日期:2023 年 4 月 27 日。

值不断上升,斯里兰卡农业产值在 GDP 中的占比一直呈下降趋势,从 20 世纪 50 年代的 50% 下降到 2022 年的 8.7%。农产品出口是斯里兰卡出口创汇的重要组成部分,2022 年农产品出口额占出口总额的 19.7%。其中,茶叶出口额为 4110.92 亿卢比,占出口总额的 9.7%;香料出口 1200.70 亿卢比,占出口总额的 2.8%;椰子出口 1285.09 亿卢比,占出口总额的 3.0%。[①]

(二)工业

斯里兰卡工业基础相对薄弱。由于资源缺乏,大量工业原材料仍需从国外进口。斯里兰卡资金技术密集型工业尚未形成,还处于劳动力密集型工业的初始阶段,几乎无重工业,目前主要有建筑业、纺织服装、皮革、食品、饮料、烟草、化工、石油、橡胶、塑料、非金属矿产品加工业及采矿采石业。根据斯里兰卡中央银行发布数据,工业在斯里兰卡国民经济中的比重达到 30.3%,建筑业、采矿采石业、制造业产值占工业总产值的比重分别为 26.3%、6.2%、64.7%,电力、天然气、水和废物处理产业占工业总产值的比重为 2.8%。

(三)服务业

近年来,斯里兰卡政府利用国民识字率高、劳动技能训练有素的相对优势,正在努力把本国经济打造成为服务业导向型经济。服务业已发展为斯里兰卡国民经济的主导产业,并已成为斯里兰卡经济增长的主要驱动力。[②] 2022 年,服务业产值占 GDP 的比重达 56.1%,增速为 -2.0%,其中,零售业与金融服务业作为斯里兰卡服务业的两大重要支柱,分别占服务业总产值比重的 24.6% 和 11.1%。

四、营商环境

2022 年 4 月 13 日,惠誉将斯里兰卡主权信用评级由 CC 下调至 C,标普将斯里兰卡主权评级由 CCC 下调至 CC。2022 年 4 月 18 日,穆迪将斯里兰

[①] 《Annual Report 2022》,载斯里兰卡中央银行官网,http://www.cbsl.gov.lk,最后访问日期:2023 年 4 月 27 日。

[②] 《Annual Report 2022》,载斯里兰卡中央银行官网,http://www.cbsl.gov.lk,最后访问日期:2023 年 4 月 27 日。

卡主权信用评级从 Caa2 下调至 Ca,展望为稳定。2022 年 4 月 25 日,标普将斯里兰卡主权评级由 CC 下调至 SD(选择性违约)。2022 年 5 月 19 日,惠誉将斯里兰卡主权信用由 C 下调至 RD(限制性违约)。① 世界经济论坛《2019年全球竞争力报告》显示,斯里兰卡在全球最具竞争力的 141 个国家和地区中,排第 84 名。根据世界银行营商环境便利度最新排名(2022),斯里兰卡居全球第 99 位。

(一)政治环境

现任总统为自由党人迈特里帕拉·西里塞纳,新政府逐步稳定,但面临诸多挑战。统一国民党与自由党占据议会绝对多数,两党开始联合执政。两党合作有利于斯里兰卡行政体制过渡期保持政局平稳,但随着政局趋稳,改善经济发展模式与处理民族问题将成为新政府面临的重大挑战。斯里兰卡 2015年经济增速明显下降,政府财政困难加重。如何扭转经济发展颓势,是新政府面临的首要任务和挑战,目前,斯里兰卡国内安全局势基本稳定,国家重建工作持续推进,斯政府积极推进战后平民安置和经济社会重建,政治、经济、安全形势总体趋势平稳,社会治安状况很好,但其北部地区有反政府武装"猛虎组织"活动,中国企业人员前往该地区需要注意安全。

(二)经济环境

斯里兰卡国内军事冲突结束后,斯里兰卡采取了一系列积极措施,国内经济渐渐恢复,而且斯里兰卡凭借其自身独有的条件,通过国家发展规划将其打造为该地区贸易和制造中心,逐渐发展成为亚太地区最具吸引力的投资地之一。

2016 年全球需求低迷,斯里兰卡备受影响,再加上本国财政出现问题,虽然当时油价下跌对斯里兰卡经济发展起到一定的缓冲作用,但斯里兰卡主要出口产品的低需求和低价格制约经济增长并对国际收支产生压力,2016—2019 年斯里兰卡经济增长速度持续下降,财政赤字不断扩大,外汇储备大幅缩减。

(三)政策法律环境

斯里兰卡法律尚不完善,投资争端解决不理想。斯里兰卡涉及争端解决、劳资关系、知识产权以及金融市场和并购等方面的部分法律已过时,需重新审

---

① 《商务部对外投资合作国别(地区)指南——斯里兰卡(2022 年版)》。

定,但是由于本国政府的过多干预使投资争端的解决常常变得政治化,且斯里兰卡投资局和其他政府部门之间缺乏合作解决投资方面事宜的机制,无法为投资者提供有效的帮助,相关诉讼难度较大,受损失的外国公司的赔偿即使获准,也需要等待很长时间,在斯里兰卡的外国投资者如果遇到投资争端经常选择向中立的第三国寻求仲裁。[①]

(四)基础设施环境

截至 2009 年 5 月内战结束,长达 26 年的战争冲突给北部和东部的大部分地区的基础设施造成了严重的破坏。斯里兰卡的铁路网络欠发达,铁路设施欠缺,而且长期以来一直未得到政府的重视,特别是东北部的铁路网在多年内战期间被严重摧毁。内战结束后,斯里兰卡加快北部三条铁路的修复和南部铁路的新建工程。北部铁路(科伦破—基里诺奇)已于 2014 年 3 月通车。正在建设中的南部铁路中的马塔拉—贝利阿塔段由中国公司承建。此外,斯里兰卡政府还将通过现有线路进行电气化改造、发展火车旅游线路、采购空调列车等手段,不断改善铁路基础设施。另外,斯里兰卡铁路货运发展缓慢,仅占全国总货物运输量的 1%。

(五)行政效率环境

斯里兰卡相比其他南亚地区国家政府办事效率较高,企业进行商业活动办理在时间上相对较快。以世界银行 2020 年营商环境报告中开办企业、获得建筑许可证和获得电力的情况来衡量斯里兰卡的行政效率,这三项指标在 190 个经济体中分别排第 85 名、第 66 名、第 89 名,均优于其整体的营商环境排名(第 110 名)。

(六)金融环境

1.融资条件

只有在斯里兰卡投资局(BOI)注册的外资企业可在当地银行融资,但须有银行认可的母公司或第三方担保。2016 年 11 月 22 日,斯里兰卡银行间同业拆借利率(SLIBOR)为:隔夜 8.45%、7 天 9.55%、1 个月 10.56%、3 个月 11.02%、6 个月 11.51%、1 年 12%。2020 年 2 月 24 日斯里兰卡中央银行宣

---

① 《国别投资经营便利化状况报告(2016)》。

布停止编制和出版斯里兰卡银行同业拆借利率(SLIBOR)。

2.外汇管理政策

斯里兰卡对外汇进行管制,外币可以自由兑换成斯里兰卡卢比,但斯里兰卡卢比不能自由兑换成外币。如果要将斯里兰卡卢比兑换成外币需要得到斯里兰卡外管局的批准,外资企业因业务发展需要可在当地开立外汇账户,原则上允许在斯里兰卡外资公司将银行账户上的外币汇回境外母公司,但要注意的是在年度会计期末,该外资公司与母公司的资金往来明细账的余额显示该外资公司从境外母公司汇入的资金大于该外资公司汇出境外母公司的资金,否则税务局将要为该外资公司就该部门超额汇往境外母公司的资金纳税或者提供完税证明。利润汇出需要交税,外资企业适用的税率为 10%,汇出外汇资金另外需要缴纳 0.1% 的借记税。[①]

(七)社会环境

斯里兰卡近年来并未与他国爆发战争,自 2009 年结束内战后,国内安全形势显著提升。2012 年,战后难民安置工作完成后,政府解除了对北部地区的强制性安全调查。2015 年 1 月,新政府取消了外国人前往北部原战区的旅行限制令。但由于民族和解进展十分缓慢,民族与宗教问题引发武装冲突的可能性仍存在。但总体而言,在斯里兰卡政府和军队的管控下,再次爆发内战的风险较低。游行示威活动有所增加。斯里兰卡新政府的一些经济改革措施引发了相关利益阶层的抗议,与民族矛盾相关的抗议示威风险也有所上升。2015 年 9 月,斯里兰卡总理维克拉马新哈访印期间,数百名示威者聚集在科伦坡火车站附近,以保护本国民族工业发展为由,抗议与印度讨论签署全面经济伙伴关系协定。2015 年 12 月,斯里兰卡农民因不满意新政府提出的 2016 年预算方案,举行游行示威。此外,尽管泰米尔政党在新政府中的地位上升,但统一国民党不可能完全满足泰米尔人要求高度自治的愿望。在民族和解进展缓慢的情况下,泰米尔人发动示威游行的可能性上升。

总体来看,斯里兰卡恐怖主义威胁较低,暴力犯罪对社会影响较小,斯里兰卡社会安全状况较好,内战结束后泰米尔伊拉姆猛虎解放组织(以下简称猛

---

① 陈波编注:《南亚投资法律风险与典型案例》,中国法制出版社 2015 年版,第178 页。

虎组织)影响大减,虽然佛教民族主义和穆斯林极端主义间的矛盾有所加剧,但在新政府的强力管制下,影响不大。

五、外商投资现状

斯里兰卡投资局的职能包括项目审批和核定税收优惠,提供信息咨询服务,推荐优质合作伙伴,协助选择厂址或进驻工业园区,参与项目抽检,为工业园区外的外资企业办理清关手续,提供雇工和签证等方面的服务等。为鼓励出口,增加就业,斯里兰卡先后建立了 12 个由 BOI 管理的出口加工区和 2 个私营部门建设的工业园区。园区内企业可享受便利的供电供水、污水和垃圾处理、通信、交通、安全等配套服务。斯里兰卡中央银行发布的《2022 年第三季度宏观经济发展图表》显示,截至 2022 年第三季度,斯里兰卡吸引外资总额为 7.26 亿美元。根据斯里兰卡央行发布的 2021 年年报,2021 年斯里兰卡吸收外资排名前五位的来源国或地区分别为印度、荷兰、英国、意大利和中国香港,吸收外资金额分别为 1.42 亿美元、1.00 亿美元、0.61 亿美元、0.46 亿美元、0.39 亿美元。联合国贸发会议发布的 2022 年《世界投资报告》显示,2021 年斯里兰卡吸收外资流量为 5.98 亿美元。截至 2021 年底,斯里兰卡吸收外资存量为 178.9 亿美元。[①]

第二节　斯里兰卡经贸投资规则分析

一、投资主管部门

斯里兰卡投资管理委员会是斯里兰卡政府主管外国投资的部门,其主要职责是负责核查、审批外国投资,并积极促进和推动外国企业或政府在斯里兰卡投资。斯里兰卡投资管理委员会订立了具体而详尽的税收优惠政策,并且在网站公布了《斯里兰卡投资指南》,在监管外国投资时,投资管理

---

① 《2022 年世界投资报告》,载联合国贸易和发展会议,https://worldinvestmentreport.unctad.org/world-investment-report-2022/,最后访问日期:2023 年 4 月 27 日。

委员会的主要依据是《投资管理委员会法案》。[1]

二、投资法律体系

(一)宪法

斯里兰卡以根本大法宪法的形式对外国投资进行了规定,以保护外国投资,《宪法》第157条规定,凡由议会全体成员(包括不在场人员)2/3以上同意通过的斯里兰卡政府和其他国家政府签订保护该国在斯里兰卡的国民、企业、公司和其他依法注册成立的组织的条约或协议享有法律保护,任何立法或者行政行为都不能违背双边投资协议规定的内容,除了涉及国家安全利益。斯里兰卡国内部门法虽然很少对外商投资的保护作出直接性的规定,但通过宪法维护国际双边或多边投资保护协议的权威性,以达到保护外资的目标。[2]

(二)税法

斯里兰卡税收体系和制度比较健全,税收监管比较严格,当地实行属地税制,同时税收政策也经常发生变化。斯里兰卡没有营业税,但有企业所得税、预提税、个人所得税、增值税、经济服务税、关税、印花税等,其中,斯里兰卡关税为0～300%。对于进口汽车,进口关税为30%,须额外缴纳160%或者更高的消费税以及15%的增值税。[3]

(三)土地法

斯里兰卡有关土地的法律十分复杂,许多与土地所有权和使用权有关的法律经过多次修订,土地可以私有或国有,私有土地由不同占有机制管理,但私人土地所有权每人只可拥有50英亩,斯里兰卡政府拥有全国接近

---

① 张正怡、高绿丹、王丹等:《"一带一路"沿线国家与投资者争端解决问题研究》,上海社会科学院出版社2019年版,第61～62页。

② 陈波编注:《南亚投资法律风险与典型案例》,中国法制出版社2015年版,第176页。

③ 《商务部对外投资合作国别(地区)指南——斯里兰卡(2019年版)》。

82%的土地,国有土地可通过不同的批准、许可或租赁计划被分离,相关法律依据主要有《土地开发法令》、《国有土地法令》和《土地批准法案(特别条款)》。

根据斯里兰卡现行法律,外国公司、个人以及在斯里兰卡注册的外国份额达到或超过 50%的公司均禁止购买土地,但根据《2014 年财政预算》,斯里兰卡禁止出售土地,但是以下四种情况除外:(1)1969 年第 9 号外交权益法案;(2)1973 年第 11 号《公寓所有权法案》规定的在第四层(除去地面一层)或更高;(3)在斯里兰卡注册的外国份额超过 50%或以上的,至少在土地注册时已连续使用 10 年;(4)管理融资的部长在与管理土地的部长协商后,本着国家经济利益,经内阁批准后,通过政府公报命令公布,同时,购买土地必须带来大量外汇。前三种购地,免除土地税,第四种购地的土地税将由部长决定,并通过政府公报形式对外公布。其他的仅可通过租借形式开展投资活动,最长租期为 99 年,但须缴纳 100%印花税。[①]

(四)知识产权保护法

斯里兰卡知识产权保护法律历经多次修订,最近一次修订是在 2003 年颁布的《知识产权保护第 36 号法律》,该法律旨在促进创新、保护创新成果、行使TRIPS 协议下的国际知识产权保护职责,并符合《美国斯里兰卡双边保护知识产权协定》的要求,该知识产权保护主要包含了以下方面:版权、发明、商标保护、服务性商标、保证商标和联合商标、工业设计、不公平竞争、保密信息、地理指示、集成芯片的布局设计。

(五)劳动法

斯里兰卡劳动法保护工人权益,外资对当地企业进行收购、兼并时不得随意开除工人。斯里兰卡是劳动力大国,严格限制各类企业雇佣外国劳工,因此除个别项目外,如承包工程项目或投资项目下协议规定外,严格限制外籍劳务进入其劳动力市场。外国人来斯里兰卡工作应得到斯里兰卡当地主管部门的工作许可批准。工作所在行业的当地业务主管部门(雇主)负责接受申请和初步批准;斯里兰卡外国人就业管理办公室负责同意批准和登记,斯里兰卡移民局负责工作签证的办理,外国人在斯里兰卡申请工作许可首

---

① 丁一:《到斯里兰卡投资应该知道的法律法规》,载《中国对外贸易》2017 年 2 月。

先由所雇用的公司向行业主管部门提出申请,经主管部门证明和批准后报斯里兰卡外国人就业管理办公室批准登记,最后由斯里兰卡移民局核对颁发工作邀请签证。[①] 斯里兰卡《劳工法》对工人权益保护严格,外资在对当地企业进行收购、兼并时不得随意开除工人,《终止雇佣法》的颁布使得企业除以严重的、证据充分的原则性问题之外解雇工作时间在 6 个月以上的工人变得十分困难,在斯里兰卡,解雇相关纠纷可以提交司法部管理的劳工审裁处处理。

(六)经济特区法规

斯里兰卡鼓励外国投资,积极营造有利于投资的政策环境,鼓励发展出口加工业,但是斯里兰卡尚未出台专门的经济性特区法案。企业行为性质的园区开发须遵循投资促进委员会法案的相关规定。相对于园区开发设计的宽度和深度,投资促进委员会法案给予的优惠政策支持已不能满足开发商的需求,园区须对外提供的一站式服务难以保障。

三、投资方式

斯里兰卡对外国投资的方式没有任何限制,鼓励外国投资者在斯里兰卡设立代表处、分公司、子公司、有限责任公司等,鼓励以 BOT、PPP 等方式参与当地的基础设施建设,参与除部分限制领域外的任何产业投资。

斯里兰卡政府将 PPP 模式定义为政府与私人投资商之间一种特殊的用于提供公共基础设施资产或服务的合同形式。在该模式下,风险将合理转移至私人投资商,且私人投资商将长期承担投资与管理职责。一般来说,私人投资商将承担一项固定资产的设计、建造、融资、运营及管理工作并将服务提供给斯里兰卡政府或私人终端用户,同时从政府或通过向私人终端用户征费取得持续收入。

---

① 江苏省南通市司法局、上海对外经贸大学编:《"一带一路"国家法律服务和法律风险指引手册》,知识产权出版社 2016 年版,第 235 页。

四、投资行业

斯里兰卡针对不同的投资领域设有不同的投资限制,除个别领域不允许外资进入外,大多领域对外资开放。对外资的限制分为禁止进入、有条件进入以及许可进入领域。

(一)禁止进入领域

空运、海岸运输、赌博业、军事装备行业、资金借贷、典当业、投资低于100万美元的零售业、近海渔业、斯里兰卡14岁以下儿童的教育、本地学历教育等;此外,除出口行业或旅游业,禁止提供人才服务。

(二)有条件进入领域

1.外资占比需超过40%,BOI视情况批准的领域

生产受外国配额限制的出口产品,茶叶、橡胶、椰子、可可、水稻、糖及香料的种植和初级加工,不可再生资源的开采和加工,使用当地木材的木材加工业,深海渔业,大众传媒,教育,货运,旅行社及船务代理,等。

2.视外国投资金额,BOI或其他政府部门视情况批准的领域

航空运输,沿海船运,军工,生化制品及造币等敏感行业,大规模机械开采宝石,彩票业。

(三)吸引外资的重点领域

旅游业和娱乐业,公路、桥梁、港口、电力、通信、供排水等基础设施建设,信息技术产业,纺织业,农业和畜牧业,进口替代产业和出口导向型产业等,斯里兰卡政府对外国投资方式没有任何限制,目前鼓励外国投资以BOT、PPP等方式参与当地的基础设施建设,参与除部分限制领域外的任何产业投资。

五、优惠政策

(一)优惠政策框架

斯里兰卡为了发展经济和吸引更多的外资,制定很多促进外国投资的政

策,很多的领域进入没有限制,且对外资的份额亦不设限,对于外国投资所获取的投资收益,亦不受法律限制汇出和汇入,外国投资权益受斯里兰卡法律法规的保护,对外商投资提供减税、免税,对投资金额达到一定限度需特别审批的战略性投资项目可提供更为优惠的政策。

根据世界银行营商环境便利度最新排名(2019),斯里兰卡在全球 190 个国家和地区中排第 100 名,在南亚及周边区域中位列前茅,且仍在不断持续优化投资环境。斯里兰卡也是多边投资担保机构(MIGA)的初始会员,MIGA是世界银行的一个投资担保机构,这为外商在斯里兰卡可能遇到的征用、没收以及非商业风险提供了保护。

(二)税收优惠

斯里兰卡允许政府通过给予税收优惠政策吸引更多外资企业投资。一般会依据外资企业投资的规模、产品出口比例、创造就业人数和投资领域,给予外资企业不同程度的关税和税收优惠。这些优惠措施一般为 4～25 年不等的免税期和让税期,包括:在项目开发过程中进口的原材料、机械设备和其他进口产品不同程度的关税减免;免除开发过程中对外商的外汇管制;免除或者减免开发过程中外商的企业所得税和股息税;免除外资企业中外籍员工的个人所得税;等等。

(三)行业鼓励政策

旅游业和娱乐业,公路、桥梁、港口、电力、通信、供排水等基础设施建设,信息技术产业,纺织业,农业和畜牧业,进口替代产业和出口导向型产业等,是斯里兰卡鼓励外资进入的行业。此外,斯里兰卡对寿险、可再生能源、研发中心建设、总部经济等也制定了特殊优惠政策,鼓励有关行业和部门来斯投资。

(四)地区鼓励政策

斯里兰卡政府大力发展出口加工业,先后建立了 16 个出口加工区和工业园区(包括斯里兰卡投资管理委员会管理的 14 个出口加工区和 2 个私人投资工业园区),外国投资的出口加工企业主要集中在这些园区内。这些出口加工区和工业园区水、电、通信等基础设施相对齐全,主要集中在西部和中部地区。[①]

根据斯里兰卡相关法律规定,政府允许设立免税港口和保税区进行进出口加工、转口贸易、保税仓储。目前,斯里兰卡已有的免税港口有科伦坡和汉班托塔;已有的保税区有卡图纳耶克和肯克拉加工区;为项目制定的保税区(可以批准从事生产和组装产品的转口贸易)有马特拉国际机场和Mirijawila加工区。在上述区域允许经营的活动,包括转口贸易中涉及的进口,简单加工和再出口;海外贸易中由一国生产和制造后的商品运送到另一国,不在斯里兰卡销售;给海外客户提供前段服务;主要购买者的财务供应链的管理和计费操作;保税仓储,物流服务。上述第一种和最后一种经营活动中所有涉及商品的移动和运输活动或其他经营活动必须在免税港口和保税区内部,另外涉及转口贸易和从事生产或组装商品的企业要求坐落于免税港口和保税区内部。

六、争端解决

在对斯里兰卡进行投资时,应当签署正式的投资合同,约定好争端解决的方式和适用的法律,如果发生争端,可以通过协商的方式解决,若无法通过友好协商解决争端,则应通过约定的途径进行解决,解决纠纷既可适用斯里兰卡当地法律,也可适用第三国法律。双方一致同意的前提下,也可以提请国际仲裁。斯里兰卡已于1967年11月11日加入《纽约公约》,如果外国投资者在斯里兰卡发生争端,当地仲裁或国际仲裁的裁定结果能得到很好的执行。

商业活动诉讼一般由地方法庭管辖,若涉及金额超过500万卢比,将由商业高等法院管辖,虽然斯里兰卡司法意识很强,但主要问题在于诉讼程序耗时极长,从立案到宣判可能需要1年以上。

斯里兰卡司法环境下有调解机制,在建筑工程领域,还有争议裁决委员会(DAB),由当事人双方指定相关专家作为争议裁决的主体,但此种方法不能阻止任何一方提起诉讼,且裁决解决经过法院或仲裁认可后才可以强制执行。

---

① 陈波编注:《南亚投资法律风险与典型案例》,中国法制出版社2015年版,第192页。

斯里兰卡负责处理经济纠纷的部门是犯罪调查局(CID),隶属于斯里兰卡警察局。发生纠纷后,企业可向 CID 报案,提交相关案件材料。CID 审核后,案件会进入司法程序,转由法庭审理。斯里兰卡沿袭英国法律体系,其司法程序和法律框架与英国相似。中资企业在当地投资合作发生纠纷时,也可向中国驻斯里兰卡大使馆经商参处说明相关情况。如果涉案企业是在 BOI 下设立的企业,也可以将案件相关情况向 BOI 反映,适用于外国投资的基础法规还包括投资局 1978 年第 4 号法规(BOI Law No.4 of 1978),1980 年、1983 年、1992 年、2002 年和 2009 年的修订条款以及有关法律条文。[①]

第三节　中国对斯里兰卡经贸投资法律风险分析

一、中国对斯里兰卡的经贸投资现状

中国与斯里兰卡建交以来经贸关系发展顺利,贸易额逐年增长,近年来,两国在投资经贸领域互利合作不断扩大,双边贸易保持较快增长势头。根据中国国家统计局数据,2021 年,中斯双边贸易总额为 59.03 亿美元,同比增长 41.9%,其中中国对斯里兰卡出口 52.53 亿美元,同比增长 36.7%,中国向斯里兰卡进口 6.51 亿美元,同比增长 104.7%。[②] 据中国商务部统计,2021 年当年中国对斯里兰卡直接投资流量达 1.66 亿美元。截至 2021 年年末,中国对斯里兰卡直接投资存量达 6.40 亿美元。[③]

近年来,中资企业对斯里兰卡投资取得跨越式发展,多个大型投资项目签约。中国在斯里兰卡投资项目主要包括招商局集团投资的汉班托塔港、科伦坡港南集装箱码头、中国交通建设集团有限公司投资的科伦坡港口城、中航国际(香港)集团公司投资的科伦坡三区公寓等项目。中国民营企业赴斯里兰卡投资发展迅速,涉及酒店、旅游、农产品加工、渔业、家具制造、纺织、饲料、生物

① 上海市浦东新区法律服务业协会主编:《"一带一路"法律实务》,复旦大学出版社 2018 年版,第 138 页。
② 《商务部对外投资合作国别(地区)指南——斯里兰卡(2022 年版)》。
③ 《2021 年度中国对外直接投资统计公报》。

质发电、自行车、仓储物流等多个领域。

中国与斯里兰卡签订了一系列的投资合作协议,包括《中华人民共和国政府和斯里兰卡民主社会主义共和国政府关于相互促进和保护投资协定》《中华人民共和国政府和斯里兰卡民主社会主义共和国政府关于对所得避免双重征税和防止偷漏税的协定》《中斯两国互免国际航空运输和海运收入税收的协议》等。

二、中国对斯里兰卡投资风险

(一)斯里兰卡内部的民族矛盾

斯里兰卡是一个多民族国家,以僧伽罗族、泰米尔族和摩尔族三个民族为主,其中泰米尔族和僧伽罗族之间的民族矛盾最为严重。斯里兰卡内部的泰米尔族和僧伽罗族之间的民族矛盾早已有之。19 世纪 30 年代,英国殖民者把印度南部的大批泰米尔人移民至斯里兰卡当劳工,并扶持他们在政治、经济、军事和文化等各个领域占据主导地位,两个民族的矛盾便已产生。而后又因斯里兰卡独立后建立了以僧伽罗人为主的政府,其实施的一系列政策严重损害了泰米尔人的利益,两个民族之间的矛盾进一步加深。于是,泰米尔人成立了以反政府为目的的"猛虎组织",开始走上"独立建国"的道路,斯里兰卡政权由此一直处于不稳定状态。[①]

(二)斯里兰卡对当地劳务人员就业的保护

斯里兰卡劳动法对工人的权益进行全面保护,解雇工人必须征得工会的同意,而且斯里兰卡政府为了保护当地就业,严格限制企业雇佣外籍员工,对外国人的工作居留签证卡得非常严,除了承包工程项目或投资项目下的协议有规定外,其他领域一般不允许外籍劳务人员进入。保护当地工人权益,其《劳工法》规定:外国资本在对当地企业进行收购、兼并时,不得随意开除工人,在斯里兰卡发生的劳资纠纷,资方通常是处于弱势地位,而且由于语言、文化、习俗及观念等上的巨大差异,雇佣当地劳务人员势必会为我国企业的组织管

---

① 庞华晓、陈伟雄:《我国企业对斯里兰卡直接投资分析》,载《合作经济与科技》2018年 7 月。

理带来一定挑战,斯里兰卡对当地劳务人员就业保护的法律环境成为我国企业在对斯里兰卡投资上不得不考虑的问题之一。

(三)投资项目单一

中国企业在斯里兰卡的投资多为基础设施建设投资,对斯里兰卡投资的企业多为国有企业,如中国铁建、中国港湾集团以及中国轨道工程建设公司等等,对外投资的资金大都来源于中国对外经济援助、无偿援助和政府低息贷款,技术和经验相对成熟,但是这些项目并非斯里兰卡当地传统或优势产业。中国企业承揽此类单一的交通或能源项目多以输出国内过剩产能、施工和技术开发难度较小和长期对外工程承包建设偏好等原因所导致,在投资所在国政治局势不稳定、基础设施不完善、社会秩序较为混乱的情况下,贸然上马大型工程建设项目,其投资风险无疑是巨大的。[①]

三、投资建议

(一)把握"一带一路"建设契机

自"一带一路"倡议提出以来,为我国和很多国家带来了经济发展新机遇。斯里兰卡地理位置得天独厚,位于连接我国和中东航线中点,而当前斯里兰卡正致力于打造自身成为印度洋航运、金融和物流中心,斯里兰卡这一战略发展计划与"一带一路"倡议相符。此外,我国与斯里兰卡目前都面临着发展经济、改善民生等重大目标,"一带一路"倡议使得中国与斯里兰卡的战略发展途径相交合,双方之间存在着共同的利益,所以,我国企业在对外投资的时候要把握好这个契机,我国相关部门也要继续采取积极措施,不断推进对斯里兰卡的投资,通过进一步加强两国企业之间的经贸合作来实现合作共赢,推动两国的经济增长和人民生活水平的提高,实现各自的战略目标。

---

① 屠希亮、于鑫洋:《"一带一路"背景下斯里兰卡投资现状、问题及对策》,载《南亚研究季刊》2019 年第 2 期。

(二)尽职调查

我国企业在去斯里兰卡投资之前,要对斯里兰卡的投资环境进行充分的调研,对投资的可行性进行充分的分析,充分了解当地法律法规和相关政策,谨慎选择合作伙伴,签订合同时要格外严谨,对于斯里兰卡投资局招商引资的政策要十分熟悉,便于申请税费减免等优惠。

(三)优化投资的产业结构

斯里兰卡当政权更替时,可能会发生政治风险,但我国企业在斯里兰卡的投资还是以基础设施领域为主,产业结构单一会产生一定的后果,即一旦发生政治风险会让企业的投资权益受损。因此,我国企业应该逐步优化在斯里兰卡投资的产业结构,比如尝试在斯里兰卡的第三产业投入更多资金,获取更多的利润与更好的发展前景,充分发挥本企业的优势,降低可能存在的政治风险对我国企业在斯里兰卡投资可能造成的影响。

(四)重视与当地工会的关系

斯里兰卡对本国人的就业保护是我国企业在对斯里兰卡投资时所面临的问题之一。我国企业在对斯里兰卡进行投资时,要注意尽可能减少此方面的影响,在投资前的尽职调查时就应认真研究斯里兰卡《劳工法》,并在投资进行过程中严格遵守相关法律的规定,在不妨碍企业正常发展的前提下,尽可能地雇佣当地员工,并对其进行培训,提升水平和能力,使他们更好地和我国企业相融合。

在经营过程中,我国企业应注意加强内部管理,尽可能地避免与当地员工发生劳资纠纷,维持与当地工会的良好关系,如果出现了劳资矛盾,在与工会进行交涉时,应注意沟通渠道与方式,此外要注意加强与相关政府部门和社会组织的沟通交流,尽量避免矛盾的进一步扩大。

第十五章

中国对东南亚及南亚国家的投资前景

截至 2021 年年末,中国对东盟的直接投资存量约 1402.80 亿美元,对南亚的直接投资存量约 143.839 亿美元。[①] 东南亚和南亚日益成为中国企业海外投资的重要目的地,因此探讨中国对东南亚及南亚国家的投资前景具有重大的理论意义和现实意义。本章分为三个小节,先是从我国视角出发,结合"一带一路"倡议分析中国对东南亚及南亚国家的投资;接着从东南亚及南亚国家视角出发,分析这些国家经贸投资规则发展的新趋势;最后分别从国家、社会以及投资者个人三个角度分析中国应如何应对东南亚及南亚国家经贸投资规则的变化。

第一节　"一带一路"倡议下中国对东南亚及南亚国家的投资

一、"一带一路"倡议

(一)"一带一路"倡议提出的时代背景

1.国内背景

在国内背景方面,2012 年中国经济进入新常态发展阶段,该阶段的主要

---

① 《2021 年度中国对外直接投资统计公报》。

特征为需求趋近于饱和、产能出现过剩以及资本寻求出路。在该阶段,寻求新的市场、转移过剩产能、引导资本输出,也就成为中国作为新兴经济体谋划经济布局的一个现实和战略问题。① 中国正面临着以下困境:第一,经济发展结构性减速,受2008年全球金融危机的影响,我国国内经济虽然没有陷入大动荡的局面,但依然受到了一定的影响;第二,产能过剩,中国步入经济新常态发展阶段后,产能过剩问题成为长久以来一直影响经济持续深入发展的原因之一,经济危机的爆发使得钢铁、水泥、光伏以及风电等许多行业的产能过剩问题更加突出;第三,区域发展不协调,这主要体现在中国东部沿海地区的整体经济发展水平要高于西部地区的整体经济发展水平;第四,能源安全,能源安全是国家安全的重要组成部分,而我国作为一个能源需求大国,迫切需要寻求路径解决能源安全问题。习近平总书记在二十大报告中指出,加快构建新发展格局,着力推动高质量发展,就要推进高水平对外开放。推动共建"一带一路"高质量发展。②

2.国际背景

在国际背景方面,国际政治、经济和军事等各种力量正在进入加速演变和深刻调整时期。首先,西方世界整体性下滑趋势明显,特别是自美国爆发的债务危机波及整个世界以来,欧美一些发达国家经济社会发展更是遭受到严重打击。而此时一些新兴大国则抓住发展机遇,呈现出群体性崛起的良好态势,世界力量中心正悄悄地由西方向东方、由大西洋向太平洋转移。其次,在欧美一些国家遇到当前经济发展困境时,随之引发的是大量社会问题的出现。为转移国内民众注意力,这些大国特别是美国利用其军事上的优势,不断加强对外军事干涉的力度,以最大程度换取国内民众的关注和支持。这就导致围绕权力和利益再分配的博弈在各个地区、各个领域、各种层面不断展开。最后,随着国际形势变化及世界格局的深刻调整,特别是中国、俄罗斯、印度等亚洲大国不断崛起,又加之朝鲜核问题始终找不到行之有效的解决方案并有加剧恶化的趋势,亚太地区日益成为大国战略博弈的焦点。③ 此外,在全球经济秩

---

① 潘家华:《"一带一路"倡议的战略再思考》,载《海南大学学报》2020年第1期。

② 《高举中国特色社会主义伟大旗帜 为全面建设社会主义现代化国家而团结奋斗》——在中国共产党第二十次全国代表大会上的报告。

③ 毛良升:《"一带一路"战略的时代背景、内涵实质及现实意义》,载《社科纵横》2017年第8期。

序和全球经贸规则发展过程中,发达国家为了维护自身利益,依然力图主导新秩序、新规则的制定。

(二)"一带一路"倡议的主要内涵

"一带一路"倡议的内涵主要包括以下几点:第一,开放。这意味着"一带一路"建设是对世界上所有国家或经济体、国际组织、区域合作机制和民间机构开放。尤其要求推动各参与方努力提高投资与贸易便利化水平,降低贸易和投资成本,在相互开放中培育可持续增长的市场和发展的新动力。第二,包容。一方面,强调"一带一路"参与方的多元化,即有别于其他合作机制,不针对第三方,也没有门槛要求,所有有意愿参与的国家或地区皆可成为参与者、建设者和受益者;另一方面,强调合作方式的多样化,没有严格统一的参与规则,各方围绕扩大经贸合作、促进共同发展的需要,可采用双边或多边、本区域或跨区域、金融或贸易等多样化、多领域、多层次的合作方式。第三,互利。在全球化的大背景下,只有真正实现互利共赢才具有持久活力和广阔前景,互利性是一切合作得以出现和延续的动力。因此,推进"一带一路"建设,要求包括中国在内的各参与方之间,不搞零和博弈。要立足于各参与方优势互补,实现利益共享、共同发展。第四,共营。这一点早在古丝绸之路中就有所体现,而"一带一路"是对古丝绸之路精神的传承和发扬,其虽然由中国倡议并积极推进,但实质上是惠及各参与方的共商共营共建共享项目。无论是政策沟通、设施联通、贸易畅通、资金融通与民心相通等互联互通的具体机制化安排,还是实现方式、合作内容、阶段目标等,都需要各方共同商议、共同参与、共同营建、共同受益,使之成为"利益共同体""发展共同体",乃至"命运共同体"。[①]

(三)"一带一路"倡议的重要意义

"一带一路"倡议的重要意义不仅体现在构建我国全方位开放新格局中,还体现在凸显我国在国际区域合作中的积极作用上,更体现在我国文化的交流传播中。其一,"一带一路"倡议有助于推动中国构建全方位开放新格局。贯彻实施"一带一路"倡议,是中国深化对外开放、全面提升开放型经济水平的需要,也是实施更加积极主动开放战略的具体实践。"一带一路"倡议将成为

---

① 程国强:《共建"一带一路":内涵、意义与智库使命》,载《中国发展观察》2015年第4期。

中国发展开放型经济的重要着眼点,促进全方位开放新格局的形成。其二,"一带一路"倡议有助于发挥中国在国际区域合作中的积极作用。"一带一路"是中国与世界的互利共赢之路。"合作""共赢"是"一带一路"倡议的两个关键词,"互利共赢"是贯穿"一带一路"倡议始终的核心价值观。"一带一路"倡议主动发展与沿线国家的经济合作伙伴关系,不仅造福中国人民,更造福沿线各国人民,是各国合作共赢的康庄大道。① 中国始终积极参与多边贸易体制的构建、推动区域贸易合作进程,并通过与相关国家和地区签署实施自由贸易协定,促进区域经济融合。其三,"一带一路"倡议有助于促进中国文化的传播与交流合作。文化交流是建设"一带一路"的助力剂,它可以增强沿线各国人民对于"一带一路"倡议的认识和兴趣,使"一带一路"倡议的发展能够跨越民族、语言、文化等障碍。古丝绸之路因文化交流而享誉世界,今天的"一带一路"在继承古丝绸之路文化底蕴的同时更具有鲜明的时代意义。通过文化交流,可以使"一带一路"沿线各国人民充分感受到中国的诚意,感受到中华民族传统文化的魅力。

二、"一带一路"倡议下中国对东南亚国家的投资

(一)"一带一路"倡议与东南亚国家发展战略的对接

"一带一路"倡议与文莱发展战略对接。2016年,文莱苏丹哈桑纳尔在会见时任外交部长王毅时明确表示愿意推动"一带一路"倡议同文莱《2035年宏愿》更好对接,在提升能源开采、基础设施建设等重点领域合作,并且共同推进"广西-文莱经济走廊"建设。

"一带一路"倡议与柬埔寨发展战略对接。中国提出的"一带一路"倡议与柬埔寨"四角战略"以及《2015—2025年工业发展计划》高度契合,柬埔寨政府及社会各界对积极参与"一带一路"倡议有着高度共识,热情高涨。中国与柬埔寨在经贸投资、互联互通、能源资源等重点领域合作潜力巨大。

"一带一路"倡议与印度尼西亚发展战略对接。"一带一路"倡议将提升印度尼西亚基础设施的互联互通水平,同印度尼西亚的国家发展战略紧密契合。2016年1月21日,印度尼西亚雅加达至万隆高速铁路开工仪式在西爪哇省

---

① 柴尚金:《"一带一路"的思想基础与时代意义》,载《前线》2018年第12期。

瓦利尼举行,标志着中印尼铁路合作取得重大成果。

"一带一路"倡议与老挝发展战略对接。老挝赛色塔综合开发区是中老两国政府共同确定的国家级合作项目,是中国在老挝唯一的国家级境外经贸合作区,列入中国"一带一路"建设中的早期收获项目,受到两国政府的高度关注和全力支持,在2016年中老两国政府签署的《联合声明》和《联合公报》中,都将赛色塔开发区项目列为重点建设项目,提出要确保项目推进取得新进展。

"一带一路"倡议与马来西亚发展战略对接。在推进"一带一路"建设及国际产能合作过程中,马来西亚率先响应,积极参与。2017年5月,在第一届"一带一路"国际合作高峰论坛期间,中马双方签署了《中马"一带一路"合作谅解备忘录》《"一带一路"融资指导原则》《中马交通基础设施合作备忘录》《中马水资源领域谅解备忘录》《关于马来西亚菠萝输华植物检疫要求的议定书》。

"一带一路"倡议与缅甸发展战略对接。在"一带一路"倡议下,中缅以政策沟通、设施联通、贸易畅通、资金融通、民心相通为着力点,先后签署《政府间推进"一带一路"建设谅解备忘录》和《共建"人字形"中缅经济走廊谅解备忘录》,在电力、能源、交通基础设施、中缅边境经济合作区、皎漂经济特区等领域务实开展合作并取得积极进展。

"一带一路"倡议与菲律宾发展战略对接。中国与菲律宾加强"一带一路"倡议与"大建特建"基础设施建设计划对接,双边经贸合作蓬勃发展,已经成为双边关系的三大支柱之一,压舱石和推进器的作用进一步显现,双方在农业、能源、制造业、基础设施建设、旅游等领域的务实合作前景广阔,空间巨大。

"一带一路"倡议与新加坡发展战略对接。2016年,新加坡国际企业发展局与中国工商银行、中国建设银行以及中国银行分别签署备忘录。至此,基础设施融资到位,为企业在新加坡投资"一带一路"工程开辟了通道。这项举措为新加坡企业提供了投资"一带一路"项目的渠道,同时为其提供了与中国企业在基础设施、物流以及其他项目等方面的合作机会。

"一带一路"倡议与泰国发展战略对接。泰国政府积极响应"一带一路"倡议,主动将国家发展战略与澜湄合作、"南向通道"等区域合作对接,开展与中国的友好合作。泰国的发展规划及战略与中国推动的"一带一路"和国际产能合作战略具有高度的契合性,中资企业在泰国发展面临新的历史机遇。

"一带一路"倡议与越南发展战略对接。2017年11月,中越双方签署"一带一路"倡议与"两廊一圈"规划发展战略对接协议,并就电子商务、基础设施合作、跨境合作区谈判等签署相关协议,制定五年规划重点项目清单。

（二）"一带一路"倡议下中国与东南亚国家的合作前景

中国提出的"一带一路"倡议十分契合东南亚国家目前的发展情况,因此受到东南亚国家的普遍欢迎。除了已经取得的显著成绩,"一带一路"倡议未来也将会在诸多领域获得新发展,给东南亚国家的经济发展、劳动力就业和人民生活带来切切实实的好处,并推动中国与东南亚国家关系进一步紧密化。2018 年 11 月,中国与东盟公布了《中国-东盟战略伙伴关系 2030》,双方都愿共同建设更高水平的中国-东盟战略伙伴关系,走向更紧密的中国-东盟命运共同体。通过 3+X 合作框架,树立以政治安全、经济贸易、人文交流为三大中心支柱、多领域合作为支撑的合作新格局,中国与东盟经济关系将进入新时代。必须强调的是,在推进"一带一路"建设的过程中,东盟的地位相当重要。随着东盟自身共同体建设的推进以及对"一带一路"倡议的积极参与,东盟在"一带一路"建设中的地位与作用正逐步上升。东盟是"一带一路"基础设施建设的重点地区,也是"一带一路"国际产能与装备制造的合作区。[①] 在国家发展战略方面,东盟提出的 2025 年东盟共同体愿景计划与发展蓝图、东盟互联互通总体规划及东盟各国的工业 4.0 战略都高度符合"一带一路"倡议。因此,中国与东盟通过各自的发展战略对接,未来可以实现相互补充和共赢合作。[②] 结合"一带一路"倡议下中国与东南亚国家已经取得的合作硕果以及已经建立的良好战略伙伴关系,我们有充分理由相信中国与东南亚国家的合作前景十分广阔。

三、"一带一路"倡议下中国对南亚国家的投资

（一）"一带一路"倡议与南亚国家发展战略的对接

"一带一路"倡议与阿富汗发展战略对接。2016 年 5 月,中国与阿富汗签署了《共建"一带一路"合作谅解备忘录》。2017 年 10 月,阿富汗加入亚洲基础设施投资银行,这些令中阿在"一带一路"框架下深化合作拥有坚实基础和

---

① 郑昊庆:《"一带一路"背景下中国与东南亚国家经济合作》,中国社会科学院大学 2019 年博士学位论文。

② 王勋:《论中国-东盟经济关系发展的新格局》,载《太平洋学报》2019 年第 1 期。

广阔前景。阿富汗政府一直坚持进行公路建设,积极推进区域性"互联互通"建设计划,以实现其成为连接东亚、南亚、西亚和中亚的"交通枢纽"的长远目标。这契合了中国"一带一路"倡议中着力打造域内及跨区域的"道路相通"。

"一带一路"倡议与孟加拉国发展战略对接。2016 年 10 月 14 日,国家发展改革委主任徐绍史代表中国政府与孟加拉国外长穆罕默德·阿里签署了《中华人民共和国政府与孟加拉人民共和国政府关于开展"一带一路"倡议下合作的谅解备忘录》。该备忘录是我国与南亚地区国家签署的首个政府间共建"一带一路"合作文件,具有标志性意义。其签署不仅将推动中孟在"一带一路"框架下的互利合作,也将对孟中印缅经济走廊建设发挥积极的促进作用。

"一带一路"倡议与马尔代夫发展战略对接。"一带一路"倡议与马尔代夫政府提出的利用马尔代夫区位优势、实现经济腾飞的发展战略高度契合。中国与马尔代夫开展了许多"一带一路"合作项目,如中马友谊大桥、马尔代夫维拉纳国际机场扩建和惠民住房等。中马两国分享发展机遇,实现共同繁荣。

"一带一路"倡议与尼泊尔发展战略对接。2019 年 10 月,国家主席习近平对尼泊尔进行国事访问期间,两国互联互通建设取得新进展。习近平主席同尼方领导人商定,将中尼共建"一带一路"同尼泊尔打造"陆联国"的国策对接,通过口岸、道路、铁路、航空、通信等方面联通工程,加快构建跨喜马拉雅立体互联互通网络。

"一带一路"倡议与巴基斯坦发展战略对接。2017 年 12 月 18 日,巴基斯坦计划、发展和改革部在首都伊斯兰堡举行《中巴经济走廊远景规划》发布仪式,规划把中国"一带一路"倡议和巴基斯坦《2025 发展愿景》深入对接,指导规划走廊建设,推动两国协同发展。建设中巴经济走廊是构建相互尊重、公平正义、合作共赢的新型国际关系和构建人类命运共同体等理念的重要体现。

"一带一路"倡议与斯里兰卡发展战略对接。斯里兰卡致力于将自身打造为印度洋航运、金融和物流中心,这一战略同"一带一路"倡议有诸多契合点。科伦坡港口城项目是目前斯里兰卡最大的外国投资项目,确立了中国企业在斯里兰卡经济发展中的重要地位。中斯双方正不断加强战略对接,为共建"21世纪海上丝绸之路"通力合作。

(二)"一带一路"倡议下中国与南亚国家的合作前景

在地理位置上,南亚地区是连接东西方海上贸易的重要通道,同时也是我国"一带一路"倡议的南线核心地区。当前,中国企业在改善南亚国家基础设施、提供就业岗位以及增加税收等方面发挥了重要作用,实现了很好的经济效应与社会效应,这为双边的经贸合作奠定了良好基础。中国与南亚的双边贸易以产业间贸易为主,中国主要出口机电、化工等工业制成品,进口矿产品、纺织品等初级产品,这反映出双方垂直化的国际分工。此外,中国与南亚还存在着较强的经济互补性。在"一带一路"倡议和南亚国家发展战略对接的推动下,提升中国和南亚双向贸易与中方直接投资的整体水平,是未来两大经济区域实现合作共赢的重要路径。我国应加强同南亚各国以及南盟的对话与合作,加快推进自贸协定谈判,落实对南亚最不发达国家关税减免的措施,增加对其进口的种类与总量;同时,加大对制造业、能源供应业等领域的投资,保障和改善当地雇员的工资待遇,为当地经济的发展和人民生活水平的提高贡献中方的力量。[①] 在大环境向好的背景下,中国与南亚国家的合作仍存在一些小问题。鉴于此,中国与南亚国家应积极进行沟通,及时化解矛盾,以便深化合作伙伴关系,实现共同发展。

2013 年 9 月和 10 月,国家主席习近平在出访中亚和东南亚国家期间,先后提出共建"丝绸之路经济带"和"21 世纪海上丝绸之路"两个符合欧亚大陆经济整合大战略的重大倡议,合称"一带一路"倡议。"一带一路"倡议是基于当时国内和国际双重复杂背景提出来的,其主要内涵包括开放、包容、互利、共营等方面。"一带一路"倡议具有重要意义,主要体现为有助于推动中国构建全方位开放新格局、有助于发挥中国在国际区域合作中的积极作用、有助于促进中国文化的传播与交流合作。中国提出"一带一路"倡议赢得了东南亚南亚许多国家的支持,这些国家纷纷主动将本国的发展战略与"一带一路"倡议对接,以实现共同发展。中国与东南亚国家,特别是东盟国家长期以来一直维持着良好的合作伙伴关系,"一带一路"倡议符合双方利益,将使双方合作关系更加紧密。虽然中国与南亚少数国家的合作仍存在亟待解决的分歧,但双方合作的前景依然广阔。

---

① 常博琛、邓启明:《中国与南亚区域合作研究:现状、特点及前景展望》,载《特区经济》2017 年第 1 期。

第二节　东南亚及南亚国家经贸投资规则发展新趋势

一、东南亚及南亚国家的国内投资法律规则

"一带一路"倡议承诺提供软硬两方面的基础设施建设，以促进经济走廊的连接和沿线国家的经济发展。以孟加拉国为例，"一带一路"倡议能够为孟加拉国提供很多发展机遇，通过与中国以及其他沿线国家建立紧密联系，孟加拉国可以加快本国在贸易、投资等领域的发展，从而获得利益。昆明-加尔各答走廊的联通，可以加强贸易联系，降低运输成本，增加就业机会，提高民众收入，孟加拉国可以在合作中受益。通过"一带一路"合作，孟加拉国的国际竞争力也可进一步提升，助力孟加拉国更好地融入全球经济发展中。建设与孟中印缅走廊相连的交通基础设施，孟加拉国需要强大的资源来支撑，参与"一带一路"倡议将有助于孟加拉国实现可持续的发展目标。[①]

当前东南亚及南亚国家普遍存在不同程度的投资壁垒，主要体现在外资准入限制方面，大部分国家采取了较高的标准来限制外资进入本国市场。但随着东南亚及南亚国家政治局势相对稳定，以及出于借力外资发展本国经济的需要，这些国家的对外国投资的限制有明显的降低趋势。例如，印度近年来相继放宽了对国防、建筑、保险、养老金和其他部门的投资限制；2018年以来，孟加拉国税务局成立了投资促进小组，旨在制定投资促进财政政策，以吸引国内外投资；巴基斯坦央行允许贸易商和企业使用人民币开展进出口、融资交易和投资等。[②] 这就需要关注东南亚及南亚国家的国内投资法的发展。目前，东南亚及南亚国家的国内投资法律制度具有放宽外资优先投资领域，并增加外商投资领域优惠的趋势。例如，缅甸在2016年重新颁布了《缅甸投资法》，

---

① 法米达·卡图、赛义德·尤素福·阿达特、孙喜勤：《孟加拉国参与"一带一路"倡议：利益与问题》，载《南亚东南亚研究》2020年第2期。

② 周俊：《南亚国家投资壁垒及其对我国的影响、对策建议》，载《南亚研究季刊》2018年第3期。

规定对八个领域的投资提供优惠,在原来的农业、工业生产以及基础设施建设三个领域的基础上,增加了五个领域的优惠,即中小型企业、旅游业、国内生产技术转让、培养熟练技术人员、对欠发达地区的投资。

二、中国与东南亚及南亚国家的投资协定

(一)特点

中国与东南亚及南亚国家间的双边投资协定以及区域投资协定在投资保护方面,具有以下特点:

第一是投资范围及投资待遇问题。东盟属于中国目前在"一带一路"沿线国家投资最为频繁的区域,并且关于投资方面规定比较完整,签订了《中国-东盟投资框架协议》。《中国-东盟投资框架协议》对投资范围的界定是广义的,规定了符合东道国法律的各种资产都属于协定规定的投资;在投资主体范围方面,自然人不仅包括缔约方国民,还包括具有永久居住权的外国人;投资待遇规定包括最惠国待遇、国民待遇以及公平公正待遇。中国与南亚等其他"一带一路"国家签订的双边投资协定在投资范围以及投资者待遇方面基本一致,规定了投资准入必须符合东道国法律,适用公平公正待遇、最惠国待遇和国民待遇。

第二是征收及补偿。在征收方面,中国与东南亚及南亚国家签订的双边投资协定差别不大,其主要是在补偿标准、对间接征收的限制等方面存在一定差异。《中国-东盟的投资框架协定》对于征收及补偿的规定更为具体,例如以公平市场价值计算赔偿标准,规定损失补偿可适用最惠国待遇和国民待遇,并选择二者间更有利于保护投资者的规定,同时需要对拖延赔偿的部分支付利息。但是对于中国对外签订的大部分双边投资协定,并没有像《中国-东盟的投资框架协定》将征收及损失补偿细化。另外,针对间接征收的问题,中国与大部分东南亚及南亚国家签订的投资协定未涉及。

第三是争端解决。在中国与"一带一路"沿线国家的双边投资协定中,一般将争端解决分为两种类型,一类是缔约方之间的争端解决,对该类争端解决往往要求尽量通过外交途径化解,在 6 个月内仍不能化解的,可以提交专设仲裁庭裁决。对此,各国的双边投资协定规定的基本一致。另一类则是投资者与东道国政府间的争端解决,对此类争端解决不同的投资协定规定的适用范

围有所不同,部分 BIT 将此类争端解决的适用范围仅限定为对征收补偿的异议。

(二)存在的问题及发展趋势

第一,现存双边投资协定有很多不利于保护和促进投资的内容。中国与东南亚及南亚国家的双边投资协定由于受到当时的社会环境及国际环境的影响,对于有关海外投资的规定较为粗略过时,主要问题如下:其一,关于投资和投资者的定义较窄,大部分以非穷尽式列举的形式规定了直接投资的内容,没有涉及间接投资,并且强调只保护依东道国法律设立的合法投资,从而推定投资本身没有溯及力,不保护投资协定生效前的投资;其二,没有具体规定征收条件,例如部分协定没有将"出于公共利益的目的"作为东道国征收的前提条件,并缺乏针对间接征收的相关规定;其三,欠缺对透明度原则的具体解释,已签订的双边投资协定中很少有透明度的相关规定;其四,对于争端解决规定,有些协定限定了可裁事项并规定东道国有权要求投资者用尽当地救济。此外,部分协定已经超过其原规定的有效期,在一定程度上增加了投资风险与不确定性,例如《中印双边投资促进和保护协定》现今已经到期。由此可见,中国与"一带一路"沿线国家所签订的双边投资协定,在内容上已经不能及时有效对现实作出反应,不利于保护和促进投资,同时对于中国投资者可能产生不利的影响。

第二,双边投资协定与区域性投资协定的重叠与差异引发投资者"挑选条约"。这种问题主要发生在东盟国家,中国与东盟各成员国之间除了既有的双边投资协定外,还签署了《中国-东盟投资框架协定》。该投资框架协定在内容上增添了投资的适用范围、投资的目标、国际收支平衡保障措施、利益拒绝、一般例外、安全例外、透明度、与其他协议关系、审议、修改、保存、生效等条款,并且具有可操作性。但在效力关系规定方面存在问题。《中国-东盟投资框架协定》第 23 条规定"本协议不得减损一方作为任何其他国际协议缔约方的现有权利和义务",第 5 条第 3 款也承认了该协定以外的其他安排的优先性。因此,该投资框架协定在效力位阶上并不是优先于双边投资协定,就容易导致"挑选条约"的问题出现。例如,该投资框架协定里存在利益拒绝条款的规定,而具体的某个双边投资条约中并无此规定,那么非缔约国投资者就可以主张在前者项下给予缔约国投资者同样的优待和保护。如果被东道国拒绝,仍可以通过挑选没有利益拒绝条款的双边投资协定来提交仲裁庭解决。这样的搭便车以及挑选条约的问题值得引起中国的重视,应重新修订和夯实原先与各国签订的 BIT,尽可能减少区域性投资协定与 BIT 的差异和冲突。①

三、"一带一路"投资的国际争端解决

(一)特点

"一带一路"投资作为国际性质的投资,由于"一带一路"沿线区域和国家的不同特点,其投资争端也具有复杂性。其一,"一带一路"投资争端可能有不同的法系背景,并且世俗化程度也各不相同,导致投资争端所涉及的东道国国内救济更复杂。其二,"一带一路"沿线国对于国际投资规则的参与接受度各不相同。"一带一路"建设吸引了许多长期以来处于经济全球化边缘化状态的国家,这些国家因为受到体制或传统影响,对于当前国际通行的投资规则的参与度和接受度比较低。

目前不存在一个统一的投资争端解决机制,不同的全球性、区域性、双边或单边的国际投资争端解决机制在其各自的适用范围内发挥着作用,既包括仲裁机制,也包括司法机制,还存在着行政和外交救济机制。"一带一路"投资所涉及的国际投资争端解决机制主要包括以下类型:第一,国际投资争端解决中心机制是由世界银行集团建立,属于国际投资争端解决的仲裁机制,能够较为充分地平衡投资者权益和东道国的利益。第二,世界贸易组织争端解决机制也可以解决"一带一路"投资争端,其管辖权基础是世界贸易组织的《与贸易有关的投资措施协定》《服务贸易总协定》《金融服务协议》等。第三,区域性投资争端解决机制存在于一些区域性经济合作机制中,比如《中国-东盟投资协定》等,但目前并未充分发挥其在投资争端解决中的作用。第四,双边投资协定的投资争端解决机制目前在投资争端解决机制中属于主流。该机制不排斥国际投资争端解决中心,但部分双边投资协议仍保留了投资者与东道国争端解决的临时仲裁机制。

---

① 龚柏华、何力、陈力:《"一带一路"投资的国际法》,上海市法学会 2019 年年会论文。

(二)存在的问题及发展趋势

"一带一路"倡议是中国首先提出的国际性倡议,受到了"一带一路"沿线国家的积极响应,包括绝大部分东南亚及南亚国家,成为中国向国际社会提供的公共产品。与此同时,"一带一路"投资争端解决问题确实超出了现有国际投资争端解决机制所能解决的限度。即从现有的国际投资争端解决机制来看,"一带一路"投资争端解决存在着许多困难,难以应对各式各样的投资争端。

虽然有必要利用现有的国际投资争端解决机制,但是也需要知悉不同机制的不足和缺陷。尤其是在西方背景或其他政治因素的影响下,东南亚及南亚国家对于中国政治和经济状况缺乏必要的了解,导致中国的部分国有企业、混合企业或者民营企业在"一带一路"建设过程中遭遇到一些不公正待遇,难以有效地维护其合法正当的权益。在国际争端解决制度实施的进程中,一些机制实施效果并不佳,然而这并不能否定国际制度存在的必要性,其仅仅证明国际制度本身存在不够健全的方面,也从侧面提出,制度本身需要进行持续的完善、创新,才能更好地适应需求。[1] 从远期看,在条件成熟的情况下,根据现实需要的发展,也不排除未来打造全新"一带一路投资争端解决中心"甚至受理案件范围更广的"一带一路争端解决中心"的可能性。[2]

第三节　中国对东南亚及南亚国家经贸投资规则变化的应对

东南亚与南亚国家因其自身的历史发展状况和本国的经济法律环境等,经贸投资规则并不十分完善,法令时常的修改与执法环境的不严谨对中国企业对外投资产生一定的风险,我们须积极采取措施为中国企业对外投资提供保障。

---

[1]　廖丽:《"一带一路"争端解决机制创新研究——国际法与比较法的视角》,载《法学评论》2018 年第 2 期。

[2]　石静霞、董暖:《"一带一路"倡议下投资争端解决机制的构建》,载《武大国际法评论》2018 年第 2 期。

一、国家层面

(一)完善顶层设计,落实战略对接

自改革开放以来,我国已经与诸多国家之间建立了长期发展战略合作关系,与其他国家之间的互相访问使得双方之间的经贸投资关系更加亲密,尤其自"一带一路"倡议以来,我国与很多国家都签署了战略框架对接的备忘。[①]笔者认为,应该将双方之间达成的战略合作关系作为一个契机,不断地完善顶层设计,积极发挥现有的双边经贸联委会、经贸合作工作组、基础设施合作工作组、金融合作工作组等合作机制的作用,促进更深层次的经贸投资合作,真正实现我国与其他国家之间发展战略的对接。

(二)建立投资合作对话机制

我国与其他国家的领导人在互访期间都会强调要不断加强双方之间的投资合作,都特别欢迎有实力的企业在各自的国家进行投资。基于此种意愿,笔者认为应考虑建立双方政府的投资主管部门的对话机制,这种对话机制是专门针对双方投资的对话工作机制,将两国之间达成的经贸投资共识真正落到实处。此外,还要进一步推动更多区域性的经济合作关系协定的谈判,尤其注重在投资准入、优惠待遇和投资保护等方面的谈判,为企业在对外经贸投资过程中创造更加便利的环境,建议在达成双方投资对话工作机制后,定期召开会议。一方面是回顾过去一段时间内双方经贸投资合作所取得的成果,另一方面是及时沟通在经贸投资合作过程中存在的问题,共同讨论问题发生原因以及如何处理这些问题,协调国内有关部门解决阻碍两国投资合作发展的不利因素,在解决问题的过程中也可以及时调整投资策略,避免类似问题再次发生,尤其是在对外投资过程中出现遭受不公平待遇的时候,更应利用各类多边合作机制的平台,为企业对外投资遭受的不公平待遇和障碍提出交涉,有效保护企业正当权益,为企业保驾护航。

---

① 2017 年 11 月,在习近平主席对越南进行国事访问期间,中越两国政府成功签署《关于共建"一带一路"倡议和"两廊一圈"框架对接的谅解备忘录》。

二、社会层面

(一)加强行业内部沟通协调

国内各行业协会或商会应当就对外投资方面单独开设一个板块,及时补充本行业在不同国家的投资相关法律政策,有针对性地对本行业在相关国家或地区的投资进行及时的报道和预警通知,积极发挥国内行业协会或商会的沟通协调作用,深入研究东道国行业发展现状及趋势,跟踪行业相关政策变动,必要时可以行业为整体,与东道国有关部门就违反国际惯例和两国间协定的做法进行交涉,维护本行业投资者的合法权益。

(二)进一步利用好中资商会平台

鼓励在每个国家或地区建立中资商会,鼓励当地中国企业加入当地的中资商会,建立中资商会互帮互助平台,使对外投资的企业能够通过中资商会平台获取相关的投资信息,交流投资经验,提高投资和经营能力,加强互补行业类企业间合作,定期组织探讨当地与投资相关的政策,帮助企业掌握最新政策变动情况,与国内行业协会相互补充,共同为企业对外投资保驾护航。

三、投资者个人层面

(一)客观评估投资环境

东南亚与南亚有些国家的政局并不十分稳定,新政府的上台或者其他情况会使得有些国家偶尔出现一定程度的动荡,稳定的政治环境是对外投资的前提,一旦出现动荡就会对投资环境产生一定程度的影响,这极大地影响了外国投资者的信心,一些投资者很有可能会选择观望或停止扩大投资规模。东南亚与南亚国家大都属于发展中国家,各项政治体制弊端仍需采取各项措施予以革除,比如政府机构整体慵懒、行政效率不高、纷繁复杂的手续使得投资项目审批程序复杂,导致很多的项目特别是大型投资项目审批周期长,前期投入成本就会高。企业要充分考虑政治风险因素,提高投资决策时的政治敏感,特别是审批周期长、手续繁杂、公关投入多等问题,尽量选择风险系数低、发展前景好及政府鼓励的投资项目。

(二)适应法律环境的复杂性

经济全球化是各国发展本国经济、提升国际影响力的机遇,对外开放力度逐渐加大,但东南亚与南亚国家法治环境相对落后,法律体系不健全,国内法律尚有很多需要立法或者修改的,尤其是涉及外商投资的各项法律都在修改完善之中,立法技术的不成熟又可能会导致新法与旧法的冲突或者一事不同规,对东南亚与南亚地区国家投资需要持续不断地关注最新法律、法规和政策的出台和修订,必要时可以聘用律师事务所和政府部门中的资深法律专家作为法律顾问,此外,当投资协议是与东道国政府签订的则需要在签订投资协议时注意东道国承诺的优惠政策是否有法律依据,若无法律依据,极有可能在执行中出现争议,还需注意的是东道国国内的投资法一般都会规定投资审批流程,但在实际运作中仍存在内部程序多、时间长的问题,因此在申请批准或者申请优惠时需要有耐心并保持沟通,需要补充材料的,及时提供补充资料和解答有关问题。

(三)全面客观了解优惠政策

各国为吸引外资,发展经济,除了采取相关的措施促进投资、保护投资,往往还会对投资颁布一些投资优惠政策。优惠政策往往会根据不同的行业、不同的地区有不同的标准,而且每个地区又会对优惠政策进行细化,因此,在对东南亚与南亚国家进行投资时,要提前全面、客观了解优惠政策申报条件、时限等,做好科研调查,规避政策风险。因为有的行业与地区可能会有其他的规定,如老挝规定进入经济特区、工业园区的投资企业,虽然可享受保税、免税的政策,但企业要自行解决"三通一平"等基础设施的建设,需要统筹评估利弊关系。

(四)融入当地,树立形象

"引进来、走出去"是我国长期的发展策略,在经济全球化背景下,不断提高开放型经济水平是时代的要求,如何在对外投资的过程中使双方共同获益,实现共赢,除了进一步优化营商环境来加强经贸投资往来合作,还要在这个过程中积极展现中国"品牌"。在外投资企业应努力发展雇员本土化,积极参与当地经济文化生活,采取适当措施积极融入当地社会,热衷当地公益事业,与当地居民建立和谐关系,妥善处理好企业经营与当地自然资源环境保护的协调关系,同时与当地媒体及相关新闻机构保持密切联系,加大对我国企业投资行为的正面宣传力度,这不单是对企业自身品牌、信誉和社会形象有正面影响,而且也有利于平衡国家之间、企业之间、企业与社会之间的各种利益关系,并将对企业的经营产生积极影响。

(五)积极发挥驻外使领馆经商机构的指导、咨询、协调作用

我国在东南亚与南亚国家都设立了使领馆,中资企业和公民在东道国境内的行为受国际法及当地法律的保护和约束。当中资企业和公民在当地的合法权益受到侵害,中国驻外使领馆可根据国际法和当地法律予以交涉和保护。中资企业在进入老挝市场前,可征求中国驻老挝使馆经商参处的意见,投资注册之后,按照规定及时到经商参处报到备案,在日常工作中,与经商参处建立通畅的联络渠道。此外,中国企业在老挝遇到重大安全问题和突发事件发生时,应及时向当地政府和就近向使领馆报告,在处理相关事宜时,要服从使领馆的领导和协调。

(六)风险管理

企业在投资之前要对投资的国家或者行业进行充分的事前调查,对项目本身的合法性和经济可行性进行专业分析是十分必要的。对投资的项目本身进行可行性研究,尽可能地避免风险,对法律环境尽职调查,比如投资准入、负面清单、投资优惠政策、环境要求、限制性规定、劳资规定等方面。除了尽职调查以外,企业还需在对外投资时详细了解相关的保障机制,应积极利用保险、担保、银行等金融机构和其他专业风险管理机构保障自身利益。国内的相关机构有中国出口信用保险公司,中国出口信用保险支持企业对外投资合作的保险产品包括短期出口信用保险、中长期出口信用保险、海外投资保险和融资担保等。对因投资所在国(地区)发生的国有化征收、汇兑限制、战争及政治暴乱、违约等政治风险造成的经济损失提供风险保障,可以使用中国出口信用保险公司提供的包括政治风险、商业风险在内的信用风险保障产品。国际上相关机构有多边投资担保机构(MIGA),其担保业务仅限于非商业性的投资风险,在满足一定适格条件后,投资者可向"机构"投保的险别包括货币汇兑险、征收和类似措施险、违约险、战争和内乱险。中国企业在对外投资时可以根据自身实际情况选择最相宜的投资保障机构。